Naturwissenschaftlicher Unterricht heute

Kosmetik-Chemie

Schroedel

Naturwissenschaftlicher Unterricht heute

Kosmetik-Chemie

Bearbeitet von
Dr. Elvira Sengpiel

Grafik: Birgitt Biermann-Schickling

Titelbild: Headspace-Destillation zur Analyse des Rosenduftes
(Haarmann & Reimer GmbH, Holzminden)

Die in den Experimenten verwendeten Gefahrstoffe sind mit den entsprechenden Gefahrensymbolen versehen. Gemäß dem Chemikaliengesetz kommen ihnen folgende Bedeutungen zu:

Xn:	gesundheitsschädlich	F:	leicht entzündlich
T:	giftig	F+:	hochentzündlich
T+:	sehr giftig	O:	brandfördernd
Xi:	reizend	E:	explosiv
C:	ätzend	N:	umweltgefährlich

CHLORFREI
Gedruckt auf Papier,
das nicht mit Chlor
gebleicht wurde.
Bei der Produktion
entstehen keine
chlorkohlenwasserstoff-
haltigen Abwässer.

ISBN 3-507-**76512**-8

© 1999 Schroedel Verlag GmbH, Hannover

Alle Rechte vorbehalten. Dieses Werk sowie einzelne Teile desselben sind urheberrechtlich geschützt. Jede Verwertung in anderen als den gesetzlich zugelassenen Fällen ist ohne schriftliche Zustimmung des Verlages nicht zulässig.

Druck 5 4 3 2   / Jahr 2003 2002 2001

Druck: Oeding Druck GmbH, Braunschweig

Inhaltsverzeichnis

Literatur 5

Vorwort 6

1 Cremes 7
Emulgatoren · Emulgierhilfsmittel · Feucht haltende Zusätze · Wasser · Fette und fettähnliche Stoffe · Antioxidantien · Konservierungsmittel · Parfümzusätze · Feuchtigkeitsspendende Substanzen · Kollagene · Aminosäuren · Hormone · Organ- und Gewebeextrakte · Vitamine · Pflanzenauszüge und ätherische Öle · Lichtschutzmittel · Selbstbräunende Mittel · Herstellung von Cremes · Gele
Exkurs: Der HLB-Wert 9
Exkurs: Aufbau der Haut 14
Exkurs: Liposome 16
Exkurs: Lichtschutzmittel 21
Experimente 23
Arbeitsblatt: Wirkung von Emulgatoren 25
Arbeitsblatt: Welche Wirkung haben Wirkstoffe wirklich? 26
Arbeitsblatt: Lichtschutzfaktor und Hauttyp 27
Arbeitsblatt: Selbstbräunende Mittel 28
Arbeitsblatt: Sind Selbstbräunungsmittel für die Haut schädlich? 29

2 Lippenstifte 30
Farbstoffe und Pigmente · Wachse · Fette und fettähnliche Stoffe · Antioxidantien · Parfüme · Herstellung von Lippenstiften
Experimente 33
Arbeitsblatt: Inhaltsstoffe von Lippenstiften 34
Arbeitsblatt: Der Lippenstift und seine Entwicklung 35

3 Schminkpuder 36
Talkum · Kaolin · Calciumcarbonat · Magnesiumcarbonat · Titandioxid/Zinkoxid · Stearate · Laurate · Undecanate · Stärke · Pigmentfarben · Puderpräparate · Herstellung von Pudern
Exkurs: Herstellung von Eisenoxid-Farbpigment 38
Experimente 41
Arbeitsblatt: Schadet Schminken der Haut? 42
Arbeitsblatt: Inhaltsstoffe von Pudern und ihre Eigenschaften 43
Arbeitsblatt: Schminktipps für das Gesicht 44
Arbeitsblatt: Schminktipps für Augen und Mund 45

4 Reinigungsmittel für Haut und Haare 46
Tensidklassen · Verringerung der Grenzflächenspannung

4.1 Hautreinigungsmittel und Badepräparate 48
Kernseifen · Toilettenseifen · Syndets · Kräuterbäder · Badesalze · Badeemulsionen · Badeessenzen · Duschgele

4.2 Haarreinigungsmittel und Haarnachbehandlungsmittel . . 51
Waschrohstoffe · Hilfsstoffe · Wirkstoffe
Experimente 56
Arbeitsblatt: Tenside setzen die Oberflächenspannung herab 57
Arbeitsblatt: Aufbau eines Tensidmoleküls und Tensidklassen 58
Arbeitsblatt: Wirkung von Konditionierungsmitteln 59
Arbeitsblatt: Zusammensetzung eines Shampoos 60
Arbeitsblatt: Herstellung von Seife . 61

5 Haarumformungsverfahren .. 62
Wasserwelle · Dauerwelle · Alkalische Dauerwellpräparate · Neutrale Dauerwellpräparate · Saure Dauerwellpräparate · Enzymdauerwelle · Zwei-Phasen-Präparate · Fixiermittel
Experimente 67
Arbeitsblatt: Welche Bindungen halten die Polypeptidketten zusammen? 68
Arbeitsblatt: Vereinfachte Darstellung des Dauerwellvorgangs 69
Arbeitsblatt: Inhaltsstoffe von Dauerwellmitteln und Fixierungen 70
Arbeitsblatt: Die Vorgänge bei einer Dauerwelle 71

6 Mittel zur Haarfestigung 72
Schäume · Herstellung
Experimente 75
Arbeitsblatt: Haarspray in Pumpflaschen oder Treibgasdosen? ... 76
Arbeitsblatt: Polymere für Haarfestigungsmittel 77

7 Haarbleichmittel 78
Gele · Blondiercremes · Blondierpulver
Experimente 80
Arbeitsblatt: Blondierpräparate ... 81
Arbeitsblatt: Blondierung 82

8 Haarfärbemittel 83
Pflanzliche Haarfarben · Direktfarbe · Oxidationshaarfarben · Wimpern- und Augenbrauenfärbung · Metallsalzhaarfarben
Exkurs: Oxidationshaarfarben ... 86
Arbeitsblatt: Haartönungsmittel und Haarfärbemittel 90
Arbeitsblatt: Der Färbevorgang im Haar 91

9 Parfüme 92
Experimente 98
Arbeitsblatt: Die Gewinnung ätherischer Öle 99
Arbeitsblatt: Einteilung der Damenparfüme in Duftnoten 100
Arbeitsblatt: Einteilung der Herrenparfüme in Duftnoten 101

10 Verträglichkeitstests für Kosmetika 102
Toxizität · Augenreizung · Sensibilisierung · Ersatzmethoden

11 Deklaration von Inhaltsstoffen . 105

12 Geschichte der Kosmetika .. 108

Anhang
Glossar 119
Lösungen zu den Arbeitsblättern ... 122
Stichwortverzeichnis 127

Bildquellenverzeichnis
14, 22.1–2: Beiersdorf AG Hamburg; 65.1–2, 66.1–3: Goldwell GmbH Griesheim; 77.1: Industrieverband Körperpflege- und Waschmittel e.V. Frankfurt; 93.1, 95.1: Haarmann & Reimer GmbH Holzminden; 100.1, 101.1: DRAGOCO Gerberding & Co. AG Holzminden und MUNTZ Marketing Communication Group Hannover; 108.1, 108.2, 109.1, 110.1, 111.1: Hans Schwarzkopf GmbH Hamburg; 111.2: Henkel KGaA Düsseldorf; 112.1, 113.1, 118.1: Hans Schwarzkopf GmbH Hamburg

Literatur

A. Burczyk	Kosmetiklexikon Ehrenwirth Verlag 1997	G. Vollmer, M. Franz	Chemie in Bad und Küche (1991) Chemie in Hobby und Beruf (1991) Chemie in Haus und Garten (1994) Georg Thieme Verlag

A. Burczyk — Kosmetiklexikon, Ehrenwirth Verlag 1997

R. Erlenbach, I. Fischer — Fachpraxis Friseure. Kosmetik, Kieser Verlag

S. Faber — Natürlich schön, Heyne 1980

H. P. Fiedler — Lexikon der Hilfsstoffe für Pharmazie, Kosmetik und angrenzende Gebiete, ECV 1996

H. Fey — Wörterbuch der Kosmetik. Wissenschaftliche Verlagsgesellschaft 1997

F. Greiter (Hrsg.) — Aktuelle Technologien in der Kosmetik, Hüthig 1987

E. Heymann — Haut, Haar und Kosmetik. Hirzel 1994

S. Jellinek — Kosmetologie, Hüthig 1976

Öko-Test — Ratgeber Kosmetik, Rowohlt Taschenbuch Verlag 1995

J. Pütz, C. Niklas (Hobbythek) — Die Fünf-Minuten-Kosmetik (1990), Cremes und sanfte Seifen (1990), Schminken, Pflegen, schönes Haar (1991), VGS Verlagsgesellschaft

A. Rechsteiner — Kosmetik Rezeptbuch, Fischer Verlag 1995

K. Schrader — Grundlagen und Rezepturen der Kosmetika, Hüthig 1989

P. Schürmann — Das große Buch der Kosmetik und Körperpflege, Naumann und Goebel 1987

W. Umbach (Hrsg.) — Kosmetik, Georg Thieme Verlag 1995

G. Vollmer, M. Franz — Chemie in Bad und Küche (1991), Chemie in Hobby und Beruf (1991), Chemie in Haus und Garten (1994), Georg Thieme Verlag

Die folgenden Broschüren können kostenlos beim

Industrieverband für Körperpflege- und Waschmittel e.V. (IKW)
Karlstraße 21
60329 Frankfurt am Main

bestellt werden:
- Kosmetika – Inhaltsstoffe – Funktionen
- Kosmetik und Recht – Erläuterungen zu Gesetzes- und Verordnungstexten
- 6. Änderung der EG-Kosmetik-Richtlinie
- Körperpflegemittel im Chemie- und Biologieunterricht

Zeitschriften: Seifen, Öle, Fette, Wachse
Parfümerie und Kosmetik
test-Zeitschrift der Stiftung Warentest;
Sonderhefte: Kosmetika

Schulbücher und Arbeitshefte:

W. Schmidt, J. Ackermann, J. Kehm, J. Schneider, E. Sengpiel — Friseurfachkunde, Verlag Gehlen 1997

J. Ackermann, J. Kehm, E. Sengpiel — Hautkosmetik, Verlag Gehlen 1993

J. Kehm — Haar und Haarpflege, Verlag Gehlen 1993

J. Ackermann — Chemie zur Körperpflege, Verlag Gehlen 1993

Vorwort

Fast jede(r) besitzt Kosmetika und wendet sie an. Dennoch wird dieses Themengebiet im Chemieunterricht stiefmütterlich behandelt. Der Grund mag darin liegen, dass es sich in den Richtlinien noch nicht manifestiert hat. So manchem Lehrer fehlt damit die Begründung für die Behandlung des Themas.
Andererseits mag die Schwierigkeit auch darin liegen, dass es an ausreichendem und verständlichem Informationsmaterial zur Unterrichtsvorbereitung mangelt. Diese Lücke will das vorliegende Buch schließen.

Es bietet sowohl einen umfassenden Überblick über ausgewählte Themen aus dem Gebiet der Kosmetik als auch Experimente und Vorschläge für Arbeitsblätter, mit denen die Gestaltung des Unterrichts einfacher wird.
Die Arbeitsblätter können durch Einstellen der Kopiergröße auf 122 % im DIN-A4-Format erhalten werden.

Ist die Besprechung der Kosmetika nicht als Unterrichtseinheit möglich, so bietet sich die Abhandlung der Gebiete zum Beispiel bei folgenden Themen in der Chemie an:

Thema des Chemieunterrichts	Kosmetikthema
Einteilung der Stoffe:	
Gemenge	Puder
Emulsionen	Herstellung von Cremes
Suspensionen	Lippenstifte, Mascara
Gele	Haargele
Aerosole	Haarspray
Redoxreaktionen; Aminosäuren, Proteine	Dauerwelle, Wasserwelle
Ester, Fette	Cremes, Lippenstifte
Alkohole	Parfüme
Tenside	Haar- und Hautreinigungsmittel
Emulgatoren	Cremes
Farbstoffe, Farbpigmente	Lippenstifte, Puder

Diese Aufzählung kann nur eine erste Anregung sein.

Die Beschaffung der Chemikalien ist angesichts der vielen Läden für Hobby-Kosmetikzubereiter (z.B. Cosmeda, Colimex, Spinnrad) kaum noch schwierig. Von Kosmetikartikeln, die im Friseursalon verwendet werden, stellt der Friseur möglicherweise Reste zur Verfügung.

Die Auswahl der hier beschriebenen Themen wurde durch Schüler getroffen. Die Schüler gaben weiterhin Anregungen für die Gestaltung der Unterrichtsmaterialien. Ihnen, sowie Amover F. und Moira S. sei an dieser Stelle gedankt.

1 Cremes

Zu den wichtigsten pflegenden Kosmetika zählen die Hautcremes. Diese bestehen vorwiegend aus Fett und Wasser, daneben werden Hilfs- und Wirkstoffe eingesetzt.

Cremes sind **Emulsionen**, also disperse Systeme von zwei nicht miteinander mischbaren Flüssigkeiten, von denen die eine in der anderen in Form feinster Tröpfchen verteilt ist.
Im Allgemeinen unterscheidet man die *Öl-in-Wasser-Emulsion* (O/W-Emulsion) und die *Wasser-in-Öl-Emulsion* (W/O-Emulsion). Bei der O/W-Emulsion sind feinste Öltröpfchen in Wasser dispergiert, das Öl bildet die innere, das Wasser die äußere Phase. Ist Öl das Dispersionsmittel, die äußere Phase, und Wasser die innere, disperse Phase, liegt eine W/O-Emulsion vor. Daneben gibt es Mischtypen, wie die W/O/W-Emulsion, bei denen in der dispersen Phase Partikel der geschlossenen Phase eingebettet sind.
Emulsionen sind meist milchig trüb, der Tröpfchendurchmesser reicht von 1 µm bis 100 µm. Bei transparenten Emulsionen liegt der Tröpfchendurchmesser bei 0,01 µm bis 0,5 µm (1µm = 10^{-6}m).

Emulgatoren. Nur aus Wasser und Öl hergestellte Emulsionen entmischen sich bereits nach kurzer Zeit wieder. Zur Stabilisierung von Emulsionen setzt man **Emulgatoren** ein. Ihre Wirkung lässt sich folgendermaßen beschreiben: Bei der Dispersion zweier nicht mischbarer Flüssigkeiten in Form kleinster Tröpfchen wird die Grenzfläche zwischen beiden Phasen vergrößert. Die Grenzflächenspannung ist groß und wirkt der Erhaltung des emulsionsartigen Systems entgegen. Ein Teil der Wirkung grenzflächenaktiver Emulgatoren beruht auf der Herabsetzung der Grenzflächenspannung zwischen den beiden Phasen. Hierdurch wird die Verteilung der dispersen Phase im Dispersionsmittel erleichtert. Obschon durch die Anwesenheit grenzflächenaktiver Substanzen die Grenzflächenspannung vermindert wird, besteht bei den Tröpfchen die Tendenz, sich zu größeren Tropfen zu vereinigen. Der Emulgator verhindert nun die Vereinigung der Tröpfchen, indem er um jedes eine Art Film bildet.

Emulgatormoleküle bestehen aus einem hydrophilen (z. B. einer Hydroxyl- oder Carboxylgruppe) sowie aus einem lipophilen Molekülteil (z. B. einem Kohlenwasserstoffrest). Die Emulgatormoleküle lagern sich an der Grenzfläche an, und zwar so, dass der hydrophile Teil in die Wasserphase, der lipophile Teil in die Ölphase hineinragt. Bei O/W-Emulsionen kommt durch Verwendung ionogener Emulgatoren als weiterer stabilisierender Faktor die elektrostatische Abstoßung der dispergierten Tröpfchen hinzu. Ein solcher ionogener Emulgator kann ein Seifenmolekül, z. B. Natrium-

---

Kosmetische Mittel im Sinne dieses Gesetzes sind Stoffe oder Zubereitungen aus Stoffen, die dazu bestimmt sind, äußerlich am Menschen oder in seiner Mundhöhle zur Reinigung, Pflege oder zur Beeinflussung des Aussehens oder des Körpergeruchs oder zur Vermittlung von Geruchseindrücken angewendet zu werden, es sei denn, dass sie überwiegend dazu bestimmt sind, Krankheiten, Leiden, Körperschäden oder krankhafte Beschwerden zu lindern oder zu beseitigen.

Lebensmittel- und Bedarfsgegenständegesetz (LMBG) § 4 Abs. 1

---

1. Fettphase

Emulgator(en)
Konsistenzregler
Öl oder Ölkomponenten
öllösliche Konservierungsmittel

2. Wasserphase

Wasser bis 85 %
Feuchthaltemittel
Verdickungsmittel
Konservierungsmittel

3. übrige Bestandteile

Wirkstoffe
Parfümöle
eventuell Pigmente oder Farbstoffe

Grundaufbau einer Emulsion

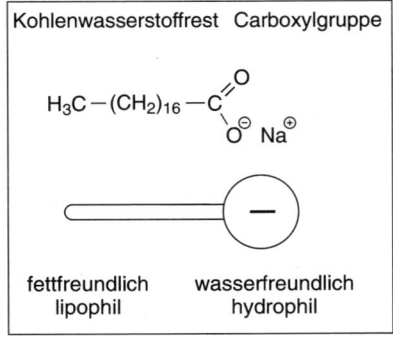

Natriumstearat (Seife)

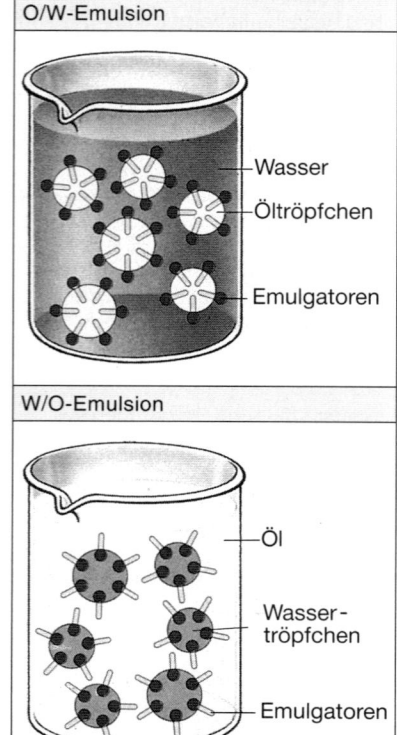

Emulsionstypen

stearat, sein. Der unpolare Teil dieses Moleküls verankert sich im Öltröpfchen, während an der Oberfläche des Tröpfchens die Carboxylionen (Natriumstearat dissoziiert in der wässrigen Phase) herausragen. Die gleichsinnige Ladung der Öltröpfchen verhindert nun deren Zusammenlagern. Die eben beschriebene elektrostatische Aufladung ist bei W/O-Emulsionen nicht von Bedeutung.

Die Löslichkeit des Emulgators in einer der beiden Phasen entscheidet über das Vorliegen eines bestimmten Emulsionstyps. Es bildet die Phase die äußere Phase, in der sich der Emulgator relativ besser löst. Allgemein darf festgestellt werden, dass Emulgatoren, bei denen die hydrophilen Gruppen überwiegen, zu O/W-Emulsionen führen. Herrschen die lipophilen Gruppen vor, bilden sich W/O-Emulsionen.

Wirksamer als einzelne Emulgatoren sind Emulgatorgemische. Sie erhöhen meist die Emulgierfähigkeit und die Wasseraufnahme von Fettstoffen.

Emulgierhilfsmittel. Durch Zusatz polymerer Quellmittel kann die Stabilität der Emulsionen erhöht werden. Als Emulgierhilfsmittel dienen für O/W-Emulsionen Traganth, Agar-Agar, Carrageen, Carboxymethylcellulose. Die stabilisierende Wirkung kann bei O/W-Emulsionen sowohl auf die Viskositätserhöhung der äußeren Phase (Wasser) als auch auf die Ausbildung einer kolloidalen Schutzhülle um jedes dispergierte Tröpfchen zurückgeführt werden.
Zur Erhöhung der Viskosität von W/O-Emulsionen werden Wachse, Fette oder hochviskose Öle eingesetzt.
Die Konsistenz einer Creme hängt nicht nur von der Viskosität der äußeren Phase, sondern auch von der Tröpfchengröße und der Konzentration der inneren Phase sowie von der Beschaffenheit und der Konzentration des Emulgatorsystems ab. So ist die Viskosität einer Emulsion umso höher, je größer die Konzentration der inneren Phase und je feiner verteilt sie ist oder je höher der Emulgatorgehalt ist.

Feucht haltende Zusätze. Cremes werden hygroskopische Substanzen als feucht haltende Mittel zugesetzt. Sie verhindern oder verzögern zumindest den Wasserverlust. Insbesondere bei O/W-Emulsionen sind feucht haltende Mittel vonnöten, da Wasser hier die äußere Phase bildet, rasch verdunsten kann und diese Cremes relativ schnell eintrocknen können. Bei W/O-Emulsionen erübrigen sich diese Zusätze, da das Wasser hier von der Fettphase umgeben ist, die es vor dem Verdunsten schützt.

Glycerin, Propylenglykol und Sorbit sind die wichtigsten Wasser bindenden Zusätze. Da die Glykole, die nur primäre oder sekundäre Hydroxylgruppen aufweisen, giftig sind, kommen für Cremes nur solche in Frage, die gleichzeitig eine primäre und sekundäre Hydroxylgruppe besitzen.

O/W-Emulgatoren		
1. Alkaliseifen	$CH_3-(CH_2)_{16}-COO^{\ominus} Na^{\oplus}$	
2. Ammoniumseifen	$CH_3-(CH_2)_{16}-COO^{\ominus} NH_4^{\oplus}$	
3. höhere Alkylsulfate	$CH_3-(CH_2)_n-CH_2-OSO_3^{\ominus} Na^{\oplus}$	
4. Polyethlenglykolfettsäureester	$C_{17}H_{35}CO(OCH_2CH_2)_n-OH$	Polyethylen-400-monostearat (mittlere molare Masse: 400 g·mol^{-1})
5. quartäre Ammoniumverbindungen	$H_3C-\overset{\overset{CH_3}{\vert\oplus}}{\underset{\underset{C_{12}H_{15}}{\vert}}{N}}-CH_2-COO^{\ominus}$	Betain
6. Polyethylenglykolether von Fettalkoholen und Fettsäureestern	$C_nH_{2n+1}O(CH_2CH_2O)_nH$	Fettalkoholpolyglykolether

W/O-Emulgatoren		
7. Sorbitanfettsäureester	8. Lanolinalkohole	9. höhermolekulare Alkohole
Sorbitanmonooleat	Lanosterin	$C_{16}H_{31}OH$ Cetylalkohol

Der Emulgator und nicht der Wasser/Öl-Anteil bestimmt den Emulsionstyp

Der HLB-Wert

Zur Eignung eines nicht ionogenen Emulgators kann man den HLB-Wert (hydrophilic-lipophilic-balance) heranziehen. Hierbei wird davon ausgegangen, dass die Fähigkeit einer grenzflächenaktiven Substanz, in einem gegebenen System als Emulgator zu wirken, vom Verhältnis seiner hydrophilen und lipophilen Anteile abhängig ist. Der HLB-Wert entspricht dem Massenverhältnis von hydrophilem Anteil zum Gesamtmolekül des Emulgators. Der Zahlenwert gibt den Prozentgehalt an, um nicht zu große Zahlen zu erhalten, wird mit 1/5 multipliziert. So lässt sich der HLB-Wert von Tween 20 (Polyoxyethylen-20-Sorbitanmonolaurat) wie folgt berechnen:

Molare Masse Tween 20:   1226 g·mol^{-1}
Molare Masse des hydrophilen Anteils: 1044 g·mol^{-1}

HLB-Wert: $\frac{1044}{1226} \cdot 100 \cdot \frac{1}{5} = 17$

Da die chemische Bezeichnung des Tensids oft nur angenähert seiner eigentlichen Zusammensetzung entspricht, kann die Berechnung der theoretischen Struktur zu Fehlern führen. Analytische Daten bieten bessere Grundlagen.

Die HLB-Werte liefern ungefähre Hinweise für die Verwendung:

HLB-Bereich	Verwendung
1,5 - 3	Antischaummittel
4 - 6	W/O-Emulgatoren
7 - 9	Netzmittel
8 - 18	O/W-Emulgatoren
13 - 15	Detergentien
15 - 18	Lösungsvermittler

Liposome

Liposom bedeutet Fettkörperchen. Es besteht aus Phospholipiden, die sich bei geeigneten Konzentrationen zu kleinsten Kügelchen zusammenlagern. Die *Phospholipide* ähneln im Aufbau den Tensiden. Sie bestehen aus einem wasserfreundlichen und zwei fettfreundlichen Teilen. In wässriger Lösung lagern sich die Moleküle zu einer Hohlkugel zusammen. Die wasserfreundlichen Teile sind dabei auf das umgebende Wasser und auf den Innenraum der Hohlkugel gerichtet. Phospholipide haften gut auf der Haut und sind auch in der Lage in die Hornschicht einzudringen. Liposome aus Sojalecithin bleiben in der Hornschicht, andere Liposome sind möglicherweise in der Lage noch tiefer in die Haut einzudringen. Ob sie sich dort an die Zellen anlagern oder ob sie abgebaut und in die Zelle integriert werden, konnte noch nicht geklärt werden. Interessant ist, dass es mit Liposomen möglich scheint, Wirkstoffe in die Zelle zu schleusen. An diesen Untersuchungen, die noch nicht abgeschlossen sind, ist die Medizin in hohem Maße interessiert.

Liposome, in Cremes oder Gels eingearbeitet, bilden einen dünnen Film auf der Haut und verringern so deren Wasserabgabe. Wirkstoffe, mit denen die Liposomkügelchen beladen sein können, werden auf diese Weise sehr fein auf der Haut verteilt.

Wirkstoffe mittels Liposome in die Haut einzuschleusen muss laut Lebensmittel- und Bedarfsgegenständegesetz Arzneimitteln und der ärztlichen Kontrolle vorbehalten bleiben.

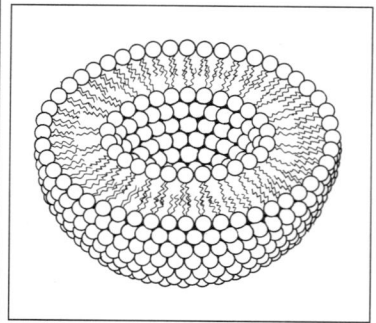

Querschnitt durch Liposome

Neben der Aufgabe, die Wasserverdunstung herabzusetzen, kommt den Feuchthaltemitteln auch eine gewisse hautglättende Wirkung zu. In Cremes eingearbeitet trocknen sie auf der Haut zu einem hygroskopischen Film, der Wasser bindet und auf der Hautoberfläche hält. Glycerin darf allerdings nicht in zu hohen Konzentrationen eingesetzt werden, da es in der Lage ist, der Haut Wasser zu entziehen. Sorbitlösungen besitzen diesen Nachteil nicht.

Wasser. Neben den Fetten stellt Wasser einen der Hauptbestandteile der Cremes dar. Eine O/W-Emulsion muss mindestens 26 % Wasser, eine W/O-Emulsion darf höchstens 74 % Wasser enthalten, um noch stabil zu sein. Diesen Volumenprozentsatz erhält man, wenn man das maximale Volumen der inneren Phase nach dem Modell der kubisch dichtesten Kugelpackung berechnet. Die Raumnutzung beträgt 74 %. Für Kosmetika wird im Allgemeinen destilliertes Wasser verwendet. Calcium- und Magnesiumsalze können die Stabilität von O/W-Emulsionen beeinflussen, besonders wenn diese fettsäure- oder seifenhaltig sind, da sie dem System eine geringe Menge eines W/O-Emulgators (Erdalkalisalze der Fettsäuren) zusetzen. Dagegen kann bei W/O-Emulsionen Leitungs- oder Meerwasser verwendet werden. Durch ihren natürlichen Gehalt an Mineralstoffen stabilisieren sie das Emulsionssystem und sollen auf der Haut eine günstige Wirkung besitzen.

Fette und fettähnliche Stoffe. Als Cremegrundlage sind tierische und pflanzliche Fette besonders gut geeignet, da sie dem Hautfett sehr nahe stehen. Sie reizen die Haut nicht und „dringen rasch ein". Das Verschwinden des Fettes von der Hautoberfläche lässt sich jedoch nicht als Resorption deuten, sondern nur als Spreiten im Kapillarmedium Hornhaut.

Wegen ihres Gehaltes an **Wirkstoffen** werden einigen Ölen, z. B. Avocadoöl, Schildkrötenöl und Weizenkeimöl, besondere Wirkungen zugeschrieben. So enthält Avocadoöl die Vitamine A, B, D und E sowie Lecithin und Phytosterine. Auch Weizenkeimöl ist besonders wirkstoffreich. Neben den Vitaminen D, E und Provitamin A enthält es Lipochrome, Phosphatide, Phytosterine, essentielle Fettsäuren und Lecithin.

Die begrenzte **Haltbarkeit** der natürlichen Fette und Öle macht ihren Einsatz schwierig. Die Neigung zur Ranzidität ist in erster Linie durch den Gehalt an Triglyceriden ungesättigter Fettsäuren bedingt. Durch Hydrierung der ungesättigten Fettsäuren ist es möglich die Haltbarkeit zu erhöhen. Gleichzeitig werden jedoch durch die Hydrierung anwesende Vitamine zerstört.

Da die Zeitspanne vom Hersteller zum Verbraucher oftmals sehr groß ist, begann man nach Ersatz für die natürlichen Fette und Öle zu suchen. **Synthetische Triglyceride** zeichnen sich zwar durch eine bessere Haltbarkeit aus, ihnen fehlen allerdings die Begleitstoffe, die eine günstige Hautwirkung entfalten können. Weiterhin sind die Ester höherer Fettsäuren mit ein- oder zweiwertigen Alkoholen von Bedeutung, z. B. 2-Propylmyristat, 2-Propylpalmitat. Die vom Handel angebotenen Produkte sind meist Ester von Fettsäuregemischen, die nach der vorherrschenden Fettsäure benannt werden. Alle diese Ester haben den Vorteil nicht ranzig zu werden. Da sie eine geringe Oberflächenspannung besitzen, bilden sie einen dünnen Film auf der Haut und hinterlassen kein fettiges Gefühl. Sie dringen gut in die Haut ein. Zudem sind sie ausgezeichnete Lösungsmittel für diverse Wirkstoffe.

Um die Jahrhundertwende wurden die **Paraffinkohlenwasserstoffe** (Paraffinöl, Paraffin, Ceresin, Ozokerit, Vaselin) in die Kosmetik eingeführt. Als vorteilhaft wurde angesehen, dass diese Stoffe nicht ranzig werden und geschmacklos und geruchlos sind. Gegen ihre Verwendung wurden jedoch Bedenken erhoben. Da Paraffinkohlenwasserstoffe nicht in die Haut eindringen können, bilden sie einen wasserundurchlässigen (schweißundurchlässigen) Film auf der Haut. Werden größere Hautpartien mit diesen Stoffen behandelt, können Wärmestauungen die Folge sein. Durch Zusatz von Emulgatoren ist es zwar möglich die Wasserdurchlässigkeit zu verbessern, jedoch bildet sich wieder eine wasserundurchlässige Schicht, wenn der Emulgator von der Haut aufgenommen wird. Für Präparate, die die Haut vor Wasser schützen und gegen die Entfernung mit Wasser resistent sein sollen, sind die Paraffinkohlenwasserstoffe geeignet.

Auch pflanzliche und tierische **Wachse** wie Bienenwachs, Carnaubawachs, Walrat und Lanolin finden als Fettphase in Cremes Verwendung.
Hauptbestandteile der Wachse sind Monoester höherer Carbonsäuren mit höheren Alkoholen. Daneben sind freie Fettsäuren, höhere Alkohole und Kohlenwasserstoffe vorhanden. Die Wachse ziehen leicht in die Haut ein. Dies wird auf die freien Fettsäuren und Alkohole zurückgeführt, die wahrscheinlich ein erhöhtes Netzvermögen für Keratin besitzen.
In Mischungen mit Fetten geben die Wachse den Cremes eine festere Konsistenz.

Lanolin, das aus Wollfett gewonnen wird, wurde wegen seiner günstigen Wirkung auf die Haut (es macht die Haut geschmeidig) lange Zeit in großem Maße angewandt. In seiner chemischen Zusammensetzung und in seinen physiologischen Wirkungen steht es dem menschlichen Hautfett am nächsten.
Nachteilig wirken sich beim Lanolin die ungünstige Farbe, der schlechte Geruch und die geringe Spreitfähigkeit aus. Es werden heute jedoch Lanolinisolate und -derivate hergestellt, die sowohl die natürliche Geschmeidigkeit der Ausgangssubstanz als auch eine gute Gleit- und Spreit-

fähigkeit zeigen und eine geringe Geruchsintensität aufweisen. Als solche sind Lanolinalkohole und acetyliertes Lanolin im Handel.
Als Bestandteil eines Ölgemisches kann Lanolin als W/O-Emulgator fungieren.

Als Emulgatoren können auch die **Fettalkohole** dienen. Sie sind grenzflächenaktiv und W/O-Emulgatoren. Verarbeitet man sie in kleinen Mengen in O/W-Emulsionen, wirken sie stabilisierend. Aber nicht nur aus diesem Grunde werden Cetyl- und Stearylalkohol in Cremes eingesetzt. Diese Stoffe werden von der Haut reizlos vertragen, sie können in die Haut einziehen und machen sie glatt und geschmeidig. Cremes, die auf ihrer Basis aufgebaut sind, wirken zudem mattierend.

Siliconöle, vorzugsweise polymere Methylsilicone, werden nicht ranzig. Sie sind physiologisch indifferent und oberflächenaktiv. Ihre starke Wasser abstoßende Wirkung macht sie für den Hautschutz wertvoll. Gegenüber den Paraffinkohlenwasserstoffen haben sie den Vorteil, für Wasser, in Form von Dampf, durchlässig zu sein. Sie besitzen weiter ein gutes Gleitvermögen und sind praktisch geruchlos.

Antioxidantien. Die Anwesenheit tierischer und pflanzlicher Fette und Öle macht den Zusatz von Antioxidantien notwendig.
Fette Öle, z. B. Olivenöl, Weizenkeimöl, bestehen in großem Maße aus Glyceriden ungesättigter Fettsäuren. An der Doppelbindung und den zur Doppelbindung α-ständigen Kohlenstoffatomen kann unter Einwirkung von Luftsauerstoff Autoxidation eintreten. Es bilden sich Peroxiverbindungen, Säuren mit niedriger Kohlenstoffzahl und verschiedene Aldehyde. Letztere sind für den unangenehmen Geruch und die hautreizende Wirkung verantwortlich. Antioxidantien, die nur in Spuren eingesetzt werden, reagieren mit den bei der Oxidation entstehenden Zwischenprodukten und werden dabei selbst oxidiert.

Konservierungsmittel. Um Cremes vor der Einwirkung von Schimmelpilzen und Bakterien zu schützen, werden ihnen Konservierungsstoffe zugesetzt. Gute Hautverträglichkeit, Geruchlosigkeit sowie Ungiftigkeit dieser Stoffe sind wichtige Voraussetzungen für ihren Einsatz.

Parfümzusätze. Ätherische Öle sowie Riechstoffe können aufgrund ihrer bakteriziden und fungiziden Wirkungen konservierende Eigenschaften besitzen. Doch dies ist nur eine Begleiterscheinung und nicht der Hauptgrund, aus dem diese Substanzen, meist in Form von Parfümgemischen, Cremes zugesetzt werden. Vorwiegend ihr angenehmer Duft, der den Eigengeruch mancher Grundstoffe überdecken soll und der das Käuferverhalten sicherlich beeinflusst, lässt ihren Einsatz zweckmäßig erscheinen.

Antioxidantien. Als Synergisten wirken zwei- oder mehrbasige Säuren ebenfalls oxidationshemmend, z. B. Citronensäure, Malonsäure, Milchsäure, Fumarsäure, Gallussäure.

Die Eigenschaft vieler ätherischer Öle und Duftstoffe, in die Haut einzudringen, ist dann bedenklich, wenn unerwünschte Hautreizungen die Folge sind.

Bei der Auswahl des Parfümöls ist weiterhin zu beachten, dass es die Stabilität der Emulsion nicht ungünstig beeinflusst, das Produkt nicht verfärbt und das Ranzigwerden nicht begünstigt.

Wirkstoffe. Cremes sollen auf die Haut eine günstige Wirkung ausüben, sie sollen sie schützen und pflegen, die Haut geschmeidig und glatt machen.

Cremes sind Kombinationen von Lipiden oder lipidähnlichen Stoffen und allein mit diesen Stoffen lassen sich schon die genannten Effekte erzielen. Obschon Fett und Wasser eine positive Wirkung auf die Haut besitzen, werden sie im Allgemeinen nicht als Wirkstoffe deklariert.

Unter Wirkstoffen werden meist diejenigen Substanzen verstanden, die nach dem Eindringen die Physiologie der Haut beeinflussen. Sie werden eingesetzt, um Altersveränderungen der Haut zu verzögern oder sie gar zu verjüngen. Den Anstoß zu der Verwendung biologischer Wirkstoffe in Kosmetika lieferte die Medizin, die gewisse Krankheitserscheinungen mit diesen Stoffen behandelt. Nur dürfen die Effekte, die durch Injektion oder orale Verabreichung solcher Stoffe erzielt werden, nicht ohne weiteres auf das Auftragen auf die Haut übertragen werden. Die kutane Wirkung von Substanzen wie Vitaminen, Hormonen und Proteinen ist umstritten, und es ist die Frage, ob es Aufgabe von Kosmetika sein soll und darf, den Stoffwechsel der Hautzellen zu beeinflussen oder überhaupt eine medizinische Wirkung zu entfalten. Ohne Zweifel sind geeignet zusammengesetzte Cremes in der Lage, das Aussehen der Haut kurzfristig zu verbessern. Es gibt jedoch noch keine Creme, die die Alterung der Haut aufhalten kann; keine Creme gibt der Haut ihr jugendliches Aussehen zurück.

> Es ist verboten, kosmetische Mittel unter irreführenden Bezeichnungen, Angaben oder Aufmachungen in den Verkehr zu bringen oder im Einzelfall mit irreführenden Darstellungen oder sonstigen Angaben zu werben. Eine Irreführung liegt insbesondere dann vor, wenn kosmetischen Mitteln Wirkungen beigelegt werden, die ihnen nach der Erkenntnis der Wissenschaft nicht zukommen oder die wissenschaftlich nicht ausreichend gesichert sind; wenn durch die Bezeichnung, Angabe, Aufmachung, Darstellung oder sonstige Aussagen fälschlich der Eindruck erweckt wird, dass ein Erfolg mit Sicherheit erwartet werden kann; wenn zur Täuschung geeignete Bezeichnungen, Angaben, Aufmachungen, Darstellungen oder sonstige Angaben über Personen ... oder über die Herkunft ..., die für die Bewertung mitbestimmend sind, verwendet werden.

Lebensmittel- und Bedarfsgegenständegesetz (LMBG) § 27

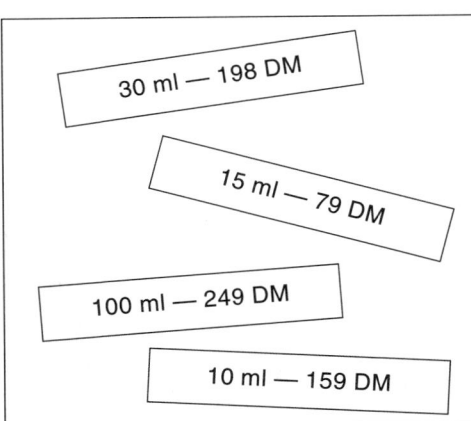

- Ihre Haut wird frischer, fester, messbar jünger.
- Der neue Wirkstoff-Kurier stärkt die Regeneration tief in der Haut.
- Hautverjüngung durch reinen, natürlichen Sauerstoff
- Ein patentierter Wirkstoff dringt tief in die Haut ein und gibt ihr ihre Elastizität zurück.
- Falten verschwinden

Hoher Preis – garantierte Wirkung?

Aufbau der Haut

Die Haut ist ein selbstständiges Organ. Sie ist durch Blutkreislauf, Lymphstrom und Nerven mit dem Körper verbunden und nimmt an verschiedenen Stoffwechselvorgängen teil.

Die Haut ist aus verschieden gearteten Zellschichten aufgebaut:

Das **Bindegewebe** (Subcutis) ist ein lockeres Fasergewebe, das Einlagerungen von Fettzellen enthält. Es schützt die darunter liegenden Organe gegen thermische Einwirkungen und mechanische Stöße.

Die **Lederhaut** (Corium) ist ein Bindegewebe, das hauptsächlich aus kollagenen Fasern besteht. Das *Kollagen* ist aus Polypeptidketten aufgebaut, jede in Form einer Helix, die umeinander gewunden sind, durch Wasserstoffbrücken zusammengehalten werden und eine dreisträngige Superhelix bilden. Die kollagenen Fasern entstehen dadurch, dass sich die dreisträngigen Tropokollagenmoleküle in Bündeln zusammenlagern. Die einzelnen Moleküle sind jedoch um ein Viertel ihrer Länge gegeneinander versetzt, wodurch die Querstreifung der kollagenen Fasern entsteht. Diese Faserbündel sind für die Elastizität der Haut verantwortlich. Die so genannten elastischen Fasern sind zwischen den kollagenen Fasern eingeflochten und stützen das kollagene Bindegewebe. Der Platz zwischen den Faserbündeln ist durch eine wässrige Gallerte gefüllt, die als Gleitmittel zwischen den Bindegewebsfasern dient. In der Lederhaut befinden sich Blutgefäße, die Endkörper der Nerven, Schweiß- und Hauttalgdrüsen sowie Haarwurzeln.

Die Keimschicht der **Oberhaut** wird aus der **Basalzellenschicht** und der **Stachelzellenschicht** gebildet. Der Keimschicht kommt die Aufgabe der Melaninbildung und vor allem der Zellteilung zu. Durch die Vermehrung der Basalzellen werden die Zellen der darüber liegenden Schichten nach außen gedrückt, wobei die Zellen in Hornzellen umgewandelt werden.

Die Verhornung beginnt in der **Körnerzellenschicht**. Mit der Verhornung ist ein deutlicher Verlust des Wassergehalts der Zellen verbunden, der von etwa 70 % auf 10 % sinkt.

Zwischen der Körnerschicht und der **Leuchtschicht** liegt die *Rein'sche Barriere*, eine dünne, zusammenhängende Keratinmembran. Sie bildet eine undurchlässige Schranke für Wasser und Elektrolyte sowie die meisten kosmetischen Wirkstoffe. Die darüber liegende *Leuchtschicht* ist eine transparente Schicht, die die sauerste Zone der Haut ist.

Die **Hornschicht** besteht aus abgestorbenen flachen Zellen, die dachpfannenartig übereinander geschichtet sind. Die Hornzellen bestehen zum größten Teil aus *Keratin*, dessen chemische Resistenz der Haut einen gewissen Schutz vor externen Einwirkungen bietet. Der Feuchtigkeitsgehalt der Hornschicht ist gering. Der geringe Wassergehalt ist einerseits verantwortlich für die mechanische und chemische Widerstandsfähigkeit des Keratins, andererseits für die Elastizität der Hornschicht. Trocknet die Hornschicht aus, so wird sie spröde und kann ihre Elastizität nicht durch Zufuhr von Fett, sondern allein durch Wasserzufuhr wieder erhalten.

Die Oberfläche der Hornschicht wird von dem Hautfett bedeckt, das aus dem Hauttalg, Schweiß und Abfallprodukten der Zellproteine besteht. Das Oberflächenfett hält die Haut geschmeidig und ist für die Regulation des Wasserhaushalts mitverantwortlich.

Der Lipidfilm der Haut reagiert sauer. Der Säuremantel soll einen Schutz gegen Bakterien- und Schimmelbefall bieten. Die pH-Werte der Haut werden auf die Wechselwirkung von Carbonsäuren mit verschiedenen Basen zurückgeführt, wobei Aminosäuren und Peptide das Gemisch puffern. Die pH-Werte liegen etwa zwischen pH 4 – 6.

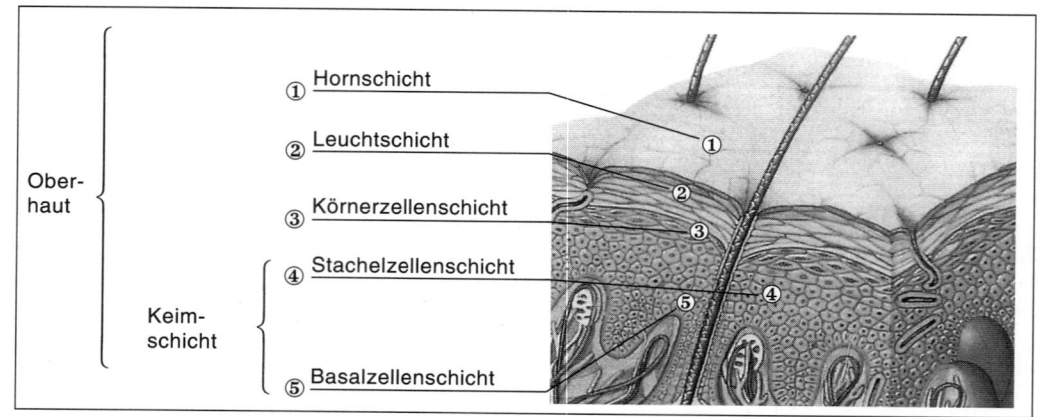

Feuchtigkeitsspendende Substanzen. Die Hornschicht kann durch Wind und Wetter sowie durch die Behandlung mit Detergentien austrocknen. Durch den Wind wird die Wasserverdunstung an der Hautoberfläche erhöht. Detergentien emulgieren das Hautfett, das nun mit Wasser entfernt werden kann. Gleichzeitig löst Wasser die hydrophilen Substanzen heraus, die durch das Hautfett geschützt wurden. Im Allgemeinen ist die Haut jedoch in der Lage, sich mehr oder weniger rasch zu regenerieren und leichte Schäden selbst zu beheben.

Den Cremes kommen nun folgende Aufgaben zu: 1. den durch Waschen entfernten Film zumindest so lange zu ersetzen, bis er von der Haut nachgebildet wird; 2. durch Filmbildung die Wasserverdunstung der Haut zu vermindern; 3. der trockenen Hornhaut Wasser zuzuführen, um sie wieder geschmeidig zu machen. Dabei sollte der Film, der die Haut überzieht, nicht völlig wasserundurchlässig sein, um eine Schweiß- oder Wärmestauung zu verhindern. Jede O/W-Emulsion kann diese Aufgabe erfüllen. Ihre gute Eignung als feuchtigkeitsretinierendes Substrat ist auch abhängig von der Art und Menge des verwendeten Emulgators.

Altert die Haut, so nimmt ihr Gehalt an hygroskopischen, wasserlöslichen Substanzen teilweise ab. Die Folge ist das verminderte Wasserbindevermögen der Hornschicht und damit eine trockene Haut. Der alterstrockenen Haut versucht die kosmetische Industrie mit so genannten *Moisturizing Creams* entgegenzutreten, die Stoffe enthalten, die den Wasserhaushalt der Haut regulieren sollen. So werden als feuchtigkeitsspendende Mittel die Salze der Uracil-4-carbonsäure verwendet. Das Natriumsalz der Hyaluronsäure ist in der Lage, einen permeablen Film auf der Haut zu bilden und infolge seines Wasserbindevermögens die Haut geschmeidig zu machen. Daneben wurden die Inhaltsstoffe des natürlichen Feuchthaltefaktors und des Hautfettes erforscht. Sie werden heute in Feuchtigkeitscremes eingesetzt. Der effektive Wert der Feuchthaltemittel ist umstritten. Es ist zwar möglich, in der Hornhaut ein unbeständiges Wasserdepot anzulegen und damit kurzfristig ein „glatteres" Aussehen zu bewirken, aber die Alterserscheinungen können nicht beeinflusst werden.

Kollagene. Das Wasserbindevermögen der Kollagene im Bindegewebe ist verantwortlich für den Spannungszustand der Haut. Mit fortschreitendem Alter verlieren die Kollagene diese Fähigkeit, die Folge ist eine weniger elastische, schlaffe Haut.

Die Werbung behauptet, dass es möglich ist, durch kollagenhaltige Cremes die Haut mit löslichem Kollagen zu versorgen und dadurch den Schwund an Kollagen aufzuhalten bzw. seinen Verlust auszugleichen. Auch die Bildung neuer kollagener Fibrillen soll angeregt werden. Auf diese Weise soll die Hautelastizität und die Hautfeuchtigkeit gesteigert werden.

Die Haut enthält hydrophile Substanzen, die sie vor dem Austrocknen schützen. So wurde das Natriumsalz der 2-Pyrrolidon-5-carbonsäure, eine hygroskopische Substanz, als natürliches Feuchthaltemittel in der Hornschicht gefunden. Es besteht ein direkter Zusammenhang zwischen dem Gehalt an dieser Substanz in der Hornschicht und deren Wasserbindevermögen.

Als Zusammensetzung des NMF wird angegeben:

freie Aminosäuren (vorwiegend Serin)	40 %
Pyrrolidoncarbonsäure	12 %
Harnstoff	7 %
Ammoniak, Harnsäure, Glucosamin, Kreatinin	1,5 %
Natrium	5 %
Calcium	1,5 %
Kalium	4 %
Magnesium	1,5 %
Phosphate	0,5 %
Chloride	6 %
Lactate	12 %
Citrate, Formiate	0,5 %

Pentose und andere reduzierende Zucker wurden ebenfalls gefunden.

NMF (Natural Moisturizing Factor)

Uracil-4-carbonsäure

Hyaluronsäure

Animal Tissue Extract (tierisches Gewebe)
Amniotic Fluid (Fruchtwasser)
Brain Extract (Gehirn)
Calf Blood Extract (Kalbsblut)
Calf Skin Extract (Kalbshaut)
Calf Skin Hydrolysate
Collagen/Elastin
Embryo Extract
Glycoprotein
Hemoglobin, hydrolysed
Liver Extract (Leber)
Liver Hydrolysate
Mammary Extract (Brust)
Mammarian Hydrolysate
Marrow Extract (Knochenmark)
Muscle Extract (Muskel)
Neatsfoot Oil (Klauen)
Omental Lipids (Bauchfell)
Placental Enzyms
Placental Lipids
Placental Protein
Serum Albumin
Serum Protein
Stomach Extract (Magen)
Tallow (Talg)
Udder Extract (Euter)

Organ- und Gewebeextrakte für Kosmetika

Keine Rinderschädel für Kosmetika
Hannover, Oktober 97 (SV). Das Bundeskabinett hat am 08.10.1997 eine Verordnung zum Schutz vor der Rinderseuche BSE gebilligt, nach der ab Januar 1998 Schädel von Rindern, Schafen und Ziegen nicht mehr zur Herstellung von Kosmetika, Lebensmitteln und Arzneien verwendet werden dürfen.

Eine positive Wirkung kollagenhaltiger Präparate ist gegeben, aber das Altern der Haut ist mit den Präparaten nicht aufzuhalten. Aufgrund ihrer hohen molaren Masse sind die Kollagene nicht in der Lage, in die intakte Haut einzudringen. Sie verbleiben auf der Hautoberfläche und bewirken wegen ihres Wasserbindevermögens eine gute Befeuchtung der Hornschicht und damit ein glatteres Aussehen. Seit Auftreten von BSE sieht die Kosmetikindustrie allerdings von der Verwendung tierischer Proteine ab. Pflanzliche Proteine, wie z. B. Weizenproteine, kommen den Eigenschaften von Kollagen und Elastin sehr nahe.

Aminosäuren. Methionin, Tryptophan und Valin werden in Cremes für fettige und unreine Haut eingesetzt, um eine Überproduktion der Talgdrüsen zu vermindern.

Hormone. Die Östrogene sind in erster Linie für den Ablauf der Genitalzyklen verantwortlich, daneben üben sie aber auch auf den Zustand der Haut einen Einfluss aus. So setzt die Erschlaffung der Haut und die Bildung von Runzeln bei Frauen ein, wenn die Produktion der Keimdrüsenhormone abzunehmen beginnt. Bei der Behandlung alternder Haut mit östrogenhaltigen Präparaten konnte ein günstiger Einfluss auf den Wasserhaushalt der Haut festgestellt werden, die Haut wurde jugendlich und frischer. Jedoch zeigten nur die Hautstellen, die direkt mit dem Präparat behandelt wurden, diesen Effekt. Zudem fiel die Haut nach Absetzen des Präparates wieder in ihren ursprünglichen Zustand zurück. Da der häufige und lang dauernde Gebrauch von Hormoncremes zu Nebenwirkungen führte, wurde der Einsatz von Hormonen in Kosmetika generell verboten.

Organ- und Gewebeextrakte. Plazentaextrakt ist einer der meistversprechenden Wirkstoffkomplexe. Er stimuliert den Stoffwechsel der Haut und steigert die Zellatmung, wodurch die Neubildung der Zellen beschleunigt wird.
Die Extrakte werden aus Plazenten von Rindern und Schweinen im dritten bis vierten Trächtigkeitsmonat gewonnen, da sie in dieser Zeit den größten Wirkstoffgehalt besitzen sollen. Menschliche Plazenten, die nur als Nachgeburt erhalten werden können, sollen wegen ihrer Wirkstoffarmut nicht verwendet werden.

Plazentaextrakte können aufgrund ihrer Gewinnung und Verarbeitung bezüglich ihres Wirkstoffgehalts unterschiedlich ausfallen. Um ein Wirkstoffdefizit zu vermeiden, ist eine schonende Gewinnung notwendig. Die Plazenten werden auf −30 °C bis −50 °C gekühlt und das Wasser im Hochvakuum absublimiert. Der Trockenextrakt ist uneingeschränkt haltbar und wird vor der Verwendung in Wasser gelöst. Die Lösung besitzt die volle Wirksamkeit des Frischextrakts.
Neben Plazentaextrakten werden auch Extrakte aus tierischen, teils embryonalen Drüsen und Organen in Cremes eingesetzt. Extrakte aus Cutis, Thymus, Testes, Ovarium

und Mammae sollen eine regenerierende Wirkung auf mangelhaft versorgte und funktionsschwache Epidermiszellen haben. Altershaut sowie spröde und rissige Haut werden günstig beeinflusst. Da es für möglich gehalten wird, dass mit BSE infizierte Rohstoffe für Kosmetika den Erreger bei Hautverletzungen in den Blutkreislauf einschleusen können, sehen einige Firmen von der Verwendung der beschriebenen Inhaltsstoffe bereits ab. Für den Verbraucher ist der Verzicht auf solche Cremes am besten.

Vitamine. Die Wirkung von auf die Haut aufgebrachten Vitaminen ist wissenschaftlich umstritten. Die Vitamine B1, B2-Komplex, B6, B12, H und K zeigen ihre Vitaminwirkung als Bestandteil von Coenzymen. Die Vitamine A, C, D und E kommen im Blut oder in den Zellen vor und erfüllen dort ihre spezifischen Aufgaben. Auf die Haut aufgebrachte Vitamine müssen diese durchdringen und in die Blutbahn gelangen, um an spezifischen Orten in ihre aktive Form umgewandelt zu werden. Dies ist auch bei einigen Vitaminen nachgewiesen worden. Es stellt sich dann die Frage, ob es nicht vernünftiger ist, Vitamine oral zu verabreichen. Hinzu kommt, dass die Haut von außen nicht ernährt werden kann, sie ist auf Selbstversorgung eingestellt. Im Falle der Vitamincremes bedeutet dies, dass eine vitaminreiche Nahrung denselben positiven Effekt auf die Haut ausüben kann. Aus diesem Grunde werden von Kosmetikfirmen Vitaminpräparate in Tablettenform bereits angeboten.

Vitamincremes, die meist nur geringe Mengen an Vitaminen enthalten und daher zumindest nicht schaden können, werden fett- und wasserlösliche Vitamine zugesetzt.
Die Wirkung von auf die Haut gebrachtem **Vitamin A** ist umstritten. Die Oxidationsempfindlichkeit und die damit verbundene geringe Haltbarkeit machen seine Anwendung schwierig. In Kosmetika werden aus diesem Grunde die beständigeren Ester (Vitamin-A-Palmitat und Vitamin-A-Acetat) eingesetzt.
In Kosmetika wird **Vitamin E** als Antioxidans in Kombination mit dem oxidationsempfindlichen Vitamin A eingesetzt. Es soll die Wirksamkeit des Vitamin A steigern. Vitamin E enthaltende Präparate sollen eine bessere Durchblutung der Haut und eine Festigung des Gewebes bewirken. Zudem sollen sie einen günstigen Einfluss auf die Zellerneuerung und damit auf die Regeneration haben. Da allerdings mit Vitamin-E-freien Präparaten sehr ähnliche Placeboeffekte gefunden wurden, ist auch hier der kosmetische Effekt umstritten.
In Cremes eingesetzt sollen **Pantothensäure (Vitamin-B2-Komplex)** sowie Panthenol die Gewebsregeneration fördern. Panthenol wird eine feuchtigkeitsregulierende Wirkung zugesprochen. **Vitamin B6** wird in Form seines öllöslichen Tripalmitatesters in Cremes eingesetzt. Es soll bei faltiger und Altershaut tonisierend wirken und die Durchblutung steigern. Auch eine antiseborrhoische (schuppenheilende) Wirkung wurde beobachtet.

8,00 µg	Thiamin
12,5 µg	Riboflavin
7,0 µg	Pyridoxin
0,8 µg	Vitamin B12
0,2 mg	Nicotinsäure
0,125 mg	Pantothensäure
0,085 µg	Biotin
3,45 µg	p-Aminobenzoesäure
5,2 µg	Folsäure
8,4 mg	Inosit
1,29 mg	Arginin
4,1 mg	Cystin
22,1 mg	Glutaminsäure
5,7 mg	Tyrosin
6,0 mg	Valin
2,12 mg	Histidin
5,7 mg	Tyrosin
6,0 mg	Valin
2,12 mg	Histidin
5,2 mg	Isoleucin
7,6 mg	Leucin
8,3 mg	Lysin
3,3 mg	Methionin
7,0 mg	Phenylalanin
4,45 mg	Threonin
2,6 mg	Trytophan
12,5 mg	Calcium
5,0 mg	Natrium
3 mg	Kalium
0,4 mg	Chlor
4,0 mg	Phosphor
5,0 mg	neutrale C-17-Ketosteroide
4,0 mg	Gesamtcholesterin als Ester
100-160	King-Armstrong-Einheiten alkalische Phosphatase
80,0 mg	Desoxyribonucleinsäure
0,5 mg	Keratin
0,09 mg	Indikan
55,5 mg	Gesamtstickstoff

qualitativ nachgewiesen:
Glutaminsäure-Oxalessigsäure-Transaminase
Glutaminsäure-Brenztraubensäure-Transaminase
Glutamat-Pyruvat-Transaminase
Glutamat-Oxalacetat-Transaminase
α-Amylase
Aldolase
Ribonucleinsäure
Prolin, Alanin, Asparaginsäure, Asparagin, Glycin, Hydroxyprolin, Serin
Eisen, Cobalt, Kupfer, Magnesium, Mangan, Molybdän, Silicium

Wirkstoffe in Plazentaextrakten (100 ml)

Rosenwasser:
reizmildernd, entzündungshemmend, tonisierend, leicht adstringierend
Kamillenblütenwasser:
reizlindernd, erweichend, desodorierend
Hamameliswasser:
reizlindernd, tonisierend, astringierend
Rosmarinblütenwasser:
stimulierend, leicht reizend

Wirkung einiger Destillationswässer

Arnika-Tinktur:
entzündungshemmend, durchblutungsfördernd
Gurkensaft:
hautreigend, hauterweichend
Zitronensaft:
wirkt äußerlich gegen raue und rissige Haut

Wirkung einiger Säfte und alkoholischer Tinkturen

Pflanzenauszüge und ätherische Öle. Die in Cremes verwendeten Drogen kommen meist in Form ihrer wässrigen Extrakte zum Einsatz. Die Wirkung der Auszüge in kosmetischen Zubereitungen ist umstritten, da die notwendigen Konzentrationen, auch aus technischen Gründen (Cremes werden verfärbt), oft nicht eingesetzt werden. Der Wirkstoffgehalt kann zudem je nach verwendetem Pflanzenmaterial und Herstellungsweise recht unterschiedlich ausfallen.

Gurkensaft ist ein altes Hausmittel zur Hautpflege und Hautreinigung. Bei Einsatz von Gurkensaft in Cremes konnten nicht die günstigen Wirkungen auf die Haut beobachtet werden, die bei Verwendung frischer Gurken oder des Presssaftes vorübergehend erzielt werden. Den Pflanzensäften ist gemeinsam, dass sie in kosmetischen Zubereitungen weniger haltbar sind und die Wirkung der konservierten Säfte nicht mit denen der frischen verglichen werden darf. Es werden zudem nur minimale Konzentrationen eingesetzt, um eventuelle Geruchsänderungen oder Verfärbungen der Präparate zu vermeiden, wodurch eine mögliche Wirksamkeit noch unwahrscheinlicher wird.

Pflanzenextrakte mit östrogener Wirksamkeit (Fenchel, Salbei, Palmkerne und Hopfen) sind bekannt und werden in Hautcremes eingesetzt.
Ätherische Öle werden in erster Linie als Geruchskomponenten verwendet. Daneben werden sie wegen ihrer durchblutungsfördernden und desinfizierenden Wirkung (Rosmarinöl, Lavendelöl, Fichtennadelöl) eingesetzt.

Lichtschutzmittel. Von der Sonne gelangt elektromagnetische Strahlung verschiedener Wellenlänge zur Erde. Das sichtbare Gebiet liegt im Bereich von 360 nm bis 800 nm. Im langwelligeren Bereich schließt sich das Infrarotlicht, im kurzwelligeren Bereich das Ultraviolettlicht an. Das Ultraviolettlicht kann eingeteilt werden in die Bereiche UV-C (200 nm bis 280 nm), UV-B (280 nm bis 315/320 nm) und UV-A (315/320 nm bis 400 nm). Die sehr energiereichen, kurzwelligen und für Mensch und Tier gefährlichen UV-C-Strahlen werden weitgehend von der Ozonschicht in der Atmosphäre absorbiert.
UV-A- und UV-B-Strahlen sind für die Bräunung, die Erythembildung und den Sonnenbrand verantwortlich. Treffen UV-A- und UV-B-Strahlen auf die Haut, so werden mehrere Reaktionsketten in Gang gesetzt. Die UV-A-Strahlen initiieren eine Direktpigmentierung der Haut. Es handelt sich bei diesem Prozess um eine Fotooxidation von Melaninvorstufen. Die erzielte Bräune ist nicht dauerhaft. Starke Einwirkung von UV-B-Strahlen bewirkt einen Sonnenbrand. Nach Abklingen der Rötung reagiert die Haut mit Neubildung des Melanins. Diese indirekte Pigmentierung beginnt nach zwei Tagen und erreicht ihr Maximum nach neunzehn Tagen.

Melaninbildung

Die Ausgangssubstanz für das *Melanin* ist Tyrosin. Das Melanin bildende Enzym ist die Tyrosinase, die in den Melanozyten zum Teil in inaktiver Form vorliegt, durch UV- oder Röntgenstrahlen aber aktiviert werden kann. Das Enzym führt Tyrosin in Dihydroxyphenylalanin (Dopa) über und oxidiert dieses zum Chinon. Ein Teil der Folgereaktionen (der Ringschluss zum Indol, wahrscheinlich auch die Polymerisation des Indol-Chinons zum Melanin) verläuft spontan, ohne Enzymkatalyse. Die sich bildenden Melaningranula werden von den pigmentbildenden Zellen (Melanozyten) an die Basalzellen der Epidermis abgegeben und kappenartig oberhalb der Zellkerne geschichtet. Das Melanin stellt einen Schutz der Haut vor UV-B- und UV-C-Strahlen dar. Sein Absorptionsmaximum liegt bei 258 nm. Ein weiterer Schutzmechanismus der Haut ist die Verdickung der *Hornschicht* in einer Schwiele, der so genannten Lichtschwiele nach Miescher. Während eine 0,01 mm starke Hornschicht 40 % des UV-B-Bereiches absorbiert, liegt die Absorption einer 0,2 mm dicken Hornschicht bei 80 %.

Wohl dosierte Sonnenbäder sind von hoher gesundheitlicher Bedeutung; zu häufige oder zu intensive Bestrahlungen sind jedoch schädlich. Eine akute Überdosierung führt zu mehr oder weniger starken Verbrennungen. Eine dauernde Einwirkung kann neben Gefäßschädigungen eine allmähliche Degeneration des Bindegewebes zur Folge haben. Die längerwelligen UV-Strahlen sind energiereich genug, um eine Vernetzung des Kollagens zu bewirken. Diese Reaktion führt zu einem Elastizitätsverlust und einer Änderung des Hydrationsgrades. Die Haut weist Falten auf, altert vorzeitig. Eine permanente starke Bestrahlung begünstigt die Entstehung von Hautkrebs.

Aufgabe der in Sonnencremes eingearbeiteten Lichtschutzmittel ist es, die Haut vor Lichtschäden zu schützen. Die Verwendung der Präparate ist angeraten, wenn die lichtungewohnte Haut der intensiven Strahlung ausgesetzt wird, vor allem an der See oder im Hochgebirge. Sie ermöglichen es, ohne den gefürchteten Sonnenbrand in der Sonne zu verbleiben.

Die chemischen Lichtschutzmittel filtern den erythemerzeugenden UV-B-Bereich von 280 nm bis 320 nm aus dem Sonnenlicht heraus. Das Absorptionsmaximum soll zwischen 300 nm und 310 nm liegen. Für UV-A-Strahlen sind die meisten UV-Absorber durchlässig, um die direkte Pigmentierung zu begünstigen. Eine Ausnahme bilden die Breitbandfilter, die auch im UV-A-Bereich eine mehr oder weniger ausgeprägte Absorption aufweisen.

Die in Kosmetika eingesetzten Lichtschutzmittel dürfen die Haut nicht reizen, verfärben oder von der Haut resorbiert werden. Weiterhin sollen sie nicht mit Schweiß, Salzwasser oder den Zusatzstoffen des jeweiligen Präparates reagieren und müssen weitgehend geruchlos sein.

Selbstbräunende Mittel. Als bräunendes Agens werden in Selbstbräunungspräparaten im Wesentlichen *Dihydroxyaceton* (DHA), ferner Alloxan und Nussextrakte eingesetzt. Das **DHA** ist bei externer Anwendung unschädlich. Seine Wirkung beruht auf der Maillard-Reaktion, einer Kondensation der in der Haut vorliegenden freien Aminosäuren mit der Ketogruppe des DHA. Die Färbung tritt nach drei bis fünf Stunden ein. Sie ist nicht abwaschbar. Da die Pigmentbildung in der Haut, wie sie durch UV-Strahlen hervorgerufen wird, nicht beeinflusst wird, schützt das Selbstbräunungsmittel die Haut nicht vor Sonnenbrand.

Alloxan, ein Spaltungsprodukt der Harnsäure, wird in der Haut (möglicherweise durch die Sulfhydrylgruppen des Hauteiweißes) zu rotbraunem Alloxantin reduziert. Durch Zugabe von Ninhydrin soll die Braunfärbung unterstützt werden.

Lichtschutzmittel

Wie funktionieren die Lichtschutzmittel? Diese Verbindungen bestehen aus ungesättigten Systemen, deren π-Elektronen durch das erythemerzeugende UV-Licht in einen angeregten Zustand überführt werden. Diese angeregten Strukturen sind nicht stabil und gehen unter Emission von längeren Strahlen in den ursprünglichen Zustand zurück. Die emittierten Strahlen können im sichtbaren oder im Infrarot-Bereich liegen.

Als Strahlenschutzmittel werden folgende Stoffgruppen verwendet:

p-Aminosäurederivate
Benzimidazolderivate
Benzophenonderivate
Benzoxazolderivate
Cumarinderivate
Gallussäurederivate
o-Hydroxybenzoesäurederivate
Zimtsäurederivate
p-Methoxyzimtsäurederivate.

Aktive Stoffe in Lichtschutzmitteln

Der Lichtschutzfaktor. Zur Bestimmung des Lichtschutzfaktors wird der Rücken einer Versuchsperson in horizontale Streifen eingeteilt. Diese werden zum Teil mit den zu prüfenden Präparaten behandelt, zum Teil bleiben sie unbehandelt. Nach der Unterteilung der Streifen in nebeneinander liegende Felder werden diese mit abgestuften Lichtmengen bestrahlt. Hierzu verwendet man Lampen, die sich weitgehend als sonnenähnlich erwiesen haben. Die Auswertung erfolgt nach 24 Stunden. Liegt die Erythemschwellenzeit für einen geschützten Hautstreifen bei zehn Minuten, bei einem ungeschützten Hautstreifen bei fünf Minuten, so ergibt sich ein Schutzfaktor von 2. Dies bedeutet, dass sich die Versuchsperson doppelt so lange bis zum Auftreten eines Sonnenbrandes in der Sonne aufhalten kann. Bei der Auswahl der Testpersonen wird darauf geachtet, dass nur solche mit normaler Lichtreaktion der Haut herangezogen werden. Personen, die auf Bestrahlung nur mit Erythembildung oder nur mit Pigmentierung reagieren, werden ausgeschlossen.

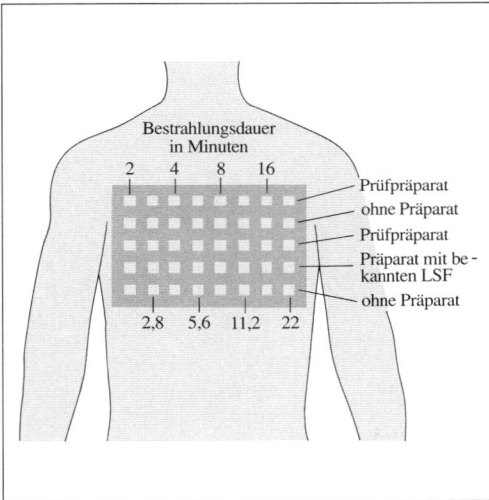

Ermittlung des Lichtschutzfaktors

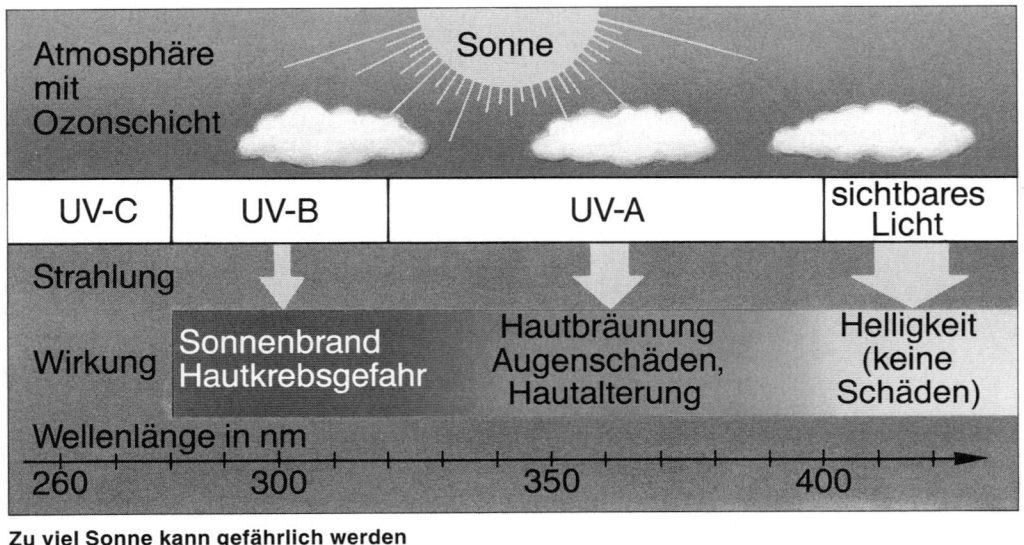

Zu viel Sonne kann gefährlich werden

Inhaltsstoff	Massenanteil in %
Stearinsäure	1,5
Sorbitanmonooleat	1,0
Sorbitanmonostearat	1,0
Paraffinöl	7,0
Cetylpalmitat	1,0
Polymethylsiloxan	1,5
Glycerin	2,0
1,2-Propylenglykol	2,0
Polyacrylsäure	0,15
Natriumhydroxid	0,3
Parfümöl	nach Belieben
Konservierungsmittel	nach Belieben
Wasser, demineralisiert	bis 100

Rezeptur für eine Tagescreme (Industrie-Rezeptur)

Inhaltsstoff	Massenanteil
Tegomuls	30 g
Sonnenblumenöl	60 g
Walrat (synth.)	10 g
Wasser	300 g
Panthenol	5 g
Bisabolol	1 g
Euxyl K 400	15 Tropfen

Rezeptur für eine Tagescreme (eigene Herstellung)

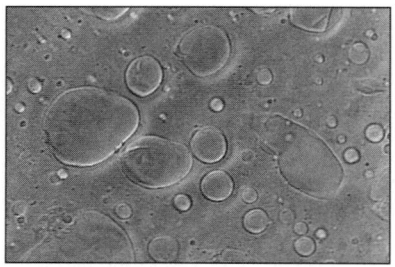

Grobdisperse Emulsion

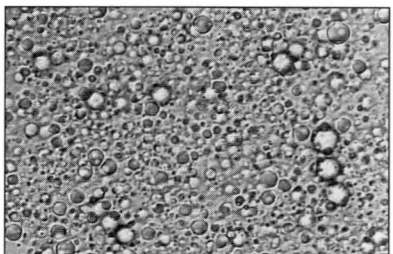

Feindisperse Emulsion

Extrakte aus den grünen Schalen und Blättern der Walnuss enthalten Juglon, das zur Braunfärbung der Haut verwendet wird. Beim wiederholten Auftragen auf die Haut wird die Substanz offenbar von der Hornschicht aufgenommen und bildet allmählich eine fest haftende Bräune. Juglon ist nicht als ganz harmlos zu betrachten, da Exeme bei fortgesetzter Benutzung nicht auszuschließen sind. Heute wird Juglon vorwiegend in Sonnenschutzölen eingesetzt, um eine leichte Vorbräune zu erzielen.

Herstellung von Cremes. Die Herstellung einer Emulsion geschieht in Rührwerken, die möglichst hochtourig eine Mischung herbeiführen. Für flüssige Emulsionen verwendet man häufig Propeller oder Einstabrührer, für festere Planetenrührwerke, die eine intensive Durchmischung gewährleisten.

Das Emulgieren erfolgt im Vakuum (besonders bei O/W-Emulsionen), um ein Einrühren von Luft zu vermeiden. Liegt die Emulsion als grob polydisperses Produkt vor, so schließt man einen Homogenisiervorgang an, der zu Feinstverteilung der dispersen Phase und letztendlich zur besseren Stabilität führt.

Vor dem Emulgieren wird die Fettphase mit dem Emulgator bei 75 °C bis 80 °C geschmolzen. Die Wasserphase erhitzt man auf die gleiche Temperatur wie die Fettphase und fügt sie portionsweise unter schnellem Rühren der Fettphase hinzu. Die Emulsion wird nun kalt gerührt. Der Zusatz temperaturempfindlicher Wirkstoffe und Parfüme erfolgt bei etwa 35 °C. Bei flüssigen Emulsionen mit einem hohen Wasseranteil wird das Wasser in einem Schmelzkessel bei 80 °C vorgelegt. Die Fettphase (Emulgator, Fett/Öl, Konsistenzregulator) wird separat geschmolzen und unter schnellem Rühren mit einem Propellerrührwerk zugesetzt. Die Emulsion wird bis auf 40 °C kalt gerührt, anschließend erfolgt der Zusatz von Parfümölen und Wirkstoffen.

Gele. Drei verschiedene Geltypen lassen sich unterscheiden: *Hydrogele*, *Oleogele* und *Öl/Wasser-Gele*. Hydrogele sind ölfreie Gele, Oleogele sind wasserfrei. Durch ihre Transparenz sind Gele attraktivere Produkte als Emulsionen, daneben lassen sie sich leichter auf der Haut verteilen und „weißeln" nicht. Öl/Wasser-Gele benötigen zur Stabilisierung hohe Emulgatormengen. Als Emulgatoren werden Lanolinderivate, polyethoxylierte Phosphorsäureester höherer Alkohole und Oleylalkoholethoxylate verwendet.

Experimente

Versuch 1: Wirkung eines Emulgators

Materialien: Reagenzglas, Messzylinder; Pflanzenöl, rot gefärbtes Wasser, Seife

Durchführung:
1. Geben Sie 2 ml Öl und 2 ml Wasser in das Reagenzglas und schütteln Sie.
2. Lassen Sie das Reagenzglas eine Weile stehen.
3. Geben Sie Seifenspäne in das Reagenzglas und schütteln Sie den Inhalt.

Aufgaben:
a) Notieren Sie Ihre Beobachtungen.
b) Erläutern Sie die Wirkung der Seife.

Versuch 2: Nachweis der Emulsionsarten

Materialien: 2 Uhrgläser, Spatel, Filtrierpapier; Wasser, Paraffinöl, Sudanrot, Tagescremes, Nachtcremes

Durchführung:
a) Verdünnungsmethode:
1. Geben Sie einen Spatel Creme auf ein Uhrglas und verrühren Sie sie mit Wasser.
2. Wiederholen Sie den Versuch und verwenden Sie statt Wasser Paraffinöl.

Hinweis: O/W-Emulsionen lassen sich mit Wasser vermengen, W/O-Emulsionen mit Paraffinöl.

b) Filtrierpapiermethode:
Geben Sie einen Spatel Creme auf Filtrierpapier.

Hinweis: O/W-Emulsionen zeigen nach einiger Zeit einen feuchten Rand. W/O-Emulsionen zeigen keinen oder nur einen sehr schmalen Streifen. Im schmalen Ölstreifen löst sich der Farbstoff Sudanrot.

Aufgabe: Untersuchen Sie verschiedene Cremesorten auf den Emulsionstyp. Tragen Sie Ihre Ergebnisse in eine Tabelle ein.

Versuch 3: Herstellung einer Tagescreme/After-Shave-Creme

Materialien: Bechergläser (600 ml), Handrührgerät, Kochplatte, Waage, Thermometer, Glasstab;
Fettphase: 30 g Tegomuls, 60 g Pflanzenöl, 10 g Walrat;
300 g Wasser, 50 Tropfen Panthenol, 30 Tropfen Parfümöl, 25 Tropfen Euxyl K 400, Menthol-Paraffin-Lösung

Durchführung:
1. Kochen Sie das Wasser auf und lassen Sie es auf 70 °C abkühlen.
2. Geben Sie die Zutaten der Fettphase (Tegomuls, Öl, Walrat) in das feuerfeste Becherglas und erhitzen Sie unter Rühren auf 80 °C, bis alles geschmolzen ist.
3. Haben Wasser und Fettphase 70 °C erreicht, wird das Wasser unter Rühren in das Fett gegeben (Handrührgerät Stufe 1).
4. Rühren Sie, bis die Emulsion handwarm ist, und geben Sie die Zusatzstoffe (Panthenol, Parfümöl, Euxyl K 400) hinzu.
Für die After-Shave-Creme wählen Sie ein Herrenparfüm und geben Sie 30 Tropfen Menthol-Paraffin-Lösung hinzu.

Hinweis: Eine Rezeptur ergibt etwa zehn Portionen. Als Öle können Salatöle verwendet werden. Um nur eine Portion herzustellen, werden von der Fettphase 10 g genommen und mit 30 g Wasser kalt gerührt. Die Menge der Zusatzstoffe wird entsprechend durch zehn dividiert.

Versuch 4: Herstellung einer Selbstbräunungscreme

Materialien: Bechergläser (600 ml), Handrührgerät, Kochplatte, Waage, Thermometer, Glasstab;
Fettphase: 30 g Tegomuls, 70 g Pflanzenöl;
300 g Wasser, 25 g Dihydroxyaceton, 10 Tropfen Zitronensaft, 50 Tropfen Panthenol, 30 Tropfen Parfümöl, 25 Tropfen Euxyl K 400

Durchführung:
1. Kochen Sie das Wasser auf und lassen Sie es auf 70 °C abkühlen.
2. Nehmen Sie 30 g von diesem Wasser und lösen Sie darin das Dihydroxyaceton auf.
3. Fügen Sie den Zitronensaft zu.
4. Wiegen Sie die Zutaten der Fettphase ein und verfahren Sie weiter, wie in Versuch 3 beschrieben.

Versuch 5: Herstellung einer Wasch- oder Rubbelcreme

Materialien: Bechergläser (1000 ml), Handrührgerät, Kochplatte, Waage, Thermometer, Glasstab;
Fettphase: 25 g Tegomuls, 55 g Pflanzenöl, 20 g Cetylalkohol;
700 g Wasser, 30 Tropfen Parfümöl, 35 Tropfen Euxyl K 400, Seesand-Mandelkleie

Durchführung:
Geben Sie die Zutaten der Fettphase in das Becherglas und fahren Sie fort, wie in Versuch 3 beschrieben.

Rubbelcreme: In 50 g der fertigen Creme Seesand-Mandelkleie nach Belieben unterrühren.

Versuch 6: Herstellung von getönter Tagescreme

Materialien: Bechergläser (600 ml), Handrührgerät, Kochplatte, Reibschale mit Pistill, Waage, Thermometer, verschraubbares Gläschen;
Fettphase: 25 g Tegomuls, 60 g Pflanzenöl, 5 g Bienenwachs, 15 g Walratersatz;
200 g Wasser
Pigmentmischung: 0,5 g Rotbraun, 1 g Dunkelbraun, 3 g Ocker, 12 g Titandioxid

Durchführung:
1. Verreiben Sie die Pigmentmischung in einem Mörser sehr gründlich. Füllen Sie sie in ein verschraubbares Glas. Sie reicht für 13 Make-up-Ansätze.
2. Erhitzen Sie das Wasser in dem Becherglas zum Kochen und lassen Sie es auf 70 °C abkühlen.
3. Erhitzen Sie die Fettphase in dem zweiten Becherglas auf 80 °C.
4. Geben Sie einen Teil der Fettphase in die Reibschale und verreiben Sie sie mit 5 g der Pigmentmischung.
5. Geben Sie die Fettphasen wieder zusammen und erhitzen Sie auf 70 °C.
6. Fügen Sie unter Rühren (Handrührgerät Stufe 1) das 70 °C warme Wasser hinzu und rühren Sie die Creme kalt.
7. Geben Sie das Parfümöl und das Konservierungsmittel hinzu.

Hinweis: Die hergestellte Menge reicht für zehn Portionen.

Versuch 7: Herstellung eines Gesichts-Hydrogels

Materialien: Becherglas (400 ml, breit), Handrührgerät, Kochplatte, Waage, Glasstab;
250 ml Wasser, 2 g Gelbildner PN 73, 2 g Panthenol, 10 Tropfen Euxyl K 400, 5 Tropfen Parfümöl

Durchführung:
1. Kochen Sie das Wasser auf und lassen Sie es fünf Minuten abkühlen.
2. Fügen Sie unter Rühren (Handrührgerät Stufe 1) Panthenol, Parfümöl und Euxyl hinzu.
3. Geben Sie nun den Gelbildner dazu.

Hinweis: Das Gel wird nicht ganz klar. Es kann allein oder unter einer Creme aufgetragen werden.

Versuch 8: Herstellung eines kühlenden Körper-Gels

Materialien: Becherglas (600 ml, breit), Handrührgerät, Kochplatte, Waage, Glasstab;
400 ml Wasser, 4 g Gelbildner PN 73, 4 g Panthenol, 20 Tropfen Euxyl K 400, 10 Tropfen Parfümöl, 100 ml Ethanol (F), 10 ml Menthol-Paraffin-Lösung

Durchführung:
1. Kochen Sie das Wasser auf und lassen Sie es fünf Minuten abkühlen.
2. Fügen Sie nun unter Rühren nacheinander hinzu: Panthenol, Euxyl K 400, Ethanol, Menthol-Paraffin-Lösung.
3. Geben Sie nun den Gelbildner hinzu.

Hinweis: Der kühlende Effekt wird durch eine größere Menge der Menthol-Paraffin-Lösung verstärkt. Das Gel eignet sich auch als *After-Sun-Gel*. Durch das Menthol wirkt es zudem abwehrend gegen Mücken und Stechfliegen.

Versuch 9: Herstellung einer Handcreme

Materialien: 2 Bechergläser (800 ml), Handrührgerät, Kochplatte, Waage, Thermometer, Glasstab;
Fettphase: 30 g Tegomuls, 3 g Bienenwachs, 3 g Cetylalkohol, 65 g Pflanzenöl;
400 g Wasser, 5 g Allantoin, 25 g Glycerin, 10 g Panthenol, 3 g Vitamin E, 30 Tropfen Paraben

Durchführung:
1. Kochen Sie in einem feuerfesten Becherglas (Glasstab!) 400 g Wasser ab und lösen Sie das Allantoin darin auf. Geben Sie das Glycerin hinzu.
2. Wiegen Sie die Zutaten der Fettphase in das andere Becherglas ein und erhitzen Sie auf 80 °C.
3. Geben Sie unter Rühren mit dem Handrührgerät das Wasser in die Fettphase und rühren Sie, bis die Creme handwarm ist.
4. Fügen Sie nun das Panthenol, Vitamin E und Paraben hinzu.

Hinweis: Bei der Handcreme wird auf die Parfümierung verzichtet. Statt des Konservierungsmittels Euxyl K 400 wird Paraben verwendet, da es weniger stark riecht.

Arbeitsblatt: Wirkung von Emulgatoren

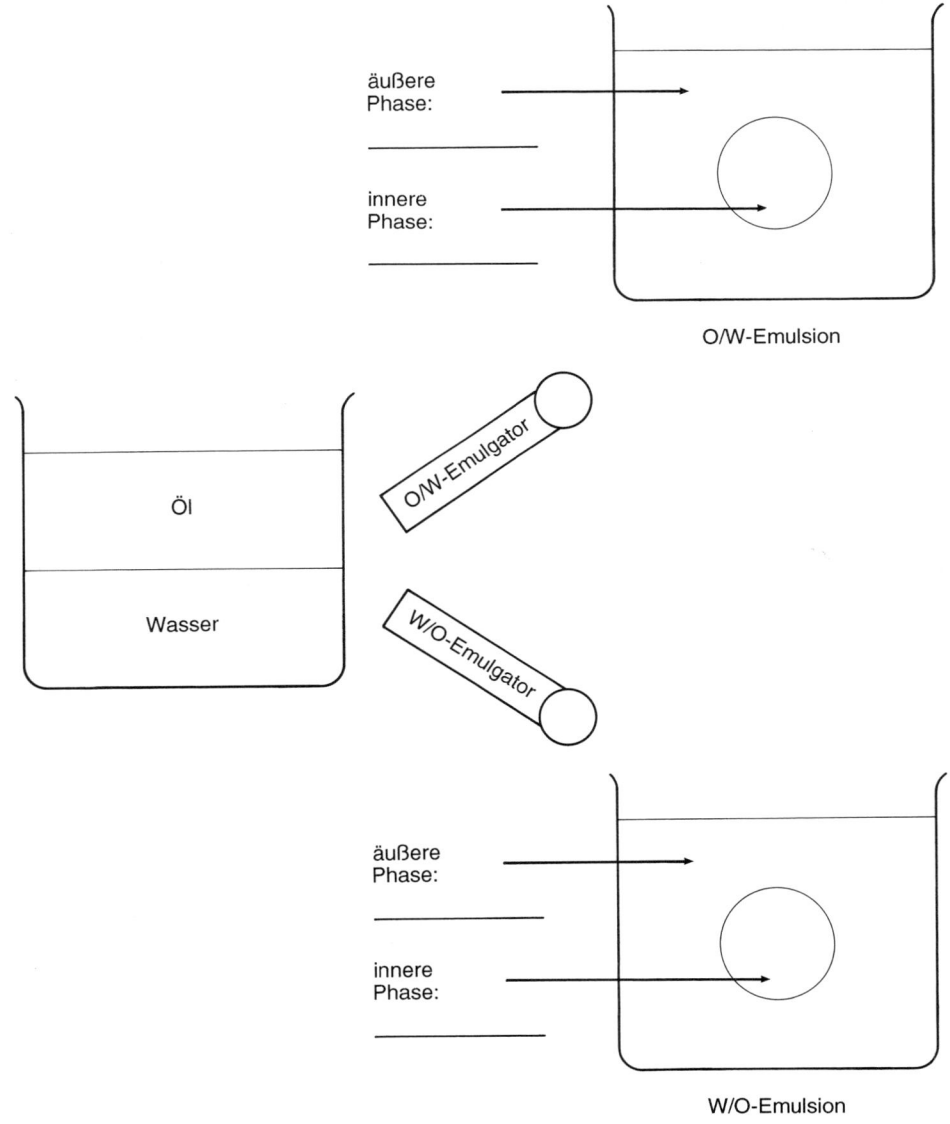

1. Benennen Sie bei den Emulsionsarten jeweils die äußere und die innere Phase.
2. Zeichnen Sie die Emulgatormoleküle ein.
3. Wovon ist die Bildung der Emulsionsart abhängig?

Arbeitsblatt: Welche Wirkung haben Wirkstoffe wirklich?

Das Folgende ist zitiert nach:
H. Janistyn, Handbuch der Kosmetika und Wirkstoffe
K. Schrader, Grundlagen und Rezepturen der Kosmetika

Kollagen: Es ist nicht möglich, durch äußerliche Behandlung mit Kollagen (Abbauprodukte) enthaltendem Material dem durch Alterungsprozesse eintretenden Abbau der Kollagenfasern im Bindegewebe zu begegnen. Eine trockene Haut wird im Allgemeinen durch wasserreiche Hautcremes vorübergehend beeinflusst, wenn es gleichzeitig gelingt die schnelle Austrocknung zu vermindern.

Organextrakte: Extrakte aus der Plazenta fallen je nach Gewinnung, Aufbereitung und Verarbeitung sehr unterschiedlich aus, sodass deren Verwendung in der Kosmetik umstritten ist, zumal Plazenta-Extrakte nicht selten lediglich als Werbeargument dienen sollen.

Vitamine: Die Wirkung von Vitaminen bei externer Zuführung ist noch nicht abgeklärt. Anhand von Untersuchungsergebnissen ist die Wahrscheinlichkeit sehr gering. Fettlösliche Vitamine werden hingegen ausreichend von der Haut resorbiert.
Es ist bekannt, dass die Haut auf Selbstversorgung eingestellt ist und von außen nicht ernährt werden kann. Wenn dies nicht möglich ist und an sich auch nicht sinnvoll erscheint, so ist zu fragen, ob eine Beeinflussung der Ernährung vernünftiger ist.
Es mag vorweg gesagt sein, dass die Werbung mit ihren Behauptungen erheblich über das Mögliche oder Wahrscheinliche hinausschießt. Ohne Zweifel entfalten einige Vitamine günstige Hautwirkungen, doch es ist wenigstens fraglich, ob eine „Vitaminwirkung" vorliegt, denn es ist denkbar, dass die Vitamine auf der Haut Wirkungen haben, die mit der Vitaminfunktion nicht identisch ist.
Es ist wenig wahrscheinlich, dass man die Haut sozusagen mit Vitaminen füttern kann.

Wirkstoffe: Die kosmetische Industrie konfrontiert nun ihre Erzeugnisse mit der Haut und ihren Anhangsorganen. Die Präparate sollen vor nachteiligen äußeren Einwirkungen schützen.
Nur der Haut als Schutzorgan, dessen Stoffwechsel vorzugsweise von innen nach außen gerichtet ist und das die Aufnahme von Fremdstoffen minimalisiert, ist es zu verdanken, dass viele völlig artfremde Stoffe zur Verwendung kommen können.
Die komplizierten und differenzierten Funktionen der einzelnen Zellsysteme der Haut lassen den erstaunlichen Optimismus bewundern, mit dem vielen kosmetischen Zubereitungen der Haut nützliche Eigenschaften zugesprochen werden – ja, die darüber hinaus als nährend und regenerierend deklariert werden. Betrachtet man den Aufbau der Zellen und ihre Funktionen, dann wird der Nonsens klar oder die Spekulation, die in zahlreichen kosmetischen Präparaten verlockende Gestalt angenommen hat.
Wir verfügen über Hautcremes, die die Haut schützen und pflegen. Auf diese Art bewahren sachgemäß zusammengesetzte Cremes vor vorzeitigen nachteiligen Änderungen, wie solche so oft das Alter bringt – doch es gibt keine Hautcreme, die eine jugendliche Haut dauernd erhält.

Kräuter–pflanzliche Auszüge: Seit jeher werden die pflanzlichen Auszüge mit Eigenschaften belegt, denen die meisten in der Praxis auch nicht annähernd gerecht werden.
Von der Wirkung der verdünnten Extrakte, die wiederum im Allgemeinen in relativ geringen Mengen eingesetzt werden, soll man sich nicht zu viel versprechen.

1. Sammeln Sie Werbeaussagen zu Wirkstoffen in Cremes.
2. Nennen Sie die Effekte, die die in Cremes eingesetzten Wirkstoffe auf die Haut haben sollen.
3. Bewerten Sie den Einsatz der Wirkstoffe.

Arbeitsblatt: Lichtschutzfaktor und Hauttyp

Der Lichtschutzfaktor eines Präparates gibt an, wievielmal länger man in der Sonne bleiben kann, ohne einen Sonnenbrand zu bekommen. Würde man bei ungeschützter Haut nach zehn Minuten einen Sonnenbrand bekommen, so kann man bei Verwendung eines Sonnenschutzmittels mit dem Lichtschutzfaktor 8 80 Minuten in der Sonne bleiben.

1. Ergänzen Sie folgende Formel.

Zeit bis zur Hautrötung bei geschützter Haut = _____ × _____	Zeit bis zur Hautrötung bei _____ Haut

Sonnenbräune schützt, sie kann aber auch schaden. Selbst Sonnenschutzmittel mit hohem Lichtschutzfaktor halten nicht alle Gefahren ab. Eine Bräune, die ohne Sonnenbrand erreicht wurde, ist die gesündere. Nach wissenschaftlichen Erkenntnissen sollte die Dauer des Sonnenbades etwa ein Drittel unter der Sonnenbrand-Dosis liegen, will man nicht eine vorzeitige Hautalterung oder sogar Hautkrebs risikieren.

Die Einteilung in Hauttypen ermöglicht eine allgemeine Aussage über die Sonnenbrandschwelle (Zeit bis zur ersten Hautrötung).

Merkmale	Hauttyp			
	keltisch	germanisch	Mischtyp	mediterran
Hautfarbe	sehr hell	hell	hellbraun	hellbraun, oliv
Sommersprossen	stark	gering	keine	keine
Haarfarbe	rötlich	blond, braun	dunkelblond, braun	dunkelbraun, schwarz
Augenfarbe	grün	grau, blau, grün	grau, braun	dunkel
Bräunung	nie	schwach	gut	sehr gut
Sonnenbrand	rasch, schmerzhaft	häufig, schmerzhaft	selten	kaum
Sonnenbrand-schwelle in Minuten	5 bis 10	10 bis 20	20 bis 30	30 bis 45
Schwelle für vorzeitige Hautalterung und irreparable Zellkernschädigung in Minuten	2 bis 7	7 bis 14	14 bis 20	20 bis 30

Die Zeitangaben beziehen sich auf einen Junitag in Mitteleuropa. Die Sonnenstrahlung wird aber umso intensiver, je näher man sich am Äquator befindet oder je höher man sich im Gebirge aufhält. Die Sonnenstrahlung wird durch Sand, Wasser und Schnee noch verstärkt. Hieraus folgt, dass das Sonnenbad unter diesen Bedingungen noch verkürzt werden muss.

2. Stellen Sie Ihren Hauttyp fest.

3. Berechnen Sie, wie lange Sie in der Sonne bleiben können, wenn Sie Präparate mit dem Lichtschutzfaktor 12, 8 oder 6 verwenden.

Arbeitsblatt: Selbstbräunende Mittel

Selbstbräunende Mittel enthalten als Hauptwirkstoff Dihydroxyaceton, kurz DHA genannt.

Die Wirkung von DHA beruht auf der Maillard-Reaktion. Das ist eine Reaktionsfolge, wie sie ähnlich auch beim Backen bei der Bildung der braunen Kruste abläuft. Auf der Haut ist die Reaktion wegen der fehlenden Hitze deutlich langsamer.

Wird die Haut vor dem Eincremen nicht sorgfältig gereinigt, reagieren Talg- und Schweißreste mit dem DHA. Braune Pünktchen entstehen, die den Eindruck von Mitessern vermitteln.

DHA vermag die Haut auszutrocknen. Da das Präparat aber in Cremes verarbeitet wird, sind diese in der Lage, diesen Effekt auszugleichen.

Der Eindruck einer trockeneren Haut entsteht dadurch, dass durch die oberflächliche Bräunung die Abschuppung sichtbar wird.

Im Gegensatz zur Sonne lassen Selbstbräunungscremes die Haut nicht vorzeitig altern.

Die Creme wird gleichmäßig auf der Haut verrieben. Da Haare und Handinnenflächen besonders stark gefärbt werden, müssen die Hände nach Anwendung sorgfältig gewaschen werden.

Die Augenbrauen können mit einem feuchten Wattestäbchen, Haaransätze mit einem feuchten Tuch abgerieben werden.

Die bräunende Substanz kann innerhalb einer halben Stunde noch abgewaschen werden, danach ist sie nur noch durch abschleifend wirkende Materialien, wie Seesand-Mandelkleie oder Bimsstein, zu entfernen.

Zu bedenken ist, dass Material wie Leder, Wolle, Seide, Nylon oder Perlon auch dauerhaft eingefärbt wird. Während des Auftragens des Mittels und bis zu zwölf Stunden danach sollte man deshalb Kleidung aus Baumwolle tragen.

Die erreichte Bräune schützt nicht vor Sonnenbrand. Da der erzielte Farbton meist gelblich ausfällt, wird einigen Präparaten zur Verbesserung des Farbtons Walnussextrakt (Braunfärbung) zugesetzt.

---

1. Nennen Sie Gesichtspunkte, die Sie vor und nach dem Auftragen von Selbstbräunungsmitteln beachten müssen.

_____

_____

_____

_____

2. Geben Sie Vor- und Nachteile von natürlicher Sonnenbräune und von Selbstbräunungsmitteln an.

natürliche Sonnenbräune	Selbstbräunungsmittel

Arbeitsblatt: Sind Selbstbräunungsmittel für die Haut schädlich?

„Die Farbreaktion, die nach Anfärben mit einem dihydroxyacetonhaltigen Selbstbräunungsmittel erhalten wird, beruht auf einer Reaktion des Dihydroxyacetons (DHA) mit freien Aminosäuren (Maillard-Reaktion), die zusammen mit dem Schweiß eluiert werden. Da die Feuchtigkeitsabgabe der Haut recht unterschiedlich ist, stehen jeweils unterschiedliche Mengen an Aminosäuren zur Verfügung, weshalb es verständlich wird, dass die Farbreaktion nicht nur von Person zu Person, sondern auch bei der gleichen Person zu verschiedenen Zeiten unterschiedlich ausfallen kann. Vegetativ labile Personen, die besonders leicht an den Händen schwitzen, klagen darüber, dass sich bei ihnen – obwohl gar nicht erwünscht – nichts so gut und so intensiv anfärbt wie die Handinnenflächen.
Übrigens sind auch die so genannten Nikotinfinger nicht etwa dem Nikotin oder den Teerstoffen der Zigarette, sondern auch einer Reaktion zwischen Dihydroxyaceton und Aminosäuren zuzuschreiben. Der Tabak wird bekanntlich mit Glycerin angefeuchtet. Das Glycerin wird während des Rauchens in DHA übergeführt, das nun die Hautbereiche, die mit dem Rauch der Zigarette in Kontakt kommen, anfärbt, und zwar besonders wieder bei solchen Personen, die im Bereich der Handhaut eine stärkere Feuchtigkeitsabgabe zeigen."
H.P. Fiedler in: II. Symposium der Gesellschaft Deutscher Kosmetik-Chemiker e.V.

„Das mag schon stimmen, aber die Maillard-Reaktion findet auch mit dem Keratin statt, z. B. auch mit dem Keratin des Haares, also unabhängig von den zusätzlich mit dem Schweiß ausgeschiedenen Aminosäuren und dergleichen. Es muss doch in der verhornten Substanz irgendein Aminosäuremuster vorliegen, und das erscheint mir merkwürdig, dass also so große Unterschiede bestehen. ... Denn es gibt ja Personen, die solche Mittel anwenden und dann gelb oder rötlich braun gefärbt herumlaufen wie Asiaten, und andere, die herumlaufen so wie die früheren Lederhäute in Lederstrumpf."
H. Freytag in: II. Symposium der Gesellschaft Deutscher Kosmetik-Chemiker e.V.

„Der Nachteil der Selbstbräuner liegt neben der oft mehr gelben als braunen Färbung auch im Auftreten fleckiger Anfärbungen der Haut. Bedingt ist das durch das individuell unterschiedliche Vorkommen entsprechender Aminogruppen, aus deren Verbindung mit DHA die braun-gelbliche Verfärbung resultiert. Es hängt also von der Menge und Verteilung dieser Aminogruppen in der Haut des einzelnen Menschen ab, wie gleichmäßig und wie stark oder ob überhaupt eine Hautfärbung durch Selbstbräunung eintritt."
H. Tronnier, Test-Sonderheft Kosmetik, 1992

„Dermatologen sehen in der Hautbräunung durch Dihydroxyaceton eine Möglichkeit, das manchmal extreme Bräunungsbedürfnis auf gesunde Art ohne Dauerschädigung der Haut durch hohe UV-Dosen zu befriedigen. ... Das Bräunen der Haut mit Dihydroxyaceton hat keinerlei Lichtschutzwirkung. Allerdings wird manchen Selbstbräunungspräparaten vom Hersteller ein Lichtschutzfilter zugesetzt. Der Lichtschutzfaktor ist dann meist auf der Packung vermerkt."
W. Umbach, Kosmetik, Stuttgart 1988

„Bedenken bestehen (gegen die Anwendung von Selbstbräunungsmitteln) normalerweise nicht. Denn mit Ausnahme gelegentlicher Überempfindlichkeitsreaktionen ist bei der Anwendung dieser Produkte nicht mit Nebenwirkungen zu rechnen. Über allergische Reaktionen ist in der Literatur nur ganz vereinzelt berichtet worden. Soweit man heute weiß, reagiert der in den Selbstbräunern enthaltene Wirkstoff Dihydroxyaceton (DHA) ausschließlich mit der obersten Hautschicht, der Hornschicht, und dringt nicht weiter in die Haut ein."
H. Tronnier, Test-Sonderheft Kosmetik, 1992

1. Erläutern Sie, warum die Haut mancher Menschen durch Selbstbräunungsmittel nicht gefärbt wird.

2. Erklären Sie, wie die Braunfärbung der Haut zustande kommt.

3. Manche Urlauber versuchen durch Vorbräunung mit Selbstbräunern einen Sonnenbrand zu verhindern. Nehmen Sie hierzu Stellung.

2 Lippenstifte

Lippenstifte sind neben den Cremes die meistverwendeten Kosmetika. Die farblosen Präparate dienen der Pflege der Lippen, die farbigen erfüllen daneben dekorative Zwecke.

Farbstoffe und Pigmente. Eine direkte, unverwischbare Färbung der Lippen wird durch Eosinfarbstoffe bewirkt, die aus diesem Grund universell in Lippenstiften verwendet werden.

Ein Nachteil der **Eosinfarbstoffe** ist ihre geringe Öllöslichkeit. Ein gutes Lösungsmittel für diese Farbstoffe ist das Rizinusöl, das aufgrund dieser Eigenschaft in Lippenstiften viel verwendet wird. Die Tatsache, dass Rizinusöl bei Anwesenheit von Tetrabromfluorescein leicht ranzig wird und dann einen schädigenden Einfluss auf die Haut hat, der bei starker Sonnenbestrahlung noch intensiver wird, macht den Zusatz von Antioxidantien notwendig.

Als weitere Lösungsmittel kommen Oleylalkohol und 1,2-Propylenglykol in Betracht. Sie lösen Eosinfarbstoffe bis zu einem Massenanteil von 1 %. Weitaus bessere Lösungsmittel sind Furfurylalkohol und seine Ester, die aber wegen ihres unangenehmen Geruchs und Geschmacks nur in sehr geringen Mengen verwendet werden.

Durch einen hohen Eosingehalt werden die Lippen spröde. Aus diesem Grund setzt man Lippenstiften größere Mengen an Lanolin und anderen Fettstoffen zu.

Während die Eosinfarbstoffsäuren eine fest haftende Färbung auf den Lippen bewirken, bleiben Pigmente fein verteilt im Film auf den Lippen. Sie werden eingesetzt, um eine genügende Farbintensität, Deckkraft und Leuchtkraft zu erzielen. Zudem erreicht man mit ihnen Schattierungen, die mit Eosinfarbstoffen nicht möglich sind.

Als **anorganische Pigmente** werden unter anderem Titandioxid (Weißpigment) und Eisenoxide (gelb, rot) verwendet. Der Zusatz von Perlglanzpigmenten wie echtes Fischsilber, Bismutoxichlorid und Glimmerpigmente, die aus 20 % Titandioxid und 80 % Glimmer bestehen, ist modebedingt.

Farblacke sind schwer lösliche Metallsalze oder Komplexverbindungen löslicher organischer Farbstoffe auf unlöslichen anorganischen Trägerstoffen.

Azofarbstoffe können mithilfe von Bariumchlorid auf Aluminiumhydroxid niedergeschlagen werden. Die Barium-, Calcium- und Strontiumlacke von Azofarbstoffen ergeben intensive und opake Färbungen. Das Färbevermögen der Aluminiumlacke ist geringer.

Die Korngröße (max. 20 μm) der Pigmente und Farblacke ist von Bedeutung. Je feiner und leichter sie sind, desto geringer ist die Sedimentation in der flüssigen Lippenstiftphase und desto besser ist das Ölaufnahmevermögen.

An den Lippenstift werden hinsichtlich seiner Qualität Anforderungen gestellt, die sich auf die Erscheinung und Konsistenz des Stifts, sein Verhalten beim Auftragen auf die Lippen und auf die Eigenschaften des auf die Lippen gebrachten Filmes beziehen.

So soll ein guter Lippenstift ausreichend haltbar sein, sich über einen genügend großen Temperaturbereich nicht verändern, sich ohne zu schmieren leicht auftragen lassen, den Lippen Farbe und Glanz verleihen, gut haften, wasserbeständig und dennoch leicht zu entfernen sein. Er muss reizlos und ungiftig sein, soll die Lippenhaut glatt und geschmeidig machen, darf sie nicht austrocknen, sein Geschmack und sein Aroma müssen angenehm sein. Auch sein Aussehen muss ansprechend sein. Der Stift soll glänzen, darf nicht schwitzen oder Ausblühungen aufweisen.

Der Lippenstift hat vielen Anforderungen standzuhalten

Inhaltsstoff	Massenanteil
Eosinfarbstoffe	15 g – 30 g
Eosin-Löser	200 g – 400 g
Fett-Wachs-Base	500 g – 700 g
Pigmente	50 g – 80 g
Aroma-Öl	10 g – 15 g

Rezept für einen Lippenstift

Farbstoff	Färbung
4,5-Dibromfluorescein	orangerot
3,4,5,6-Tetrachlorfluorescein	bläulich rot
2,4,5,7-Tetrabromfluorescein	bläulich rot

Zugelassene Eosinfarbstoffe

Wachse. Ein brauchbarer Lippenstift soll relativ hochschmelzend, jedoch thixotrop sein. Glanz und Härte sowie die thixotropen Eigenschaften werden weitgehend von der Art und Menge der enthaltenen Wachse bestimmt.

Bienenwachs bewirkt die Bruchfestigkeit des Stiftes, stabilisiert das thixotrope System und wirkt daher Ölausscheidungen entgegen. Es begünstigt im Allgemeinen die Haftfestigkeit der Farbstoffe. Zu hohe Anteile an Bienenwachs können Granulation und Glanzlosigkeit bewirken.
Carnaubawachs und *Candelillawachs* besitzen ein gutes Ölbindevermögen und erhöhen die Schmelztemperatur des Stiftes. Daneben verbessern sie seinen Oberflächenglanz. Beide werden nur in geringen Mengen verarbeitet, da die Masse sonst ein körniges Gefüge erhält.
Mikrokristalline *Paraffine* wie Ceresin werden wegen ihres Ölbindevermögens eingesetzt. Sie ergeben temperaturbeständige Stifte und wirken Ölausscheidungen entgegen.

Fette und fettähnliche Stoffe. Natürliche Fette werden selten in Lippenstiften verwendet, da sie leicht ranzig werden. Eine Ausnahme ist das Rizinusöl. Da es dickflüssig ist, verleiht es dem Film auf den Lippen Zähigkeit. Es verhindert damit ein Schmieren und Auslaufen des Films. Daneben verhindert es die Sedimentation der Pigmente während der Bereitung der Stiftmasse. Nachteile der hohen Viskosität sind, dass beim Auftragen des Stifts auf die Lippen ein erhöhter Widerstand erzeugt wird und die Pigmente bei der Zubereitung nur schwer benetzt werden. Diese Erscheinungen werden jedoch gemindert, wenn ein Teil des Rizinusöls durch 2-Propylmyristat oder -palmitat ersetzt wird.

Hauterweichend und hautpflegend wirken Fettsäurealkylolamide, Cetylalkohol, Glycerinmonostearat, pflanzliche Lecithine sowie Lanolin und Derivate. Die 2-Propylester des Lanolins wirken nicht klebrig und bilden mit der Feuchtigkeit der Lippen eine Emulsion. Sie werden als Moisturizing Agent in Lippenstiften verwendet.

Antioxidantien. Um Lippenstifte vor dem Verderben, vor allem vor der Ranzidität, zu schützen, werden ihnen Antioxidantien wie Tocopherol, Propylgallat und Butylhydroxytoluol zugesetzt.

Parfüme. Der fettige Geruch oder Geschmack der Lippenstiftbase wird durch Parfümöle überdeckt. Die verwendeten Parfümöle dürfen die Haut weder reizen, noch dürfen sie unangenehm schmecken. Bei den synthetischen Riechstoffen sollten gesättigte Alkohole und Ester Aldehyden, Ketonen und allgemein ungesättigten Verbindungen vorgezogen werden, da bei Letzteren die Gefahr einer Hautreizung eher gegeben ist. Viel verwendet werden Blumendüfte, aber auch fruchtige Typen sind in Gebrauch.

Aus der Werbung:
Ceramide machen den Lippenstift besonders pflegend!

Aus einem Chemie-Lexikon:
Ceramide: körpereigene, besonders in der Hirnsubstanz und im Myelin des Zentralnervensystems vorkommende lipophile Amide.

Herstellung von Lippenstiften. Die Öl-, Wachs- und Farbphasen werden parallel zubereitet. Durch einen 30-μm- bis 40-μm-Filter werden die vorgesehenen Öle in den Vakuum-Mischbehälter gepumpt und auf 80 °C bis 85 °C gebracht. Ein Teil des Öls wird zum Anteigen der Farbpigmente zurückbehalten.

Die Wachsphase wird in einem Schmelzkessel bei 80 °C bis 85 °C geschmolzen und gemischt. Ein Zusatz von 10 % der Ölphase beschleunigt den Schmelzvorgang. Die Wachsphase wird nun durch einen 30-μm- bis 40-μm-Filter in den Mischbehälter gesaugt. Die Farbpigmente werden gemischt und mit dem zurückbehaltenen Teil der Ölphase im Rührbehälter eines Planetenmischers zu einem homogenen Brei angeteigt. Um die Agglomerate, die während des Mischens entstanden sein können, zu brechen, aber auch um größere Partikel zu zerkleinern, wird der Farbbrei über eine Dreiwalzenmühle gegeben. Der Farbbrei wird dem Mischbehälter zugeführt und mit der Öl-Wachs-Phase vermengt.

Nach einer Mischzeit von etwa 30 Minuten wird eine Probe entnommen und mit einem Standardmuster verglichen. Ist eine Farbkorrektur notwendig, werden die entsprechenden Farbpigmentmengen aufbereitet und mit der Öl-Wachs-Basis vermischt. Nach Abkühlen auf 50 °C bis 60 °C wird die Parfümölkomposition hinzugefügt. Die fertige Lippenstiftmasse wird in Lagerbehälter gepumpt, die eine rasche Abkühlung erlauben müssen, um das Absetzen der Farbpigmente zu verhindern. Zumeist werden Plastikeimer mit 12 l Inhalt verwendet. Zur weiteren Verarbeitung wird die Lippenstiftmasse den Lagerbehältern entnommen und aufgeschmolzen. Vom Schmelzbehälter gelangt die flüssige Masse in einen Vorratsbehälter, in dem sie durch ein Propellerrührwerk in Bewegung gehalten wird, um das Absetzen der Pigmente zu vermeiden. Mittels eingebauter Dosierkolbenpumpen wird die Masse in vorgewärmte Formen gefüllt, die sich in einem Gießkranz befinden. Am Boden der einzelnen Formen sind Bohrungen von 0,8 mm Durchmesser, die beim Einfüllen verschlossen sind. Nach dem Abkühlen wird Druckluft durch die Bohrungen eingeblasen und die Stifte so in die Lippenstiftmechanik eingeschossen.

Die Stifte gelangen nun in eine mit mehreren Gasbrennern bestückte Flammkabine. Um ein einseitiges Aufschmelzen zu verhindern, werden die Stifte in Umdrehung gehalten. Durch die mehrmalige schnelle Verflüssigung und Erstarrung der Oberfläche werden kleine Unebenheiten beseitigt und der Glanz der Stifte erzeugt. Nach visueller Überprüfung wird die Lippenstifthülse aufgesetzt, das Etikett angebracht und der Lippenstift verpackt.

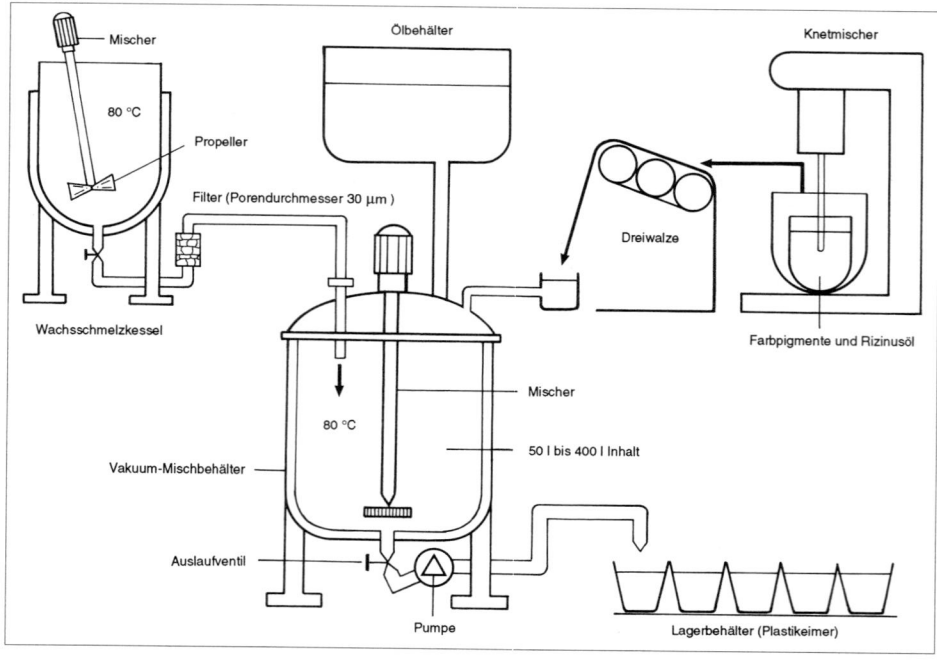

Experimente

Versuch 1: Perlglanzlippenstifte

Materialien: Becherglas (250 ml, 50 ml, breit), Spatel, Glasstab, Kochplatte, Waage, Lippenstiftgießform;
62 g Rizinusöl, 7 g Bienenwachs, 2 g Walrat (-Ersatz), 4 g Carnaubawachs, 4 Tropfen Antiranz, 1 Messlöffel Perlglanzpigment

Durchführung:
1. Wiegen Sie die Zutaten, ohne Perlglanzpigment, in das Becherglas ein.
2. Schmelzen Sie die Fettmasse.
3. Um einen Lippenstift herzustellen, geben Sie von der Fettmasse fünf Gramm in das kleine Becherglas.
4. Fügen Sie einen Messlöffel Perlglanzpigment hinzu.
5. Schmelzen Sie die Masse unter Rühren und geben Sie sie in die Lippenstiftgießform.
6. Der Lippenstift kann entnommen werden, wenn die Masse erkaltet ist.

Versuch 2: Lippenstift mit normalen Pigmenten

Materialien: Becherglas (250 ml, 50 ml, breit), Spatel, Glasstab, Kochplatte, Waage, Lippenstiftgießform, Reibschale, Pistill;
47 g Rizinusöl, 6 g Bienenwachs, 5 g Carnaubawachs, 2 g Walrat (-Ersatz), 4 Tropfen Antiranz, 1/2 Messlöffel Farbpigment

Durchführung:
1. Schmelzen Sie die Fettmasse, ohne Pigment.
2. Nehmen Sie für einen Lippenstift von der Fettmasse fünf Gramm ab.
3. Geben Sie die Hälfte der Masse in eine Reibschale und verreiben Sie sie mit dem halben Messlöffel Farbpigment.
4. Geben Sie die Masse in das 50 ml Becherglas und schmelzen Sie die Masse nochmals auf.
5. Gießen Sie die Masse in die Lippenstiftgießform.

Versuch 3: Lippenpflegestifte

Materialien: Becherglas (250 ml), Spatel, Glasstab, Kochplatte, Waage, Lippenstiftgießform;
62 g Rizinusöl, 9 g Walrat (-Ersatz), 2 g Bienenwachs, 2 g Carnaubawachs, 4 Tropfen Antiranz, Backaroma (Vanille, Orange)

Durchführung:
1. Wiegen Sie die Zutaten in das Becherglas ein.
2. Schmelzen Sie die Fettmasse.
3. Gießen Sie die Fettmasse in die Lippenstiftgießform.

Versuch 4: Lipgloss

Materialien: Becherglas (100 ml), Spatel, Glasstab, Kochplatte, Waage, Lipgloss-Garnitur;
20 ml Rizinusöl, 1 g Walrat (-Ersatz), 1 Tropfen Antiranz, Backaroma, Perlglanzpigment

Durchführung:
1. Wiegen Sie die Zutaten in das Becherglas ein.
2. Schmelzen Sie die Fettmasse.
3. Fügen Sie bei Bedarf zwei Tropfen Backaroma und/oder eine Spatelspitze Perlglanzpigment hinzu.
4. Gießen Sie die Flüssigkeit in die Lipgloss-Garnitur.

Hinweis:
Walratersatz = Cetylpalmitat

Arbeitsblatt: Inhaltsstoffe von Lippenstiften

Lippenstift-Rezeptur		Inhaltsstoffe	Eigenschaften/Aufgaben
Candelillawachs	7%	Öl- und Wachsphase	
Carnaubawachs	3%		
Bienenwachs	10%	Bienenwachs	– verantwortlich für die Bruchfestigkeit des Stiftes – begünstigt die Haftfestigkeit der Pigmente
Cetyllactat	6%		
Lanolin	14%		
Bisabobol	0,1%		
D-Panthenol	0,5%	Carnaubawachs, Candelillawachs	– gutes Ölbindevermögen – erhöhen den Schmelzpunkt des Stiftes – bewirken den Glanz des Stiftes
Vitamin-E-acetat	2%		
Antioxidans	0,5%		
Rizinusöl	41,8%		
Farbpigmente	15%	Cetyllactat	– schmilzt bei Körpertemperatur – gibt dem Stift einen Softeffekt
Kirscharoma	0,1%		
		Paraffine	– wirken Ölausscheidungen entgegen – ergeben temperaturbeständige Stifte
		Rizinusöl	– verleiht dem Film auf den Lippen Zähigkeit und verhindert so Schmieren und Auslaufen
		Cetylalkohol	– wirkt hauterweichend und pflegend
		Siliconöle	– dienen als Gleitmittel und Glänzer
		Lanolin	– bewirkt eine gute Haftung – pflegt die Lippen

Inhaltsstoffe	Eigenschaften/Aufgaben
farbgebende Mittel	
Farbstoffe	– färben die Lippenstifte dauerhaft an – „kussechte" Lippenstifte enthalten Eosinfarbstoffe
Pigmente	– bleiben fein verteilt auf den Lippen – Eisenoxide (gelb, rot) – Titandioxid (weiß) – Fischsilber (silbern) – Perlglanzpigmente – Farblacke
pflegende Mittel	
Kamillenöl, Panthenol Lichtschutzsubstanz UV-Filter, Titandioxid	– sollen Lippen pflegen – verhindern Sonnenbrand
Parfüme	– überdecken den fettigen Geruch – dürfen nicht unangenehm schmecken
Konservierungsmittel	
Vitamin E	– verhindert Ranzigwerden – pflegt die Lippen

Kosmetik-Chemie

Eigenschaften des Stiftes	Inhaltsstoff
glänzend	
pflegend	
nicht schmierend	
temperaturbeständig	
färbend	
gut schmeckend	
haltbar	

1. Ein guter Lippenstift soll viele Anforderungen erfüllen. Ordnen Sie den Eigenschaften des Stiftes die Inhaltsstoffe zu, die für sie verantwortlich sind. *Hinweis:* Eine mehrmalige Zuordnung ist möglich.

Arbeitsblatt: Der Lippenstift und seine Entwicklung

Wer hätte das gedacht, damals, als auf der Weltausstellung in Amsterdam (1883) jenes würstchenförmige Gebilde zum ersten Mal auftauchte, dass der Lippenstift jemals 100 Jahre alt werden würde.
Rhodopis-Serviteur nannten ihn seine Schöpfer. Rhodopis – nach einer schönen griechischen Hetäre aus dem 6. Jh. vor Christus, und Serviteur gleich Diener.
Und jener Diener setzte sich damals zusammen aus zwei Teilen Walrat (aus dem Wal gewonnenes Wachs) und drei Teilen Mandelöl. Dazu gab man rot gefärbtes Mandel-, Bergamott- und Citronenöl sowie Hirschtalg.
Genau 100 DM musste die modische Dame auf den Tisch legen, um einen solchen Lippenstift zu besitzen. Und wollte sie ihn dann benutzen, musste sie erst ein wenig von dem Seidenpapier herunterstreichen, in das er gewickelt war, wobei die Farbe erst einmal die Finger färbte, bevor sie die Lippen erreichte.
So schwierig war das in den Anfängen des Lippenstifts und anrüchig war er obendrein: Der sanfte Hauch frivoler Halbwelt umgab ihn. Selbst Paris fand schlecht Freundinnen für ihn. Zu der Zeit nannte man ihn noch „Würstchen". Später taufte ihn eine Schauspielerin fantasievoll „Zauberstab des Eros". Diese Bezeichnung machte ihn für anständige Frauenzimmer erst recht nicht salonfähig. Angekränkelte Gesichtsblässe wurde nun zum Schönheitsideal.
Die Dame des Jahres 1902 wusste sich auf ihre Weise einen roten Erdbeermund zu zaubern: Sie biss einfach auf die Lippen und tauchte sie in Essig oder Alkohol.
Der Rat eines Kosmetiksalons 1861 lautete: Man nehme ein Lot weißes Wachs und ein Lot Olivenöl, setze sie über ein Sandbad, dass sie zusammenschmelzen, und lege ein Leinensäckchen hinein, in welchem ein halbes Quäntchen fein geschnittene Alkannawurzel eingebunden ist. Man seihet die Flüssigkeit, nachdem man das Säckchen eine Stunde im Sandbad hatte und danach ausdrückte, ab (durch Leinwand) und rührt vorm Erkalten drei Tropfen Rosenöl darunter. Die Pomade gießt man in kleine Büchschen von Eben- oder Buchsbaumholz. Damit werden die Lippen schön rosafarben, frisch und geschmeidig. Dies ist das einzige vorteilhafte Mittel, den Lippen Glanz und Farbe zu geben.
Nicht so umständlich färbten sich die ägyptischen Pharaoninnen ihre Lippen. Sie spalteten sich die Zungenspitze auf, um mit dem Blut die Lippen zu benetzen. Oder sie ließen sich Hennalauge einbrennen. Schönheiten im alten Rom dagegen gewannen aus rotem Karminfarbstoff eine färbende Lippenpaste. Karmin wurde aus Cochenille-Läusen gewonnen.
In den 20er Jahren wurde das Lippenanmalen noch als Kriegsbemalung verspottet. Damals standen nur Hell- und Dunkelrot zur Verfügung. Die Lippen wurden in Herzform geschminkt. Bald schon kam der Khasana-Stift auf, ein flaches gelbes Wachsstäbchen, das nur 1,80 DM kostete und die Lippen erst beim Auftragen färbte.
Erst in den 30er Jahren, als der Himbeermund der letzte Schrei war, wurde der Lippenstift kussecht und die praktische Drehmechanik aus den USA brachte Erleichterung mit sich. Frauen, die sich in Cafehäusern keck die Lippen nachzogen, galten als besonders mondän.
Selbst in den 40er Jahren entwickelte sich ein charakteristischer Schminkstil, doch hatte man zur Zeit andere Sorgen.
Nach dem Krieg fanden Lippenstifte in Patronenhülsen reißenden Absatz.
Für die 50er Jahre war Brigitte Bardots heller Schmollmund charakteristisch.
Die 60er Jahre bescherten zwar ein stark betontes Augen-Make-up, aber blasse Lippen.
Nur langsam kehrte in den 70er Jahren die Farbe auf die Lippen wieder. Durchgesetzt hat sich das Schminken jedoch als tägliche Selbstverständlichkeit erst in den letzten Jahren.
Im Durchschnitt besitzt heutzutage jede Frau mindestens drei Lippenstifte.

1. Fassen Sie die Stationen des Lippenfärbens in Stichworten zusammen.
2. Welche Ansprüche stellen Sie an einen Lippenstift?

Silicate:
Kaolin $Al_2[Si_2O_5](OH)_4$
Talkum $Mg_3[Si_4O_{10}](OH)_2$

Carbonate:
Magnesiumcarbonat $MgCO_3$
Calciumcarbonat $CaCO_3$

Oxide:
Zinkoxid ZnO
Titandioxid TiO_2

Zink- und Magnesiumsalze höherer Carbonsäuren:
Stearate
Laurate
Undecanate

Stärke

Wichtige Pudergrundstoffe

3 Schminkpuder

Schminkpuder dienen in erster Linie rein dekorativen Zwecken. Daneben werden sie zur Verdeckung entstellender Hautanomalien eingesetzt. Von den Körperpudern unterscheiden sie sich durch eine größere Menge an farbigen Pigmenten. Standardfarben der Schminkpuder sind weiß, rosa, rachel (gelbbraun), fleischfarben, naturell und sonnenbraun.

Zu den Schminkpudern können auch *Rouges* und *Lidschattenpuder* gerechnet werden, da sich ihre Grundlage nicht wesentlich von der der Gesichtsschminkpuder unterscheidet. Als Eigenschaften, die von den Pudern zu fordern sind, können genannt werden: Unschädlichkeit, Reizlosigkeit, Haftfestigkeit, Deckvermögen, Glanzlosigkeit, Haltbarkeit, Saugvermögen für Wasser und Öle und Kornfeinheit. Die Pigmente dürfen nicht zu hart sein oder scharfe Kanten aufweisen, um nicht zu Hautverletzungen zu führen.

Kein Pudergrundstoff ist allein in der Lage, alle geforderten Eigenschaften zu erfüllen. Durch Kombination mehrerer Grundstoffe lassen sich jedoch geeignete Puder herstellen.

Talkum. Die am häufigsten verwendete Pudergrundlage ist das Talkum, ein Magnesiumhydroxysilicat. Es verleiht Glätte, besitzt aber nur geringe Deckkraft. Da sein Saugvermögen gering ist, müssen dem Puder saugfähigere Pigmente zugesetzt werden. Talkum verhindert ein Zusammenballen der übrigen Puderbestandteile und erteilt eine gute Streuwirkung. Nur gut gereinigte Talkumsorten, die keine harten Beimengungen enthalten, finden Verwendung.

Kaolin. Dieses feine, weiche Pulver ist ein Aluminiumsilicat. Seine Ungiftigkeit und Reizlosigkeit sowie seine gute Deckkraft und sein gutes Aufnahmevermögen für wässrige und ölige Stoffe machen Kaolin zu einem wichtigen Pudergrundstoff. Ein Nachteil ist seine geringe Gleitwirkung. Der Kaolinanteil in Pudern beträgt im Allgemeinen 5 % bis 60 %. Kompaktpudern wird es bis zu 50 % zugesetzt, es wirkt hier auch als Bindemittel.

Calciumcarbonat. In der Kosmetik wird ausschließlich das gefällte Calciumcarbonat verwendet, da die Naturkreide, die durch einen Schlämmprozess gewonnen wird, nie frei von harten, kristallinen Partikeln ist. Gefälltes Calciumcarbonat ist weiß und weich. Es besitzt ein gutes Aufsaugevermögen für Wasser und fettige Substanzen. Sein Haftvermögen ist gut, seine Deckkraft ist mittelmäßig. Calciumcarbonat kann Hautreizungen verursachen, da geringe Mengen von dem in der Haut befindlichen Wasser mit alkalischer Reaktion gelöst werden. Auch saure Hautsekrete sind in der Lage Calciumcarbonat zu lösen.

Magnesiumcarbonat. Weniger stark alkalisch reagiert Magnesiumcarbonat, dessen Saugfähigkeit für Wasser und Fettstoffe sehr ausgeprägt ist. Den Pudern in kleinen Mengen zugesetzt gibt es der Haut eine pfirsichartige Samtigkeit. Es bindet und fixiert die Duftstoffe gut. Aus diesem Grunde werden bei der Herstellung der Puder die Duftstoffe in Magnesiumcarbonat eingearbeitet und dieses dann mit den übrigen Bestandteilen vermengt.

Titandioxid/Zinkoxid. Von den Gesichtspudern wird erwartet, dass sie vergrößerte Poren und kleine Hautfehler abzudecken in der Lage sind. Die beste Deckkraft und ein gutes Haftvermögen besitzen Titandioxid und Zinkoxid. Das Deckvermögen des Titandioxids ist fünfmal stärker als das des Zinkoxids.
Beide Stoffe sind dermatologisch unschädlich und weisen bedingt durch ihr gutes Wärmeleitvermögen eine Kühlwirkung auf. Die pharmakologische Wirkung des Zinkoxids, es wirkt adstringierend (zusammenziehend) und entzündungshemmend, wird von Titandioxid nicht erreicht.

Stearate. Magnesium- und Zinkstearat besitzen ein gutes Haftvermögen und eine gute Deckkraft, jedoch kein Saugvermögen.

Laurate. Zink- und Magnesiumlaurat erteilen den Pudern einen Matteffekt. In Deckkraft, Saugvermögen und Haftfestigkeit ähneln sie den Stearaten.

Undecanate. Zink- und Magnesiumundecanat verleihen der Haut eine ähnliche Glätte wie Talkum. Ihre Haftfestigkeit ist gut, daneben verbessern sie das Haftvermögen anderer Pigmente und erhöhen die hydrophobe Wirkung der Puder. Die Deckkraft ist mäßig, das Saugvermögen sehr gering. Der Zusatz in Pudern beträgt 2 % bis 10 %.

Stärke. Reis-, Weizen-, Hafer- und Maisstärke werden heute weniger häufig in Pudern verwendet. Stärke besitzt ein gutes Aufnahmevermögen für Wasser, jedoch nur geringes Ölbindevermögen sowie eine geringe Deckkraft. Durch die Feuchtigkeitsaufnahme quillt die Stärke und kann so die Poren erweitern. Für Gesichtspuder wird aus diesem Grunde eine nicht quellende veretherte Stärke verwendet.
Die günstige Eigenschaft der Stärke, der Haut eine gewisse Samtigkeit zu verleihen, wird heute durch den Einsatz von Calcium- oder Magnesiumcarbonat erreicht.

Pigmentfarben. Zur Färbung der Schminkpuder werden mineralische Pigmentfarben verwendet.

Ocker ist ein Verwitterungsprodukt eisenhaltiger Feldspate, dessen Färbung durch den Gehalt an Eisen- und Manganoxiden hervorgerufen wird.
Terra di Siena besteht vorwiegend aus Eisenoxidhydrat.

Inhaltsstoff	Massenanteil in %
Talkum	50
Kaolin	15
Zinkoxid	25
Titandioxid	5
Zinkstearat	5
Parfüm	0,5
Pigmente	1 – 5

Rezeptur für ein Gesichtspuder

Farbpigment	Farbwirkung
Eisenoxid, Ruß	schwarz
Ultramarin	blau
Chromoxid	grün
Terra di Siena	braun
Titandioxid	weiß
Eisenoxide, Ocker	gelb
Aluminiumlack des Cochenilles	rot

Farbmittel

Herstellung von Eisenoxid-Farbpigment

Die gelben Eisenoxide oder Ocker werden hergestellt durch Ausfällen des wasserhaltigen Eisenoxids mittels alkalischer Lösung aus einer Eisensalzlösung.

$4\ FeSO_4 + O_2 + 8\ NaOH \rightarrow$
$\qquad 2\ (Fe_2O_3 \cdot H_2O) + 4\ Na_2SO_4 + 2\ H_2O$

Die Farbnuancen reichen von Zitronengelb bis Orange, je nach Herstellungsbedingungen.
Die braunen Eisenoxide werden entweder durch Mischen der roten, gelben und schwarzen Eisenoxide hergestellt oder durch Ausfällen aus einer Eisensalzlösung mit anschließender partieller Oxidation gewonnen. Das entstehende Gemisch besteht aus rotem Fe_2O_3 und schwarzem Fe_3O_4.
Die roten Eisenoxide werden durch Erhitzen der gelben Eisenoxide hergestellt:

$Fe_2O_3 \cdot H_2O \rightarrow Fe_2O_3 + H_2O$

Die resultierenden Farbnuancen, die von Hellrot bis Dunkelrot reichen, hängen einerseits von der ursprünglichen Farbe des gelben Oxids, andererseits von der Art des Brennens ab. Auch die schwarzen Eisenoxide werden durch Ausfällen hergestellt:

$6\ FeSO_4 + 7\ H_2O + 12\ NaOH + O_2 \rightarrow$
$\qquad 2\ Fe_3O_4 + 6\ Na_2SO_4 + 48\ H_2O$

Daneben werden Farblacke verwendet, z. B. Bariumlithol oder Strontiumlithol.
Die Litholfarbstoffe werden durch Diazotierung der 2-Amino-1-naphthalinsulfonsäure und Kupplung der Diazokomponente mit 2-Naphthol hergestellt:

Litholrot

Durch Brennprozesse können Farbnuancen von Dunkelrot bis Braun erhalten werden.
Roter Bolus ist eine Tonart mit hohem Eisengehalt. Ziegelrote Sorten geben mit Weißpigmenten fleischfarbene und pfirsichblutige Töne.
Umbra ist leicht abfärbender Eisenocker.

Die Erdfarben werden heute weitgehend von synthetischen Eisenoxiden ersetzt.

Um Pastellschattierungen zu erreichen, werden Titandioxid oder Zinkoxid zugefügt. Der in Lidschattenpudern und manchmal auch in Gesichtspudern erwünschte *Perlglanzeffekt* kann durch Aluminium- oder Bronzepuder, Fischsilber, Bismutoxichlorid oder Glimmer erreicht werden.
Die Glimmer werden mit Titandioxid beschichtet und erzeugen so Perlglanzeffekte. Die Farbe hängt von der Dicke der Titandioxidschicht ab.

Puderpräparate. Die Grundstoffe für **Kompaktpuder** sind im Prinzip mit denen der **losen Puder** identisch, nur werden hier Beigaben von *Bindemitteln* (Bindern) notwendig.
Bei **Lidschattenpudern** richtet sich die Wahl des Binders danach, ob der Puder mit einem nassen Bürstchen (hydrophiler Binder) oder trocken aufgetragen wird (lipophiler Binder).
Der Farbpigmentanteil beträgt bei Kompaktpudern (Gesichtspuder und Lidschatten) 7 % bis 10 %.

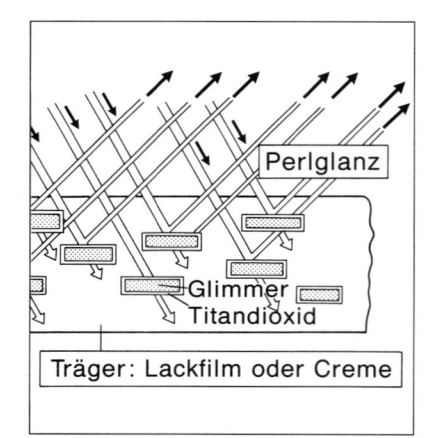

Perlglanz-Pigmente. Die Pigmente bestehen aus kleinsten Glimmerplättchen, die von einer dünnen Metalloxid-Schicht, z. B. TiO_2, umgeben sind. Das einfallende Licht wird an den Schichten der Pigment-Teilchen gebrochen, reflektiert und gestreut. Durch Überlagerung (Interferenz) der reflektierenden Strahlen entstehen die wechselnden Farbeindrücke, die an den Perlmuttglanz einer Perle erinnern.

Obwohl die Puderpigmente der Haut nur geringe Fettmengen entziehen, hat sich eine Fettung der Puder als nützlich erwiesen. Gefettete Puder haften besser und erzeugen auf der Haut mehr Glätte. Der Zusatz von Überfettungsmitteln muss so bemessen sein, dass die Saugfähigkeit der Pigmente erhalten bleibt. Im Allgemeinen werden Mengen von 1 % bis 10 % eingesetzt. Als Überfettungsmittel werden Öle, Vaseline, Wollfett und Wachse verwendet, die die Puderteilchen umhüllen. Bei gefetteten Pudern sollte der Parfümzusatz niedrig sein, da die Riechstoffe durch die Fettsubstanz einen innigeren Kontakt mit der Haut erhalten und diese reizen können.

Neben den eigentlichen Pudern werden so genannte **Pudercremes (Make-up)** hergestellt, die in wasserfreie und wasserhaltige Produkte unterteilt werden.
Die wasserfreien Präparate bestehen aus Öl-Fett-Wachs-Schmelzen und sind den Lippenstiften sehr ähnlich. Als Wachse dienen Bienenwachs, Carnaubawachs und Candelillawachs. Fettstoffe sind Rizinusöl und Wollfett.
Als Weißpigmente werden Titandioxid und Zinkoxid, als Farbpigmente Eisenoxide, Farblacke, Perlmuttessenz eingesetzt. Die Farbstoffdispersion ist in das Wachsgerüst des Präparates eingelagert. Beim Auftragen werden die Wachszellen durch den mechanischen Druck zerstört und die Farbstoffe freigesetzt.
Make-up-Emulsionen werden hergestellt, indem Puder in herkömmliche Emulsionen eingearbeitet werden.
Die Pudercremes besitzen gegenüber den Trockenpudern den Nachteil, dass die enthaltenen Pigmente durch die Emulgatoren in die Oberhaut eingeschleust werden und Hautreizungen verursachen können. Reine Puder bleiben an der Hautoberfläche.
Jedoch können auch Trockenpuder die Haut schädigen. Der Gebrauch von Kompaktpudern kann durch Erzeugung künstlicher Komedone zu Porenerweiterungen führen.
Die Puder sind auch in der Lage die Haut auszutrocknen, da sie die Oberfläche der Haut vergrößern und somit die Wasserabgabe steigern. Werden Make-up-Präparate mit Fetten verarbeitet, so kann es durch die Schichtbildung zu einer Quellung der Hornhaut kommen.
Puderteilchen bis 40 μm können relativ tief in die Hornhaut eindringen und die Funktion der Haut stören.

Damit wird auch deutlich, wie wichtig eine gründliche Reinigung der Haut ist. Es ist fraglich, ob Make-up durch einfaches Waschen von der Haut zu entfernen ist.

Herstellung von Pudern. Bei der Herstellung der losen Puder werden die Puderbestandteile, die vorher in Schüttelsieben von körnigen Verunreinigungen befreit werden, nach Rezept abgewogen, in einen Taumelmischer gegeben und gemischt.
Die Parfümierung und eventuell die Überfettung der Puder kann auf zwei verschiedene Weisen geschehen.

---

trockene Binder:
Zink- oder Magnesiumstearat

Ölbinder:
mineralische Öle, Lanolin

wasserlösliche Binder:
Traganth, Carboxymethylcellulose

Wasser abstoßende Binder:
mineralische Öle, Fettsäureester, Lanolinderivate

Emulsionsbinder:
mineralische Öl/Wasser-Kombination mit Glycerinmonostearat oder Triethanolaminstearat als Emulgatoren

Grundtypen von Bindern

Die Parfümölkomposition und das Überfettungsmittel können zunächst mit saugfähigen Puderstoffen wie Magnesiumcarbonat verrieben und den übrigen Puderbestandteilen zugemischt werden. Daneben können Parfümöl und Überfettungsbestandteile auf die Pudermischung aufgedüst werden.

Die fertigen Puder werden anschließend gesiebt. Verwendet werden meist Seidensiebe, da Metallsiebe von den Pudergrundstoffen angegriffen werden und somit Farbe und Geruch des Puders beeinträchtigt werden können. Bei der Herstellung der Kompaktpuder wird der Binder auf die gemahlene und gesiebte Pudermischung aufgedüst. Bei Bedarf kann Parfümöl zugefügt werden. Nach Durchmischung wird der Puder gepresst. Der Druck muss so gewählt werden, dass der Stein nicht bricht und bei der Entnahme nicht zu fest oder zu bröckelig ist.

Grundstoffe	Talkum	Es verleiht dem Puder Glätte, besitzt aber nur geringe Deckkraft.
	Kaolin	Es besitzt eine gute Deckkraft und ein gutes Aufnahmevermögen für Schweiß und Hautfett. Aus diesem Grunde wirkt es glanzabdeckend. In Kompaktpudern ist es bis zu 50 % enthalten und wirkt hier als Binder.
	Calcium- und Magnesiumcarbonate	Sie besitzen ein gutes Aufsaugvermögen für Wasser und Fettstoffe. Magnesiumcarbonat gibt der Haut eine pfirsichartige Samtigkeit. Da es die Duftstoffe gut bindet, werden diese bei der Herstellung der Puder in Magnesiumcarbonat eingearbeitet.
	Zink- und Titandioxid	Sie besitzen die beste Deckkraft und das beste Haftvermögen. Die Deckkraft des Titandioxids ist fünfmal stärker als die des Zinkoxids. Letzteres besitzt dafür eine entzündungshemmende Wirkung.
	Salze organischer Säuren (Stearate, Laurate)	Diese Verbindungen besitzen eine gute Deckkraft und ein gutes Haftvermögen, was für das Auftragen des Puders wichtig ist. Sie erteilen dem Puder einen Matteffekt.
	Stärke	Sie verleiht der Haut eine gewisse Samtigkeit. Stärke wird aber leicht von Schimmelpilzen befallen. Außerdem quillt sie unter Wasseraufnahme und kann so eine Porenvergrößerung bewirken.
Farbpigmente	Ocker	Ocker ist ein Verwitterungsprodukt eisenhaltiger Feldspate, dessen Färbung durch Eisen- und Manganoxide hervorgerufen wird.
	Terra di Siena	Dieses Pigment besteht vorwiegend aus Eisenoxidhydrat. Durch Brennprozesse werden Farben von Dunkelrot bis Braun erhalten.
	Roter Bolus	Diese Tonart besitzt einen hohen Eisengehalt. Ziegelrote Sorten geben mit Weißpigmenten rötliche Pastelltöne.
	Umbra	Umbra ist ein leicht abfärbender Eisenocker mit Braunkohle.
	Eisenoxidhydrate und Eisenoxide	Diese synthetisch hergestellten Pigmente werden in den Farben Gelb, Rot, Braun und Schwarz erhalten.
Zusatzstoffe	Fette und Wachse	Sie dienen als Bindemittel in Kompaktpudern. Daneben fetten sie die Puder, verbessern so das Haftvermögen und erzeugen auf der Haut mehr Glätte. Bei Stiftformulierungen bilden sie das Fett-Wachs-Gerüst.

Inhaltsstoffe von Pudern

Experimente

Versuch 1: Eigenschaften von Pudergrundstoffen

Materialien: Reagenzglas, schwarzer Karton; Kartoffel- oder Maisstärke, Talkum, Kaolin, Zinkoxid, Magnesiumstearat, Puder, Iod-Kaliumiodid-Lösung

Durchführung:
a) Deckvermögen:
1. Schneiden Sie aus dem schwarzen Karton fünf Quadrate (5 x 5 cm) aus.
2. Verreiben Sie je eine Probe der oben genannten Pudergrundstoffe auf dem Karton.

b) Weichheit:
1. Verreiben Sie je eine Probe der Pudergrundstoffe zwischen den Fingern.

c) Saugvermögen:
1. Geben Sie jeweils auf ein Häufchen eines Pudergrundstoffs einen Tropfen Öl.
2. Geben Sie jeweils auf ein Häufchen des Pudergrundstoffs einen Tropfen Wasser.

d) Nachweis von Stärke:
1. Geben Sie eine Spatelspitze Puder in ein Reagenzglas.
2. Fügen Sie 3 ml Wasser hinzu.
3. Tropfen Sie Iod-Kaliumiodid-Lösung hinzu.

Aufgaben:
a) Vergleichen Sie das Deckvermögen der Pudergrundstoffe.
b) Beschreiben Sie, wie der jeweilige Pudergrundstoff sich anfühlt.
c) Beschreiben Sie die Saugfähigkeit der Pudergrundstoffe.
d) Überprüfen Sie verschiedene Pudersorten auf Anwesenheit von Stärke.

Versuch 2: Herstellung von losen Pudern

a) Gesichtspuder:

Materialien: Reibschale, Pistill, Waage; 6 g Seidenweiß, 8 g Talkum, 1 g Magnesiumstearat, 1 g bis 2 g Jojobaöl, 1 g Pigmentmischung, (Pigmentmischung: 1 g Dunkelbraun, 1 g Rotbraun, 3 g Ocker, 8 g Titandioxid)

Durchführung:
1. Vermischen Sie die Pudergrundstoffe und 1 g der Pigmentmischung in der Reibschale.
2. Geben Sie nun nach und nach das Jojobaöl hinzu.
3. Verreiben Sie die Zutaten so lange miteinander, bis ein gleichmäßiger Farbton entsteht. (Zur Kontrolle etwas Puder auf den Handrücken geben und verreiben.)
4. Zum Aufhellen des Puders kann Titandioxid hinzugegeben werden.

b) Puderrouge:

Materialien: Reibschale, Pistill, Waage; 6 g Seidenweiß, 8 g Talkum, 1 g Magnesiumstearat, 1 g bis 2 g Jojobaöl, 1 g Rot oder Rotbraun

Durchführung:
wie in Versuch 2a)

Versuch 3: Herstellung von Lidschattenpuder

Materialien: Reibschale, Pistill, Waage; 10 g Kartoffelstärke, 20 g Talkum, 5 g Magnesiumstearat, 15 g Jojobaöl (= 50 g Puderbasis), 2 g Perlglanzpigment, 3 g Talkum

Durchführung:
1. Verreiben Sie die Zutaten der Puderbasis in der Reibschale miteinander.
2. Nehmen Sie 5 g von dieser Mischung (der Rest kann in einem verschraubbaren Gläschen aufbewahrt werden) und verreiben Sie sie mit 3 g Talkum.
3. Heben Sie mit einem Spatel das Perlglanzpigment unter diese Mischung.

Hinweis: Perlglanzpigmente dürfen nicht verrieben werden, da sie sonst ihren Glanz verlieren.

Versuch 4: Herstellung von Wimperntusche

Materialien: Becherglas (50 ml), kleiner Spatel oder Glasstab, Waage, Kochplatte, Mascara-Garnitur; 15 g dest. Wasser, 4 g Sorbit, 2 g Gummi arabicum, 3 g Lamecreme, 4 g Perlglanzpigment, 2 Tropfen Euxyl K 400

Durchführung:
1. Bringen Sie das Wasser zum Kochen.
2. Lösen Sie den Sorbit darin auf.
3. Fügen Sie nun Gummi arabicum hinzu und rühren Sie, bis alles gelöst ist.
4. Geben Sie nun Lamecreme hinzu und erwärmen Sie unter Rühren, bis sie geschmolzen ist.
5. Fügen Sie das Perlglanzpigment und das Konservierungsmittel hinzu.
6. Füllen Sie die Mischung in eine Mascara-Garnitur.

Hinweise: Trocknet die Wimperntusche nach einiger Zeit ein, ein bis zwei Tropfen abgekochtes Wasser hinzugeben und schütteln.
Die Wimperntusche kann auch als Eyeliner verwendet werden. Sie wird dann mit einem dünnen Pinsel am Lidrand aufgetragen.

Arbeitsblatt: Schadet Schminken der Haut?

Bei einem Treffen der Deutschen Gesellschaft für Kosmetikchemiker wurde unter anderem die Wirkung dekorativer Kosmetika auf die Haut diskutiert. Erstaunlich ist, dass sich die im Folgenden genannten Erkenntnisse auf Rezeptur und Produktion nicht niedergeschlagen haben.

„Die Mehrzahl der Frauen unterliegt den Diktaten der Mode, weshalb der Gebrauch von Schminken aller Art und sonstiger dekorativer Kosmetika fast Allgemeingut wurde. Die Industrie ist bestrebt weitgehend harmlose Präparate herzustellen, und die Unverträglichkeitsquoten sind gering. Ob die ständige Belastung der Haut mit Schminkmassen vorteilhaft ist, muss man bezweifeln, und bedauerlich ist es, dass die Reklame nunmehr auch die weiblichen Teenager erfasst hat. Bedauerlich ist es auch, dass von der dermatologischen Seite her nicht nachhaltig auf die Nachteile, die Schminken nach sich ziehen kann, zumal für die jugendliche Haut, hingewiesen wird. Die schminkgewohnte, allmählich alternde Haut zeigt oft deutlich Nachteile gegenüber einer wenig geschminkten, aber gepflegten Haut."

„H. Schaefer hat den Verbleib von Pigmenten auf der Haut untersucht und dabei festgestellt, dass Puder, und somit auch Pigmentteilchen, je nach Größe mehr oder weniger stark in die tieferen Lagen der Hornschicht eindringen. Selbst durch Waschen ist eine optimale Entfernung nur sehr schwer möglich. Die Penetration wird in Verbindung mit „Fett" begünstigt. ... Dies wiederum würde bedeuten, dass keine fein gefällte Kieselsäure und andere Stoffe in feinster Verteilung eingesetzt werden sollten."

„Bestimmte Stoffe lassen sich keineswegs ohne weiteres von der Hautoberfläche wieder entfernen. Wir sehen das in der dermatologischen Therapie immer wieder. Wird z. B. Zinköl verwendet, dann lässt es sich nur schwer entfernen. Bei unseren Waschversuchen verwenden wir unter anderem Pigmente als Modellschmutz. Selbst mit den üblichen anionenaktiven Waschmitteln lassen sich nur etwa 8 % des Modellschmutzes entfernen..."

„Puder können den Wassergehalt der Hautoberfläche verändern, und zwar dadurch, dass sie selbst Wasser aufnehmen und zugleich die Oberfläche der Haut vergrößern, was die Abgabe von Wasser steigert. Eine Beeinflussung des Wassergehaltes der Haut durch Make-up-Präparate im Sinne der Austrocknung tritt ein, wenn die Wasserabgabe der Hautoberfläche größer ist als die der unbehandelten Haut. Wenn aber Make-up-Präparate mit Lipiden verarbeitet sind und deshalb einen Abdeckeffekt haben, kommt es zu einer Quellung der Hornschicht."

„Auf die Frage, ob schichtbildende Stoffe in die Hornschicht eingeschleust werden können und von dort aus die Funktion der Haut stören, antwortet H. Schaefer, dass die Eindringtiefe von der Teilchengröße abhängig sei. Teilchen bis 0,04 mm dringen relativ tief in die Hornschicht ein. Dort können sie quellend oder austrocknend wirken."

„Wenn wir Schminken, also Kombinationen von Fettstoffen mit Pudern, auf die Haut und in die Follikel bringen und diese damit ausfüllen, erzeugen wir künstliche Komedonen. Und diese Kombination kann sicherlich zu einer Porenerweiterung führen."

1. Nennen Sie Nachteile, die Schminken für die Haut hat.

Arbeitsblatt: Inhaltsstoffe von Pudern und ihre Eigenschaften

Grundstoffe		Es verleiht dem Puder Glätte, besitzt aber nur geringe Deckkraft.
		Es besitzt eine gute Deckkraft und ein gutes Aufnahmevermögen für Schweiß und Hautfett. Aus diesem Grunde wirkt es glanzabdeckend. In Kompaktpudern ist es bis zu 50 % enthalten und wirkt hier als Bindemittel.
		Sie besitzen ein gutes Aufsaugvermögen für Wasser und Fettstoffe. Die Magnesiumverbindung gibt der Haut eine pfirsichartige Samtigkeit. Da sie die Duftstoffe gut bindet, werden diese bei der Herstellung der Puder in die Magnesiumverbindung eingearbeitet.
		Sie besitzen die beste Deckkraft und das beste Haftvermögen. Die Deckkraft der Titanverbindung ist fünfmal stärker als die der Zinkverbindung. Letztere besitzt dafür eine entzündungshemmende Wirkung.
		Diese Verbindungen besitzen eine gute Deckkraft und ein gutes Haftvermögen, was für das Auftragen des Puders wichtig ist. Sie erteilen dem Puder einen Matteffekt.
		Sie verleiht der Haut eine gewisse Samtigkeit. Sie wird aber leicht von Schimmelpilzen befallen. Außerdem quillt sie unter Wasseraufnahme und kann so eine Porenvergrößerung bewirken.
Farbpigmente		ein Verwitterungsprodukt eisenhaltiger Feldspate, dessen Färbung durch Eisen- und Manganoxide hervorgerufen wird
		Dieses Pigment besteht vorwiegend aus Eisenoxidhydrat. Durch Brennprozesse werden Farben von Dunkelrot bis Braun erhalten.
		Diese Tonart besitzt einen hohen Eisengehalt. Ziegelrote Sorten geben mit Weißpigmenten rötliche Pastelltöne.
		ein leicht abfärbender Eisenocker mit Braunkohle
		Diese synthetisch hergestellten Pigmente werden in den Farben Gelb, Rot, Braun und Schwarz erhalten.
Zusatzstoffe		Sie dienen als Bindemittel im Kompaktpuder. Daneben fetten sie die Puder, verbessern so das Haftvermögen und erzeugen auf der Haut mehr Glätte. Bei Stiftformulierungen bilden sie das Fett-Wachs-Gerüst.

Calcium- und Magnesiumcarbonat

Salze organischer Säuren (Stearate, Laurate)

Eisenoxidhydrate und Eisenoxide

Zink- und Titandioxid

Fette und Wachse

Umbra

Talkum

Terra di Siena

Stärke

Ocker

Roter Bolus

Kaolin

1. Ordnen Sie die Puderinhaltsstoffe den Eigenschaften zu.

Arbeitsblatt: Schminktipps für das Gesicht

ovales Gesicht

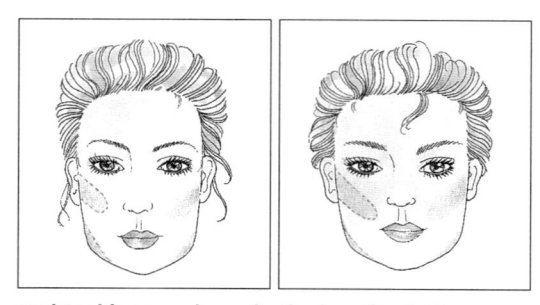

rechteckiges und quadratisches Gesicht

rundes und dreieckiges Gesicht

Als **ideale Gesichtsform** gilt das **ovale Gesicht**. Andere Gesichtsformen können durch Frisur und Make-up dieser Form angenähert werden.

Rechteckige Gesichtsform. Diese wird leicht dreieckig (mit der Spitze nach unten) geschminkt. Man verteilt dazu etwas Rouge von der Mitte der Wangenknochen (Jochbeingegend) in Richtung der Ohren. Das Kinn erhält links und rechts zwei Tupfer Rouge, um die Konturen abzurunden. Die Augen können mit einer leichten Aufwärtstendenz geschminkt werden.

Quadratische Gesichtsform. Diese wirkt breiter als das rechteckige. Es kommt darauf an, sie länger erscheinen zu lassen. Das Rouge wird von der Mitte der Wange in spitzer Form zur Schläfe hin verteilt. Die kräftige Kieferpartie wird seitlich durch dunkles Rouge (dunkler Puder) abschattiert, um das Gesicht optisch schmaler wirken zu lassen. Die Augenbrauen sollten im Ansatz breit sein und zur Schläfe hin möglichst mit aufwärtigem Schwung schmaler werden.

Runde Gesichtsform. Um diese ovaler erscheinen zu lassen, wird das Rouge in Dreiecksform von der Schläfe ausgehend über die Wangenmitte zu den Kieferknochen hin aufgetragen.

Dreieckige Gesichtsform. Das spitze Kinn wirkt breiter, wenn es einen leichten Querstrich mit dunklem Puder oder Rouge erhält. Um den oberen Teil des Gesichtes etwas schmaler erscheinen zu lassen, wird das Rouge unterhalb des Jochbeines aufgetragen und in Richtung der Ohren verteilt.

Pudern. Um eine matte Hautoberfläche und eine bessere Haftung des Make-up zu erreichen, wird das Gesicht abgepudert. Das Oberlid muss einbezogen werden, damit sich der Lidschatten leichter verteilen lässt.

Korrekturen. Dunkle Make-up-Farben lassen Gesichtspartien zurücktreten, helle Farben heben sie hervor. Eine zu breite Nase kann optisch scheinbar verkleinert werden, indem auf die Nasenflügel ein Make-up aufgetragen wird, das etwas dunkler ist als die Teintgrundierung. Der Nasenrücken tritt dadurch heller hervor und wirkt schmaler. Der gleiche Effekt wird erzielt, wenn auf den Nasenrücken ein schmaler Streifen hellerer Teintgrundierung aufgelegt wird.
Eine zu lange Nase kann optisch verkürzt werden, indem bräunliches Rouge am unteren Nasenrand sparsam aufgetragen wird. Hautveränderungen, wie Rötungen, Narben oder Augenschatten, können mit einem Korrekturstift kaschiert werden.

Arbeitsblatt: Schminktipps für Augen und Mund

Auflegen des Lidschattens. Um den Abstand zwischen *eng zusammenliegenden Augen* optisch zu vergrößern, trägt man hellen Lidschatten im inneren Augenwinkel auf. Dunklen Lidschatten schminkt man bis über den äußeren Augenwinkel hinaus. *Weit auseinander stehende Augen* korrigiert man durch dunklen Lidschatten in den inneren Augenwinkeln. *Kleine Augen* wirken größer, wenn heller Lidschatten um das gesamte Auge verteilt wird. *Tief liegende Augen* werden durch hellen Lidschatten optisch hervorgeholt. Durch dunkle Lidschatten werden *hervorstehende Augen* kaschiert.
Die Wahl der Lidschattenfarbe hängt sowohl von der Farbe der Augen, als auch von der Form der Augenpartie ab. Man kann mit dem Lidschatten nicht nur das Auge betonen, sondern auch die Augenpartie korrigieren. Daneben spielt natürlich auch die jeweilige Moderichtung eine große Rolle. Farblich passend zu den Augen und sogar zur Kleidung sind heute Farbkombinationen in Gold, Silber, Rosa, Orange, Pink oder Naturtönen möglich.
Die Grundregel, die Farbe umso heller zu wählen, je kleiner das Auge ist, hat noch immer Gültigkeit.

Festlegen der Konturen. Vor dem Auftragen der eigentlichen Farben werden die Lippenkonturen festgelegt. Man verwendet hierzu einen weichen Konturenstift, der einen Ton dunkler als der eigentliche Lippenstift ist. Eine gewisse Korrektur ist nun möglich.
Volle Lippen wirken schmaler, wenn die Konturenlinie am inneren Lippenrand gezogen wird.
Ein am äußeren Lippenrand angelegter Strich lässt *schmale Lippen* breiter erscheinen. Helle, leuchtende Lippenstiftfarben unterstreichen diesen Effekt.
Bei einem zu *breiten Mund* werden die Mundwinkel mit einem hautfarbenen Abdeckstift behandelt und eine kleinere Form eingezeichnet.

Auftragen von Lippenlack. Eine besonders haltbare Färbung der Lippen lässt sich durch die Verwendung von Lippenlack erzielen. Diese Präparate werden mit dem Pinsel aufgetragen; es gibt sie aber auch in Kugelschreiberform.
Der auf den Lippen sehr beständige Film hat allerdings den Nachteil, schnell die Lippen auszutrocknen. Der Vorteil des Präparats ist aber, dass sich sehr klare Konturen zeichnen lassen.

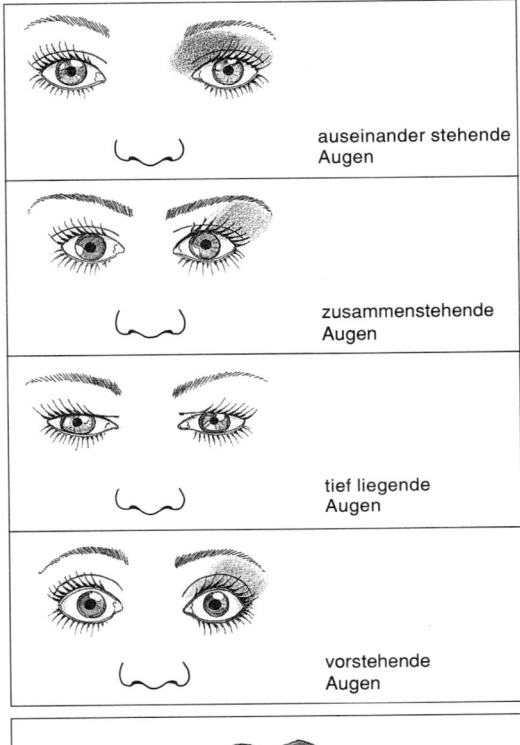

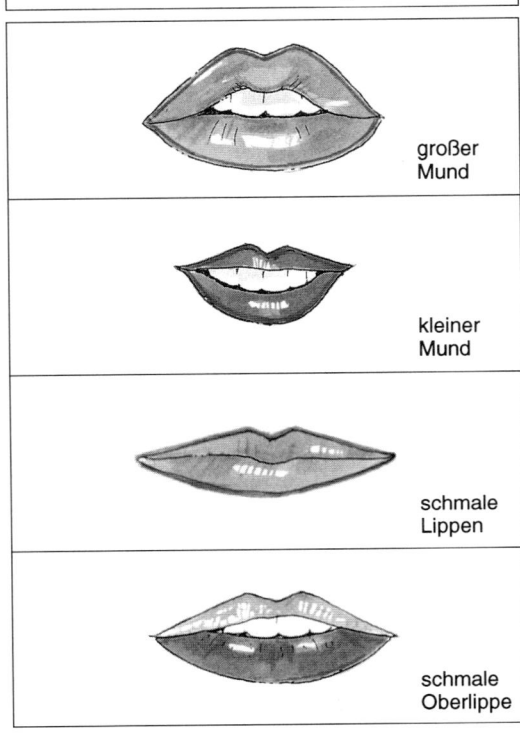

auseinander stehende Augen

zusammenstehende Augen

tief liegende Augen

vorstehende Augen

großer Mund

kleiner Mund

schmale Lippen

schmale Oberlippe

> §106 Zur Reinigung des Haares vom Schweiße bedient man sich des Puders und der Pomade. Zu völliger Reinigung des Gesichtes dienen alle hellen flüssigen Balsame oder ein mit Salzen geschärfter wohlriechender Branntwein, weil das bloße Seifenwasser die Fettigkeiten der Schweißlöcher nicht völlig hinwegnimmt, ja selber einige Fettigkeit hinterlässt, ob es wohl im Übrigen reiner, als gemein Wasser, wäscht.
>
> Gottfried August Hoffmann: Die Chymie zum Gebrauch des Haus-, Land- und Stadtwirthes, des Künstlers, Manufacturiers, Fabricantes und Handwerkers (Leipzig 1757)

Reinigung im 18. Jahrhundert

4 Reinigungsmittel für Haut und Haare

Um Schmutz von Haut oder Haaren zu entfernen, reicht Wasser alleine nicht aus. Es benetzt nicht richtig und perlt ab. Dieses Phänomen lässt sich mit der Oberflächenspannung des Wassers erklären. Damit nun das Wasser die Haut und Haare benetzen und fettigen sowie festen Schmutz entfernen kann, ist der Zusatz von Tensiden notwendig. *Tenside* bestehen im Allgemeinen aus einem ölfreundlichen (lipophilen) und einem wasserfreundlichen (hydrophilen) Molekülteil. Der lipophile Molekülteil kann ein linearer, verzweigter oder cyclischer Kohlenwasserstoffrest sein.

Tensidklassen. Da der hydrophile Molekülteil die Eigenschaften des Tensids bestimmt, werden die Tenside nach ihrem Verhalten in wässriger Lösung eingeteilt.

Anionische Tenside dissoziieren in wässriger Lösung in ein Kation und ein Tensidanion. Beispiele für diese Tensidgruppe sind Seifen, Fettalkoholsulfate, Sulfosuccinate.

Kationische Tenside zerfallen in ein Tensidkation und ein Anion. Die im Kosmetikbereich verwendeten Kationentenside enthalten als hydrophile Gruppe eine tertiäre oder quartäre Ammoniumgruppe. Quartäre Ammoniumverbindungen, die einen Kohlenwasserstoffrest von acht bis vierzehn Kohlenstoffatomen besitzen, haben zudem eine bakterizide Wirkung. Sie werden als Hygiene- und Konservierungsmittel verwendet.

Tensidklasse	Beispiel	Modell
anionische Tenside	$R-CH_2-COO^\ominus\ Na^\oplus$ R: $C_{10} - C_{20}$ Seife	
kationische Tenside	$R-\overset{\underset{\mid}{CH_3}}{\underset{\underset{\mid}{CH_3}}{N^\oplus}}-CH_3\ \ Cl^\ominus$ R: $C_{12}H_{25}$ Cetyltrimethylammoniumchlorid	
amphotere Tenside	$R-\overset{O}{\overset{\|}{C}}-\underset{\underset{H}{\mid}}{N}-CH_2-CH_2-\underset{\underset{CH_2CH_2OH}{\mid}}{N^\oplus}-CH_2-COO^\ominus$ R: $C_{11}H_{23} - C_{13}H_{27}$ N-Carboxyethyl-N-alkylamidoethylglycinat	
nichtionische Tenside	$R-O-(CH_2-CH_2-O)_n-H$ R: $C_9 - C_{19}$, n: 3 – 15 Fettalkoholpolyglykolether	

Tenside

Amphotere Tenside tragen sowohl eine negative als auch eine positive Ladung im Molekül. Häufig verwendet werden die Alkylbetaine und die Amidobetaine. Sie besitzen eine gute Schleimhaut- und Hautverträglichkeit sowie eine verdickende Wirkung. Aufgrund ihres amphoteren Charakters können sie mit anderen Tensiden vermischt werden.

Nichtionische Tenside besitzen als hydrophile Gruppe meist Polyglykolketten. Je länger diese Kette ist, desto wasserfreundlicher wird das Tensid. Wichtige Beispiele sind die Sorbitanfettsäureester, Fettsäuremonoglyceride und die Fettalkoholpolyglykolether.

Verringerung der Grenzflächenspannung. Wassermoleküle sind aufgrund polarer Kräfte in der Lage sich gegenseitig anzuziehen. Tenside setzen die Oberflächenspannung des Wassers herab, indem sie sich an der Grenzfläche Wasser/Luft zwischen die Wassermoleküle setzen. Der wasserfreundliche Teil ragt dabei in das Wasser hinein, der Fett liebende Teil zeigt aus dem Wasser heraus.
Ist die Konzentration des Tensids so hoch, dass sich nicht alle Tensidmoleküle an der Grenzfläche Wasser/Luft anlagern können, schließen sich die Moleküle zu Mizellen zusammen.

Tenside können nicht nur die Oberflächenspannung verringern, sie setzen auch die Grenzflächenspannung zwischen zwei flüssigen, nicht miteinander mischbaren Phasen herab. Dies macht man sich bei der Stabilisierung von Emulsionen zunutze.
Die Entfernung von fettigem Schmutz von Haut oder Haaren folgt dem gleichen Prinzip. Der fettfreundliche Teil des Tensidmoleküls löst sich im Fettteilchen, der wasserfreundliche Teil ragt in das Wasser hinein.
Gleichzeitig schieben die Tenside das Fettteilchen zu einem Tropfen zusammen, der sich fortspülen lässt. Da sich Tensidmoleküle auch an das Haar anlagern, kann sich das von Tensidmolekülen umschlossene Fettteilchen nicht mehr absetzen. Die Entfernung von festem Schmutz beruht auf der Adsorption der Tensidmoleküle an diese Teilchen. Auch hier verhindert die Anlagerung der Tensidmoleküle an das Haar ein Wiederabsetzen des Schmutzes.

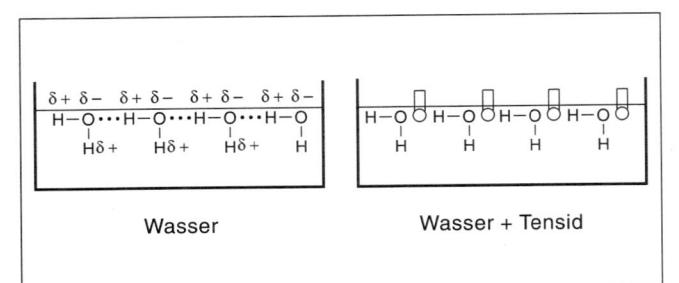

Emulsionstypen

Verhalten von Tensiden in Wasser

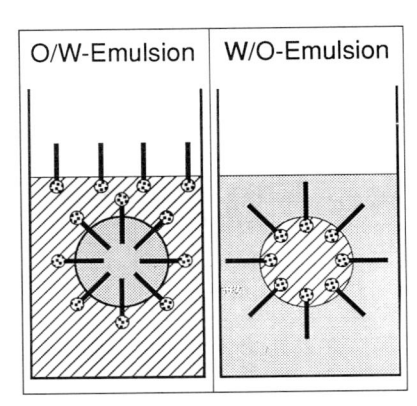

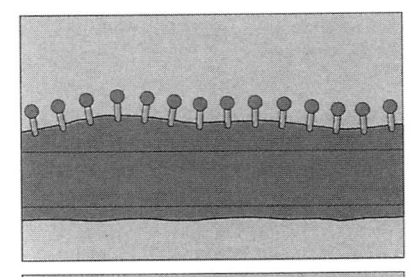

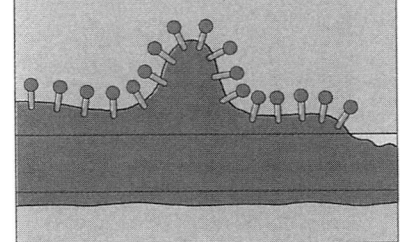

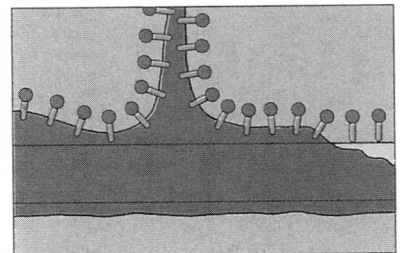

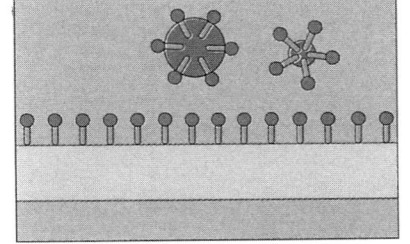

Haarreinigung durch Tenside

4.1 Hautreinigungsmittel und Badepräparate

Seifen zählen auch heute noch zu den wichtigsten Hautreinigungsmitteln.
Gewonnen werden sie entweder durch Verseifung von Fetten mit Alkalilaugen oder durch Reaktion von Fettsäuren mit Laugen. Natronlauge liefert dabei feste Seife, durch Kalilauge wird Schmierseife, die weich und pastös ist, hergestellt.

Kernseifen. Sie sind sehr preiswerte Seifen, bei denen die Qualität der Ausgangsfette nicht sehr hoch ist. Als Zusätze enthalten sie meist nur Parfümöl.

Toilettenseifen. Der Fettansatz bei diesen Seifen kann bis zu 50 % aus Kokosöl bestehen. Der hohe Gehalt an Natriumlaurat bewirkt, dass die Seife gut schäumt.
Als Überfettungsmittel werden Lanolin, pflanzliche Öle, Fettalkohole und andere fettähnliche Substanzen zugesetzt. Sie sollen das durch die Seife entfernte Hautfett ersetzen, also rückfettend wirken. Da der Zweck der Reinigung die Entfernung des fetthaltigen Schmutzes von der Haut ist, liegt in dem Einsatz dieser Substanzen ein gewisser Widerspruch. Der Gehalt an Überfettungsmitteln kann bis zu 5 % betragen.
Der Parfümgehalt liegt zwischen 0,5 % bis 2 %, der Farbstoffanteil bei maximal 1%.
Als Komplexierungsmittel werden unter anderem Polyphosphate eingesetzt. Sie sollen die zersetzungsfördernden Schwermetalle, die in Spuren vorhanden sein können, binden.
Antioxidantien sollen dem Ranzigwerden vorbeugen.
Da Seifen Salze einer starken Lauge und einer schwachen Säure sind, reagieren ihre wässrigen Lösungen alkalisch (pH 8 – 10). Seifen sind in der Lage den Säureschutzmantel, der die Haut vor Bakterien schützen soll, zu neutralisieren. Die gesunde Haut kann innerhalb kurzer Zeit wieder den pH-Wert von 5,5 erreichen. Seifenunverträglichkeitserscheinungen kann aber die empfindliche oder vorgeschädigte Haut zeigen.
Ein weiterer Nachteil der Seife ist die Bildung von Kalkseife.
Die Härte bildenden Bestandteile des Wassers setzen sich mit dem Natriumsalz der Fettsäure zu unlöslichen Calcium- und Magnesiumverbindungen um. Die Folge sind Schmierränder in Badewanne und Waschbecken. Daneben können die Kalkseifen empfindliche Haut reizen.

Syndets. Synthetische Detergentien, kurz Syndets, zeigen diese Eigenschaften nicht. Sie schäumen sogar mit Meerwasser. Die waschaktiven Substanzen (WAS) sind hier Tenside, die durch chemische Synthese gewonnen wurden. Syndets entfetten die Haut stärker als Seifen, trocknen sie also auch mehr aus. Aus diesem Grunde sind Syndets für die jugendlich unreine Haut eher geeignet.

Inhaltsstoff	Massenanteil in %
Natriumseife	
aus Talgfettsäure	60
aus Kokosöl	27
Parfümöl	0,5-2
Natriumchlorid	0,5
Komplexierungsmittel	0,3
Antioxidans	0,1
spezielle Zusätze, Wasser	10,1–11,6

Rezeptur für eine Seife

Die Durchsichtigkeit der **Transparentseifen** wird erreicht, indem die Kristallisation durch Zusatz von Zucker, Glycerin oder Ethanol verhindert wird.

Cremeseifen haben einen hohen Gehalt an Überfettungsmitteln.

Den **Hautschutzseifen** werden neben Überfettungsmitteln Milchbestandteile oder Eiweißstoffe zugesetzt, um die entfettende Wirkung der Seife herabzusetzen.

Deoseifen enthalten Wirkstoffe gegen Körpergeruch. Diese hemmen das Wachstum der schweißzersetzenden Bakterien.

Babyseifen sind wenig parfümiert, überfettet und enthalten hautpflegende Wirkstoffe wie Azulen, Milcheiweiß oder Weizenkeimöl.

Durch Einarbeitung von Luft erhält man **Schwimmseife**, deren spezifisches Gewicht unter dem des Wassers liegt.

Luxusseifen können Parfümanteile bis zu 5 % enthalten.

Arten von Toilettenseifen

$2\ C_{17}H_{35}COONa + Ca(HCO_3)_2 \rightarrow$

Natriumstearat (wasserlöslich)

$(C_{17}H_{35}COO)_2Ca + Na_2CO_3 + H_2O + CO_2$

Calciumstearat (wasserunlöslich)

Bildung von Kalkseife

Durch Zusatz von Rückfettungsmitteln kann die stark entfettende Wirkung ausgeglichen werden.
Der pH-Wert der Syndets lässt sich in weiten Bereichen einstellen.
Halbsyndets sind Gemische aus synthetischen Tensiden und Seifen. Sie haben heute kaum noch Bedeutung.

Flüssige Produkte gibt es auf Syndet- sowie auf Seifenbasis. Den **flüssigen Syndets** werden im Allgemeinen weniger waschaktive Substanzen zugesetzt. Als hautpflegende Substanzen werden Lanolin oder Proteinderivate eingesetzt. Der Perlglanzeffekt wird durch Zugabe von Ethylenglykolstearat erreicht.
Flüssige Seifen enthalten bis zu 25 % Schmierseifen.

Kosmetische Badepräparate dienen in erster Linie der Hautreinigung und Hautpflege. Daneben können sie stoffwechselanregend wirken und das Wohlbefinden durch Zusatz ätherischer Öle und Aromastoffe steigern. Medizinische Produkte haben die Aufgabe, durch perkutane Einwirkung den Stoffwechsel des erkrankten Körpers oder die erkrankte Haut günstig zu beeinflussen. Hierzu zählen Heilquellen-, Mineralsalz-, Kohlensäure-, Kräuter-, Sauerstoff- und Schlammbäder.
Da auch kosmetischen Badepräparaten Wirkstoffe zugesetzt werden, sind medizinische und kosmetische Badezusätze durch viele Übergänge verbunden, und eine scharfe Trennung ist kaum möglich.

Kräuterbäder. Für die Kräuterbäder werden Extrakte aus Fichtennadeln, Heublumen, Kalmuswurzel, Kamillenblüten, Krauseminze, Latschenkiefer, Lavendelblüten und Rosmarin hergestellt. Ferner kommen deren ätherische Öle, denen die stoffwechselanregende Wirkung zugesprochen wird, zur Anwendung.
Für die Herstellung adstringierender Badezusätze werden gerbstoffreiche Pflanzen wie Hamamelis verwendet.
Die Eignung von Vitaminen für Badezusätze ist fraglich.

Beruhigend und entspannend wirken Bäder, die Hopfen, Melisse oder Baldrian enthalten. Koniferenextrakte, Rosmarin-, Menthol- und Camphertypen wirken anregend und kreislaufaktivierend. Cumarinreiche Extrakte, eventuell mit iodhaltigen Algenextrakten, sollen so weit stoffwechsel- und bindegewebsaktivierend sein, dass man von Schlankheitsbädern spricht.
Die Wirkung der pflanzlichen Auszüge sowie der ätherischen Öle ist von der in den Badepräparaten eingesetzten Menge abhängig. Werden mindestens 250 g der getrockneten Kräuter auf ein Vollbad verwendet, so darf von einer biologischen Wirksamkeit gesprochen werden. Bei ätherischen Ölen ist ein Zusatz von etwa 3 g notwendig. Da die Hersteller von Badepräparaten nicht verpflichtet sind, den Gehalt an Wirkstoffen zu deklarieren, werden meist geringere Mengen eingesetzt.

Fettsäureisethionate

$$R-\overset{O}{\underset{\|}{C}}-O-CH_2-CH_2-SO_3^{\ominus}\ Na^{\oplus}$$

Fettalkoholsulfate

$$H_3C-(CH_2)_n-OSO_3^{\ominus}\ Na^{\oplus}$$

Sulfobernsteinsäureester

$$R-CH_2-O-(C_2H_4O)_n-\overset{O}{\underset{\|}{C}}-\underset{\underset{Na^{\oplus}}{SO_3^{\ominus}}}{CH}-CH_2-COO^{\ominus}\ Na^{\oplus}$$

Tenside für Syndets

Inhaltsstoff	Massenanteil in %
Fettalkoholsulfat, Natriumsalz	30
Fettsäureisethionat, Natriumsalz	15
Sulfobernsteinsäureester, Natriumsalz	10
Fettalkohol	10
Fettsäure	10
Stärke	10
spez. Zusätze, Farbstoff, Parfüm	Rest

Rezeptur für ein Syndet

Syndets verbrauchen sich schneller als Seife. Aus diesem Grunde ist die richtige Aufbewahrung wichtig: Syndetstück auf eine spezielle Ablage legen, die ein schnelles Abtrocknen des anhaftenden Wassers gewährt. Auch Seife ist so länger haltbar.

Ein Aufbewahrungstipp

Badesalze. Sie werden in Pulverform oder als Kristallbadesalze hergestellt. Sie bestehen aus anorganischen Salzen, die parfümiert und gefärbt werden.
Die Kristalle des Natriumchlorids lassen sich gut anfärben. Das Salz muss frei von Magnesiumchlorid sein, da die Kristalle sonst bald zerfließen. Kochsalz zeigt eine günstige Wirkung auf die Haut, vermindert aber die Schaumkraft der Seife.
Natriumsesquicarbonat besitzt eine gute Anfärbbarkeit und Beständigkeit. Es ist gut wasserlöslich und erweicht das Wasser.
Natriumthiosulfat bildet schöne, gut lösliche Kristalle, lässt sich jedoch weniger leicht anfärben.
Die Kristalle gewinnt man aus heißen Salzlösungen, denen die Farbstoffe zugesetzt werden. Die Lösungen werden langsam eingedampft.
Die Färbung der Kristalle ist auch durch Übersprühen der Kristalle mit Farbstofflösungen möglich.
Den Badesalzen können ätherische Öle, Kräuterextrakte sowie pulverförmige Schaummittel wie Natriumlaurylsulfat zugesetzt werden.
Brausende Badesalze enthalten Natriumcarbonat oder Natriumhydrogencarbonat, aus denen durch Einwirkung organischer Säuren (Weinsäure, Citronensäure) oder von Natriumhydrogensulfat im Badewasser Kohlenstoffdioxid freigesetzt wird. Von echten Kohlensäurebädern darf hier allerdings nicht gesprochen werden, da die erzeugten Mengen zu gering sind. Sofern dem Badesalz ein Schaum bildendes Mittel zugesetzt wurde, kann das Kohlenstoffdioxid zur Schaumbildung beitragen.
Sauerstoffbadesalze enthalten Sauerstoff abgebende Stoffe wie Natriumperborat oder Natriumperoxodiphosphat. Um eine gleichmäßige Sauerstoffabgabe zu fördern, werden Katalysatoren hinzugefügt.
Kohlensäurebadesalze werden oft in Form von Badetabletten hergestellt. Die verwendeten Pulver müssen bei der Herstellung vollkommen trocken sein. Um ein späteres Feuchtwerden und eine vorzeitige Kohlensäureentwicklung zu vermeiden, werden ihnen Stärke oder wasserfreies Natriumsulfat zugesetzt. Werden die Tabletten ins Badewasser gegeben, so sollen sie möglichst schnell zerfallen. Der Zerfall wird durch die Kohlensäureentwicklung unterstützt, daneben durch den Zusatz von „Sprengmitteln" wie Pektin oder Natriumcelluloseglykolat gefördert.
Badeöle dienen vorwiegend dem Zwecke, die eingesetzten ätherischen Öle wasserlöslich zu machen, um sie mit der Haut des Badenden in Kontakt zu bringen. Zu diesem Zwecke werden den Badeölen Emulgatoren wie die Natriumsalze der Fettalkoholsulfonate und -phosphate, Diethylenglykolmonoethylether zugesetzt.

Badeemulsionen. Creme-Badeöle bilden bei Zugabe zum Badewasser eine Emulsion und trüben es. Den Badeemulsionen können Tenside als Schaum- und Reinigungsmittel hinzugefügt werden. Diese entfetten jedoch die Haut nachhaltig.

Natriumchlorid
Natriumsesquicarbonat
($Na_2CO_3 \cdot NaHCO_3 \cdot 2\ H_2O$)
Natriumthiosulfat
Natriumhydrogencarbonat

Grundstoffe für Badesalze

Inhaltsstoff	Massenanteil
Parfümöl	50 g
Natriumlaurylsulfat	100 g
Natriumchlorid	900 g

Rezeptur für ein schäumendes Badesalz

Inhaltsstoff	Massenanteil
Natriumperborat	50 g
Bernsteinsäure	20 g
Malto-Dextrin	29 g
Natriumlaurylsulfat	1 g
Duftstoffe (die meisten ätherischen Öle werden von den Sauerstoff erzeugenden Salzen zersetzt) und Farbstoffe werden den Sauerstoffbadesalzen nicht zugesetzt.	

Rezeptur für ein Sauerstoffbadesalz

Inhaltsstoff	Massenanteil
Natriumbicarbonat	250 g
Weinsäure	150 g
Borsäure	50 g
Weizen- oder Maisstärkepuder	300 g
Kolloid-Kaolin	175 g
Fichtennadelölkomposition	50 g
cholsaures Natrium	15 g
Apfel- oder Citronenpektin	10 g
Uranin	1,5 g

Rezeptur für sprudelnde Fichtennadeltabletten

Um eine gewisse Rückfettung der Haut zu erzielen, werden den Emulsionen Paraffinöle, fette Öle, flüssige Fettalkohole und Fettalkoholester zugesetzt.
Rückfettende Wirkung wird auch bestimmten Tensiden mit Aminstickstoff (kationenaktive Tenside) sowie modifizierten Lanolinen zugeschrieben. Die Wirkung wird durch den substantiven Charakter der Stoffe verursacht.
Da der Zweck des Bades die Entfernung des fetthaltigen Schmutzes von der Haut ist, muss man zu einem Kompromiss zwischen erwünschter Reinigung und erwünschter Fettung kommen. Um Schaumbäder zu erhalten, die gut schäumen und dennoch einen hohen Gehalt an rückfettenden Substanzen (20 % bis 30 %) enthalten, ist der Einsatz von wasserfreien Tensiden in Verbindung mit Lösungsvermittlern Voraussetzung.
Der Schaum hat zwei Funktionen. Zum einen ist die Schaumdecke über dem Bad eine gute thermische Isolierung, zum anderen kommt dem Prickeln durch die zerplatzenden Bläschen eine massierende, hautreizende und damit durchblutungsfördernde Wirkung zu.

Als *Kräuterbadeextrakte* dürfen nur die naturreinen Pflanzenauszüge bezeichnet werden.

Badeessenzen. Die Essenzen sind alkoholische Lösungen ätherischer Öle. Zum Teil werden ihnen auch alkoholische Extrakte zugesetzt.

Duschgele. Im Gegensatz zu den Ölschaumbädern werden Duschgele mit einem nassen Schwamm direkt auf die Haut gebracht. Auch sie besitzen eine rückfettende Wirkung. Duschgele bestehen aus Tensiden, Lipiden, Gelierungsmitteln wie Alkylolamiden, Aminoxiden, Lanolinalkoholen, Wasser und Ethanol oder 2-Propanol sowie gelegentlich aus Cellulosederivaten und Polysacchariden, z. B. Alginaten. Der Einsatz von Wirkstoffen wie Vitaminen oder Kräutern ist nicht zu hoch zu bewerten, da die eingesetzten Mengen im Allgemeinen gering sind.

Inhaltsstoff	Massenanteil
Texapon WW99 (Mischung von Alkylethersulfat mit nichtionogenen Emulgatoren)	59 g
Isopropylmyristat	25 g
Paraffinöl	10 g
Lanolin	3 g
Parfümöl	3 g

Rezeptur für ein Ölschaumbad

Inhaltsstoff	Massenanteil
Paraffinöl	40 g
Ethylhexylpalmitat	8 g
Eumulgin 05 (Oleylalkohol mit 5 mol Ethylenoxid; Emulgator)	5 g
Comperlan KD (Kokosfettsäurediethanolamid)	5 g
Parfümöl	5 g
Erdnussöl	10 g
Oxynex 2004 (Butylhydroxytoluol; Konservierungsmittel)	0,5 g
Cetiol (Ölsäureoleylester; Ölkomponente)	26,5 g

Rezeptur für ein Cremebadeöl

4.2 Haarreinigungsmittel und Haarnachbehandlungsmittel

Seife ist als Haarreinigungsmittel nicht geeignet. Kalkseifenablagerungen und die Alkalität der Seife machen das Haar stumpf, glanzlos und schwer kämmbar. Saure Nachspülungen mit Essigwasser oder Zitronensäurelösungen sind notwendig.
Wesentlich günstiger für das Haar sind Shampoos, die neutral bis sauer eingestellt sind und die neben der Reinigung auch pflegende Zwecke erfüllen.

Ein Shampoo besteht im Wesentlichen aus drei Grundkomponenten: den *Waschrohstoffen*, den *Hilfsstoffen* und den *Wirkstoffen*.

Waschrohstoffe. Als Waschrohstoffe werden anionische und amphotere Tenside eingesetzt.

Zu den anionischen Tensiden zählen die Alkylsulfate, Alkylethersulfate, Alkylethercarboxylate, Eiweiß/Fettsäure-Kondensate und Sulfobernsteinsäureester.

Die Alkylsulfate waren die ersten synthetischen Tenside. Ihr Reinigungs- und Schaumvermögen ist gut, allerdings ist ihre Hautverträglichkeit geringer zu bewerten. Hinzu kommt, dass sie eine gewisse Anfälligkeit gegenüber den Härtebildnern des Wassers zeigen.

Unempfindlich gegen die Wasserhärte und gut verdickbar sind Alkylethersulfate. Sie sind hautverträglicher als Alkylsulfate.

Zu den sehr milden Tensiden zählen die Alkylethercarboxylate. Da sie allein ein schlechtes Schaumvermögen besitzen, werden sie meist mit amphoteren Tensiden und Alkylethersulfaten eingesetzt.

Nachteilig bei den Eiweiß/Fettsäure-Kondensaten ist der starke Eigengeruch, die Färbung und das schlechte Schaumvermögen in hartem Wasser. Vorteilhaft ist ihre sehr gute Hautverträglichkeit und ihre konditionierende Wirkung.

Sehr mild und hautverträglich sind die Sulfobernsteinsäureester, die daneben auch gut schäumen. Da sie weniger gut verdickbar sind, werden sie meist in Kombination mit anderen Tensiden eingesetzt.

Die amphoteren Tenside dienen in der Regel dazu, die Hautverträglichkeit, Verdickbarkeit und das Schaumvermögen anionischer Tenside zu verbessern.

Hilfsstoffe. Shampoos enthalten außer den waschaktiven Stoffen noch Hilfsstoffe.

Eine gute Hautverträglichkeit unterstützen nichtionische Tenside wie ethoxylierte Sorbitanester und Silicon-Tenside. Auch Eiweißhydrolysate wie Nutrilan verbessern die Schleimhaut- und Hautverträglichkeit sowie die Haarqualität. Dieser Effekt ist auf eine Wechselwirkung des anionischen Tensids mit den Seitenketten des Peptids zurückzuführen. Der entstandene Tensid-Proteinhydrolysat-Komplex reinigt das Haar schonender als das Tensid allein.

Um Kopfhaut und Haare nicht zu stark auszulaugen, werden den Shampoos **Rückfettungsmittel** zugesetzt.

Feuchthaltemittel sollen ein Eintrocknen des Shampoos verhindern.

Verdickungsmittel bewirken, dass das Shampoo am Haar nicht herunterläuft, und machen es gut portionierbar.

Konditionierungsmittel ziehen auf das Haar auf und machen es im trockenen sowie nassen Zustand besser kämmbar. Daneben sollen sie ein „Fliegen" der Haare verhindern. Werden kationische Polymere gemeinsam mit amphoteren Tensiden eingesetzt, ist der Avivageeffekt („Weichspüleffekt") umso höher. Das gleiche Ergebnis wie Haarnachbehandlungsmittel können die Shampoos jedoch nicht erreichen.

Anionische Tenside
Alkylsulfate $RO-SO_3^- \ M^+$ Texapon LS: Natriumlaurylsulfat
Alkylethersulfate $RO-(CH_2-CH_2O)_n-SO_3^- \ M^+$ Texapon M: Monoethanolaminlaurylethersulfat
Alkylethercarboxylate $RO-(CH_2-CH_2-O)_nCH_2-COO^- \ M^+$
Eiweiß/Fettsäure-Kondensate $C_{11}H_{23}-CO-(NH-CHR-CO)_3-NH-CHR-COO^- \ M^+$ Lamepon S: Eiweiß/Kokosfettsäure-Kondensat, Kaliumsalz, Eiweißgehalt 13 % bis 15 %
Sulfobernsteinsäureester $R-O-CO-CH_2-CH(SO_3^- \ M^+)-COO^- \ M^+$ R: $C_8 - C_{18}$; M^+: Na^+, K^+, NH_4^+
Amphotere Tenside
Imidazolin-Derivate R: $C_7 - C_{12}$
Alkylamidobetaine $R-CO-NH-CH_2-CH_2-CH_2-N^+(CH_3)_2-CH_2-COO^-$ Tego-Betain L 10 R : Laurinsäure

In Shampoos eingesetzte Tenside

Kationische Tenside haben den Nachteil, in den Augen zu brennen. Aus diesem Grunde werden bevorzugt kationische Polymere verwendet.
Da einige Tenside durch Bakterienbefall verderben können, ist der Zusatz von **Konservierungsmitteln** notwendig.
Spuren von Eisen können mit Parfümölbestandteilen oder Farbstoffen reagieren und Veränderungen hervorrufen.
Da Shampoos in Stahlkesseln zubereitet werden, werden ihnen **Komplexbildner** hinzugefügt, die das Eisen binden.

Licht kann die Farbe eines Shampoos verändern. Gefährdet sind hier besonders der rote und blaue Bereich. **UV-Absorber** sollen hiervor schützen.
Enthalten Shampoos Öle, die empfindlich gegenüber Luftsauerstoff sind, werden **Antioxidantien** zugesetzt.
Puffer haben die Aufgabe, den pH-Wert konstant zu halten.
Um eine klare Lösung von Parfümölen und fetten Ölen zu erzielen, sind **Lösungsvermittler** notwendig.
Enthalten Shampoos feste unlösliche Wirkstoffe, verhindern **Dispergiermittel**, dass sie sich am Boden absetzen.
Perlglanzmittel sind Kristallplättchen, die im Shampoo unlöslich sind. Das Perlglanzmittel wird geschmolzen und während der Shampoobereitung hinzugefügt. In der Kälte kristallisiert das Mittel dann aus.
Parfümöle sollen den Eigengeruch der Tenside überdecken, Farbstoffe dem Shampoo eine ansprechende Farbe geben.

Wirkstoffe. *Shampoos für angegriffenes Haar* enthalten als pflegende Stoffe Eiweißhydrolysate, Lecithine, Öle oder Wachse. Die Dosierung dieser Stoffe ist im Allgemeinen höher als bei den *Shampoos für trockenes Haar und Kopfhaut*. Erreicht wird eine Verbesserung des Griffes, der Kämmbarkeit und des Glanzes. Das geschädigte Haar kann jedoch nicht in den „gesunden" Zustand zurückversetzt werden. Ebenso gibt es noch kein Mittel, das eine erhöhte Talgdrüsenproduktion bewirkt und so trockenem Haar entgegenwirkt.
Auch wird eine übermäßige Produktion der Talgdrüsen durch häufiges Waschen mit Shampoo nicht weiter stimuliert.
Der Haartalg glättet die Oberfläche des Haares und macht sie geschmeidig. Die Folge ist strähniges Haar. *Shampoos für fettiges Haar* enthalten Gerbstoffe, die die Haaroberfläche aufrauen und somit ein rasches Zusammenfallen der Frisur verhindern.
Den *Antischuppen-Shampoos* werden Wirkstoffe zugesetzt, die das Wachstum von Bakterien und Pilzen, die die Ursache der Schuppenbildung sind, hemmen.

Babyshampoos enthalten ausschließlich sehr milde Tenside. Um die Haut- und Schleimhautverträglichkeit noch zu verbessern, werden Kamilleextrakt, Eiweißhydrolysate

---

Rückfettungsmittel:
Alkanolamide, Ethoxylate, natürliche Öle

Feuchthaltemittel:
Glycerin, Sorbit, Lactate

Verdickungsmittel:
Kochsalz, Celluloseether, Fettsäuremono- und diethanolamide

Konditionierungsmittel: kationische Tenside, kationische Polymere (Proteinhydrolysate, Guar-hydroxypropyltrimethylammoniumchlorid; wird aus Guarmehl gewonnen)

Konservierungsstoffe:
p-Hydroxybenzoesäureester

Komplexbildner:
Phosphate, Salze der Ethylendiamintetraessigsäure

UV-Absorber:
Benzophenon-Derivate

Antioxidantien:
Tocopherol (Vitamin E), Ascorbinsäure, Butylhydroxyanisol

Puffer:
Lactatpuffer, Citratpuffer

Lösungsvermittler:
ethoxylierte und hydrierte Rizinusöle

Dispergiermittel:
Xanthan, Polyvinylpyrrolidon-Pulver

Trübungsmittel:
Fettsäureester oder -diester von Polyolen (Glykoldistearat), Fettsäurealkanolamid-Derivate

Parfümöle, Farbstoffe

Hilfsstoffe in Shampoos

Kräuterextrakte
Öle
Proteine
Lecithine
Vitamine

Wirkstoffe für Shampoos

Konditionierungsadditive:

monomere/polymere quartäre Ammoniumverbindungen

konsistenz- und emulsionsbildende Bestandteile/ Synergisten:

Fettalkohole, Partialglyceride, Ester langkettiger Fettsäuren, Paraffinöle, Siliconöle, nichtionische Emulgatoren

Stabilisatoren:

polymere Cellulosederivate (Methylcellulose, Methylhydroxypropylcellulose, Hydroxyethylcellulose)

Strukturanten/Hilfsstoffe:

organische Säuren, Vitamine, Proteine, Glycerin, Kräuter- und Pflanzenextrakte, Parfüm, Farben, Konservierungsmittel

Wasser

Bestandteile emulsionsförmiger Haarnachbehandlungsmittel

Antistatika: Substanzen, die kosmetischen Mitteln zugesetzt werden, um die statische Elektrizität zu verringern, indem die elektrische Ladung an der Oberfläche des Haares neutralisiert wird

Emollientien: Weichmacher

und nichtionische Tenside hinzugesetzt. Auf Parfümöle, Farbstoffe und Konservierungsmittel wird nicht verzichtet. *Trockenshampoos* dienen der Reinigung „zwischendurch". Sie werden auf das Haar verteilt und nach einiger Zeit ausgebürstet. Ihr Reinigungseffekt ist gering.

Eine bessere konditionierende Wirkung als Shampoos haben die **Haarnachbehandlungsmittel**, also Haarkuren und Spülungen. Die Spülungen, auch Rinse, Balsam oder Konditionierer genannt, sind O/W-Emulsionen. Sie enthalten quartäre Ammoniumverbindungen, Fettalkohole, Emulgatoren und Wasser. Haarspülungen für fettiges, trockenes oder geschädigtes Haar enthalten die Wirkstoffe in unterschiedlichen Dosierungen. Kurpackungen oder Intensivhaarkuren ähneln in ihrem Aufbau den Haarspülungen für trockenes Haar.

Das Eiweiß des Haares enthält durch eine Vielzahl saurer Gruppen einen negativen Ladungsüberschuss. An die negativen Gruppen können sich die positiv geladenen quartären Ammoniumverbindungen anlagern. Durch Haarfärben, Dauerwellen und Blondierungen wird das im Haar enthaltene Cystin zur Cysteinsäure oxidiert. Das geschädigte Haar, das nun mehr negative Gruppen enthält, kann folglich auch mehr quartäre Ammoniumverbindungen anlagern. Hierdurch wird die Oberfläche des Haares geglättet, Schäden werden weniger sichtbar.

Wesentlich fester auf dem Haar als die monomeren Ammoniumverbindungen haften die polymeren Substanzen. Shampoofest sind z. B. quartäre Cellulosederivate, behandlungsfest (Dauerwelle, Färbung) z. B. Poly(N,N-dimethyl-3,4-methylenpyrrolidoniumchlorid).

Inhaltsstoffe:
INCI-Namen (International Nomenclature Cosmetic Ingredients):

1. Water
2. Sodium Laureth Sulfate
3. Cocamidopropyl Betain
4. Sodium PEG-6 Cocamide Carboxylate
5. Glycol Distearate
6. Glucose
7. PEG-10 Coconut Acid
8. Sodium Laureth-11 Carboxylate
9. Sodium Chloride
10. Lauryldimonium Hydroxypropyl Hydrolized Collagen
11. Sodium Salicylate
12. Polyquaternium-7
13. Perfume
14. Sodium PCA
15. Styrene Acrylate Copolymer
16. Citric Acid
17. Bisabolol

Chemische Bezeichnung (Funktion):

1. Wasser (Lösungsmittel)
2. Natriumlaurylethersulfat (anionenaktives Tensid, Waschgrundstoff, lässt sich leicht mit Kochsalz verdicken)
3. Fettsäureamid-Derivat mit Betainstruktur (amphoteres Tensid, verbessert Nass- und Trockenkämmbarkeit, Konditioniereffekt)
4. Natriumsalz des Polyethylenglykol(300)-Kokosfettsäureamidethercarboxylats (anionisches Tensid)
5. Glykoldistearat (Trübungsmittel, Weichmacher)
6. Glucose (Feuchthaltemittel)
7. Kokosfettsäurepolyethylenglykolester (nichtionisches Tensid, Antistatikum)
8. Polyethylenglykol(11)-laurylether-natriumcarboxylat (mildes anionisches Tensid)
9. Natriumchlorid (Verdickungsmittel)
10. kationisiertes Eiweißhydrolysat (Antistatikum, Konditionierhilfsmittel)
11. Natriumsalicylat (Konservierungsmittel)
12. polymeres quartäres Ammoniumsalz aus Acrylamid und Dimethyl-diallylammonium-chlorid (Antistatikum, Konditionierhilfsmittel)
13. Parfüm
14. Natriumsalz der 2-Pyrrolidon-5-carbonsäure (Feuchthaltemittel)
15. Polymer aus Styrol, Acrylsäure und Methacrylsäure oder deren Ester (Trübungsmittel)
16. Citronensäure (Einstellung eines sauren Milieus, Puffersubstanz)
17. Bisabolol (Wirkstoff der Kamille)

4. Sodium PEG-6 Cocamide Carboxylate

$$R-\overset{O}{\underset{\|}{C}}-NH-(CH_2CH_2O)_n-CH_2-COO^{\ominus}\ Na^{\oplus}$$

$n = 5$

RCO : Fettsäuren des Kokosnussöls

7. PEG-10 Coconut Acid

$$R-\overset{O}{\underset{\|}{C}}-(OCH_2CH_2)_{10}-OH$$

8. Sodium Laureth-11 Carboxylate

$$CH_3-(CH_2)_{10}-CH_2-(OCH_2CH_2)_{10}-O-CH_2-COO^{\ominus}\ Na^{\oplus}$$

10. Lauryldimonium Hydroxylpropyl Hydrolyzed Collagen

$$\left[CH_3-(CH_2)_{11}-\underset{CH_3}{\overset{CH_3}{\underset{|}{\overset{|}{N^{\oplus}}}}}-CH_2-\underset{OH}{\underset{|}{CH}}-CH_2-(NH-\underset{R}{\underset{|}{CH}}-\overset{O}{\underset{\|}{C}}-)_n-OH\right]Cl^{\ominus}$$

12. Polyquaternium-7

$(C_8H_{16}N \cdot C_3H_5NO \cdot Cl)_x$

(empirische Formel)

14. Sodium PCA

3 in one — alles in einem Shampoo!

Experimente

Versuch 1: Herstellung von Seife

Materialien: Schutzbrille, Kochplatte, Becherglas (100 ml, 250 ml), Glasstab, Waage, Messzylinder, Siedesteinchen;
Natriumhydroxid (C), Kokosfett, dest. Wasser, Kochsalz

Durchführung:
1. Geben Sie 20 ml Wasser, 10 g Kokosfett und einige Siedesteinchen in das Becherglas (250 ml).
2. Erhitzen Sie das Gemisch, bis das Fett geschmolzen ist.
3. Lösen Sie 2 g Natriumhydroxid in 10 ml Wasser.
4. Geben Sie diese Lösung vorsichtig in das Becherglas.
5. Kochen Sie die Mischung 20 Minuten auf kleiner Stufe.
6. Ergänzen Sie das verdampfende Wasser, indem Sie destilliertes Wasser vorsichtig in die Mitte des Becherglases spritzen.
7. Fügen Sie nach Beendigung der Reaktion reichlich Kochsalz hinzu, um die Seife von der Unterlauge zu trennen.
8. Die fertige Seife kann nun abgeschöpft werden.

Versuch 2: Herstellung von Badeöl

Materialien: Becherglas (250 ml), Waage, Glasstab;
80 g Sonnenblumenöl, 10 g Mulsifan (Emulgator), 10 g ätherisches Öl oder Parfümöl

Durchführung:
Wiegen Sie die Zutaten in das Becherglas ein und verrühren Sie sie.

Hinweise: Durch Zusatz von Menthol (1 Stäbchen) oder Pfefferminzöl erhält man ein kühlendes Produkt.
Bei Bädern gegen Erkältungskrankheiten sind folgende ätherischen Öle einsetzbar: Kiefernöl, Fichtennadelöl, Rosmarinöl, Fenchelöl, Salbeiöl, Eukalyptusöl.
Beruhigend wirken: Melissenöl, Anisöl, Fenchelöl.

Versuch 3: Herstellung eines Duschgels

Materialien: Becherglas (250 ml), Waage, Glasstab;
20 g Lamepon S, 20 g Tegobetain, 10 g Rewoderm, 50 g Wasser

Durchführung:
1. Mischen Sie die Zutaten.
2. Geben Sie abgekochtes Wasser hinzu, wenn die Mischung zu dickflüssig ist.

Versuch 4: Herstellung eines Badesalzes

Materialien: Porzellanschale, Waage, dicht verschließbares Glas (oder Kunststoffbeutel);
125 g Kochsalz, 6 ml Parfümöl, 0,5 g Fluorescein

Durchführung:
1. Lösen Sie den Farbstoff in dem Parfümöl auf.
2. Geben Sie diese Mischung auf das Kochsalz in der Porzellanschale.
3. Rühren Sie gut durch und geben Sie das Badesalz in einen Kunststoffbeutel oder in ein dicht verschließbares Glas.

Versuch 5: Herstellung eines Schaumbadepulvers

Materialien: Reibschale, Pistill, Waage;
50 g Natriumlaurylsulfat, 25 g Natriumhydrogencarbonat, 20 g Weinsäure, 5 ml Fichtennadelöl

Durchführung:
1. Vermischen Sie das Fichtennadelöl mit dem Natriumlaurylsulfat.
2. Geben Sie nun die übrigen Bestandteile hinzu und verreiben Sie die Substanzen.
3. Füllen Sie das fertige Produkt in einen Kunststoffbeutel.

Arbeitsblatt: Tenside setzen die Oberflächenspannung herab

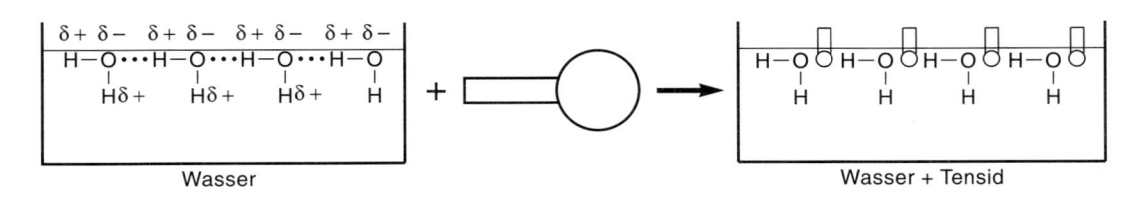

Wasser

Wasser + Tensid

1. Erläutern Sie den Grund für die hohe Oberflächenspannung von Wasser.

_____

_____

2. Erklären Sie, wie Tenside die Oberflächenspannung herabsetzen.

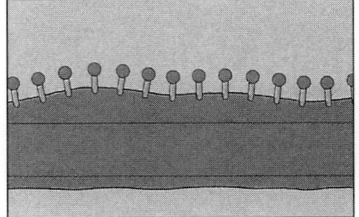

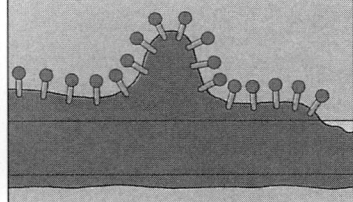

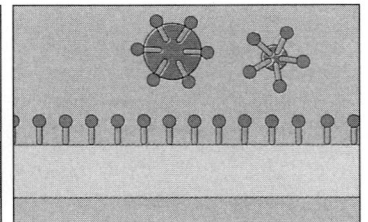

_____

_____

3. Beschreiben Sie die Waschwirkung der Tenside.

_____

_____

_____

4. Begründen Sie, warum sich das Fett nicht mehr am Haar absetzen kann.

_____

_____

Arbeitsblatt: Aufbau eines Tensidmoleküls und Tensidklassen

1. Ordnen Sie den Molekülteilen folgende Eigenschaften zu: hydrophil, hydrophob, lipophil, lipophob, wasserfreundlich, fettfreundlich, polar, unpolar, für die Löslichkeit in polaren Stoffen verantwortlich, für die Löslichkeit in unpolaren Stoffen verantwortlich.

Tensidklasse	Beispiele	Modell
	$C_{11}H_{23}-CH_2-O-SO_3^{\ominus}\ Na^{\oplus}$	
	$C_{12}H_{25}-\overset{\underset{\mid}{CH_3}}{\underset{\underset{\mid}{CH_3}}{N^{\oplus}}}-CH_3\ Cl^{\ominus}$	
	$C_{11}H_{23}-\overset{\overset{O}{\|}}{C}-\underset{\underset{H}{\mid}}{N}-CH_2-CH_2-CH_2-\overset{\underset{\mid}{CH_3}}{\underset{\underset{\mid}{CH_3}}{N^{\oplus}}}-CH_2-COO^{\ominus}$	
	$C_{17}H_{35}-\underset{\underset{O}{\|}}{C}-(O-CH_2-CH_2)_n-OH$	

2. Benennen Sie die einzelnen Tensidklassen.

3. Ordnen Sie folgende Bezeichnungen den Beispielen zu: Cetyltrimethylammoniumchlorid, Polyethylenglykol-400-monostearat, Tegobetain, Texapon.

4. Zeichnen Sie jeweils schematisch ein Modell des entsprechenden Tensid-Moleküls.

Arbeitsblatt: Wirkung von Konditionierungsmitteln

Konditionierungsmittel ziehen auf das Haar auf und machen es besser kämmbar. Daneben sollen sie das „Fliegen" der Haare verhindern.
Während des Waschens haben sie aber auch eine „Schutzfunktion", so vermindern sie die „hautreizende" Wirkung anionischer Tenside, indem sie mit diesen durch Komplexbildung ein haut- und haarfreundliches Produkt bilden. Als Konditionierungsmittel dienen kationische Polymere wie die Hydrolysate des Kollagens.

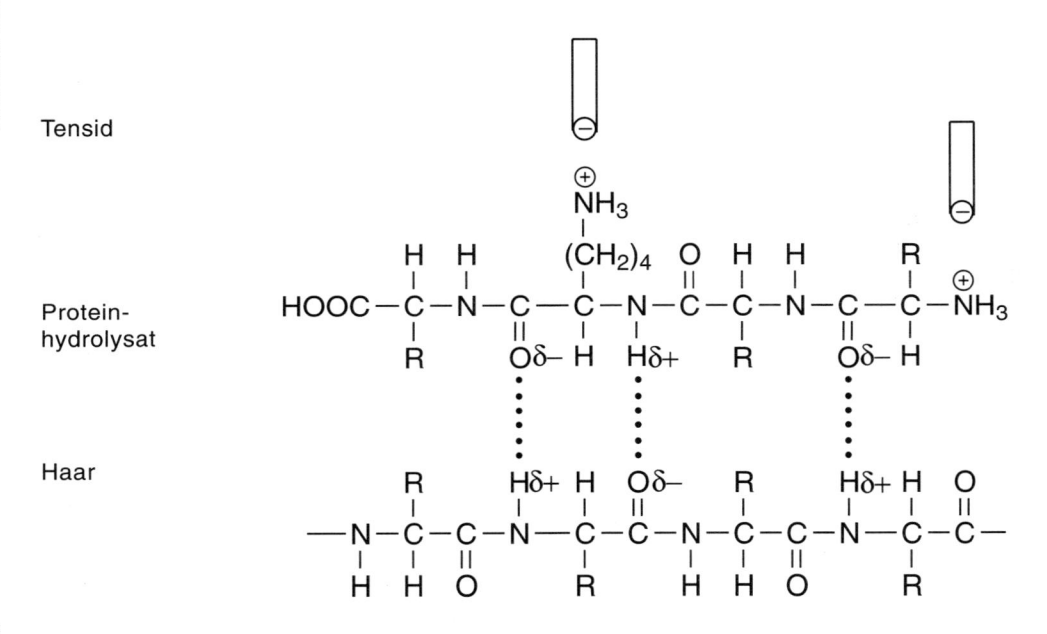

Tensid

Proteinhydrolysat

Haar

1. Erklären Sie, warum das kationische Polymer gut auf das Haar aufzieht.

_____
_____
_____

2. Erläutern Sie den „Schutzeffekt" des kationischen Tensids beim Waschvorgang.

_____
_____
_____

Arbeitsblatt: Zusammensetzung eines Shampoos

1. Water
2. Sodium Laureth Sulfate
3. Cocamidopropyl Betain
4. Sodium PEG-6 Cocamide Carboxylate
5. Glycol Distearate
6. Glucose
7. PEG-10 Coconut Acid
8. Sodium Laureth-11 Carboxylate
9. Sodium Chloride
10. Lauryldimonium Hydroxypropyl Hydrolized Collagen
11. Sodium Salicylate
12. Polyquaternium-7
13. Perfume
14. Sodium PCA
15. Styrene Acrylate Copolymer
16. Citric Acid
17. Bisabolol

3 in one – alles in einem Shampoo!

Chemische Bezeichnung (Funktion)

1. Wasser (Lösungsmittel)
2. Natriumlaurylethersulfat (anionenaktives Tensid, Waschgrundstoff, lässt sich leicht mit Kochsalz verdicken)
3. Fettsäureamid-Derivat mit Betainstruktur (amphoteres Tensid, verbessert Nass- und Trockenkämmbarkeit, Konditioniereffekt)
4. Natriumsalz des Polyethylenglykol(300)-Kokosfettsäureamidethercarboxylats (anionisches Tensid)
5. Glykoldistearat (Trübungsmittel)
6. Glucose (Feuchthaltemittel)
7. Kokosfettsäurepolyethylenglykolester (nichtionisches Tensid, Antistatikum)
8. Polyethylenglykol(11)-laurylether natriumcarboxylat (mildes anionisches Tensid)
9. Natriumchlorid (Verdickungsmittel)
10. kationisiertes Eiweißhydrolysat (Antistatikum, Konditionierhilfsmittel)
11. Natriumsalicylat (Konservierungsmittel)
12. polymeres quartäres Ammoniumsalz aus Acrylamid und Dimethyl-diallyl-ammoniumchlorid (Antistatikum, Konditionierhilfsmittel)
13. Parfüm
14. Natriumsalz der 2-Pyrrolidon-5-carbonsäure (Feuchthaltemittel)
15. Polymer aus Styrol, Acrylsäure und Methacrylsäure oder deren Ester (Trübungsmittel)
16. Citronensäure (Einstellung eines sauren Milieus, Puffersubstanz)
17. Bisabolol (Wirkstoff der Kamille)

Funktion	Inhaltsstoff
Waschaktive Substanzen	
Lösungsmittel	
Konditionierhilfsmittel	
Verdickungsmittel	
Konservierungsstoffe	
Feuchthaltemittel	
Duftstoffe	
Trübungsmittel	

1. Ordnen Sie die Inhaltsstoffe den entsprechenden Funktionen zu.

Arbeitsblatt: Herstellung von Seife

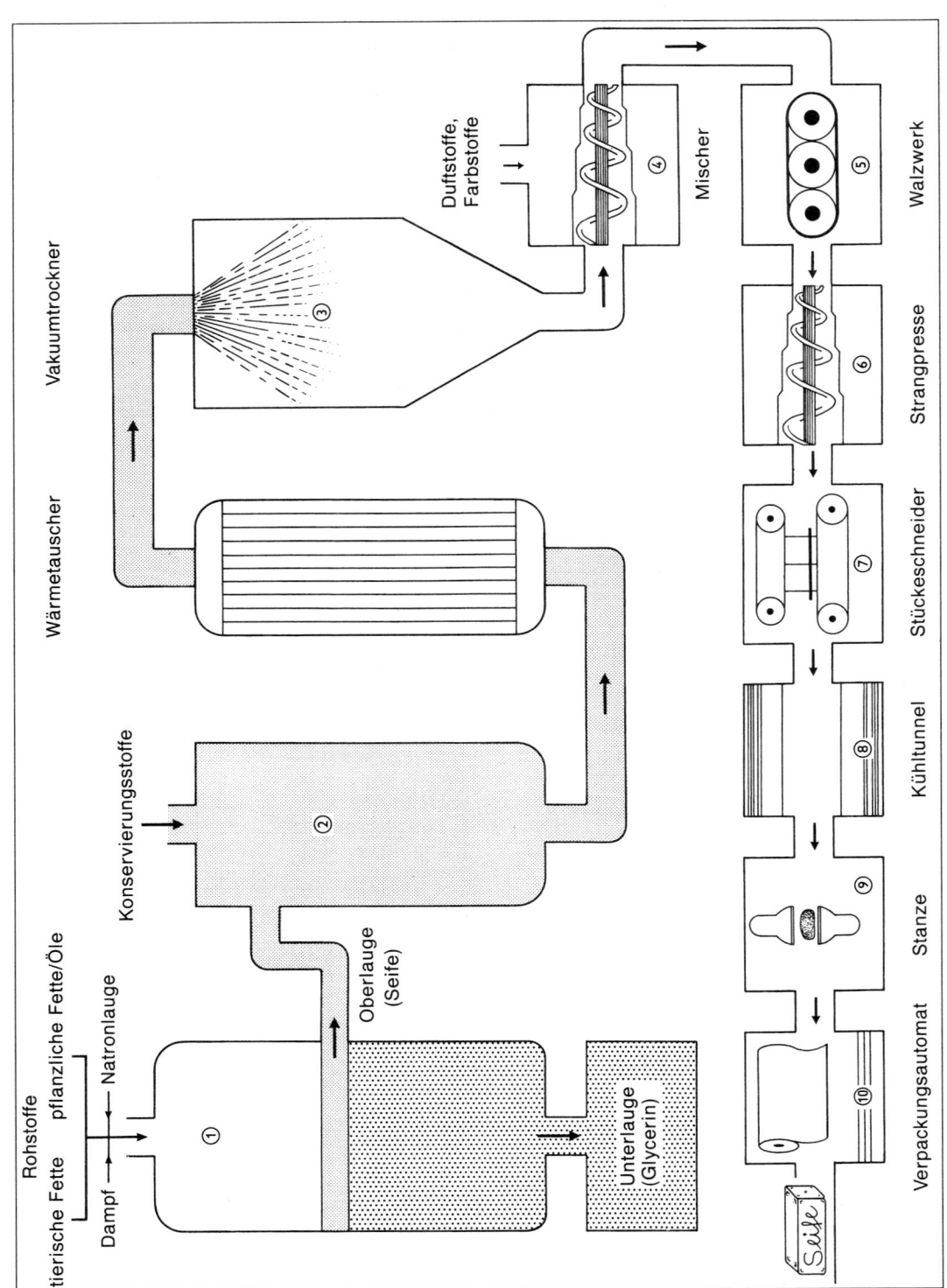

Kosmetik-Chemie

© 1999 Schroedel Verlag GmbH, Hannover

Rohstoffe: tierische Fette, pflanzliche Fette/Öle
- Natronlauge
- Dampf

① Verseifungskessel
- Oberlauge (Seife)
- Unterlauge (Glycerin)

② Konservierungsstoffe

③ Vakuumtrockner
- Wärmetauscher

④ Mischer
- Duftstoffe, Farbstoffe

⑤ Walzwerk

⑥ Strangpresse

⑦ Stückeschneider

⑧ Kühltunnel

⑨ Stanze

⑩ Verpackungsautomat

5 Haarumformungsverfahren

Das Haar besteht aus der **Haarwurzel**, die in die Haut eingebettet ist, und dem **Haarschaft**. Der Haarschaft lässt sich von außen nach innen in drei Schichten unterteilen, in die Cuticula, die Cortex und die Medulla.

Die **Cuticula**, die 3,5 µm bis 4,5 µm dick ist, besteht aus dachziegelförmig übereinander gelagerten Hornschuppen. Im Zentrum des Haarschaftes befindet sich die **Medulla**, die allerdings bei dünnem Haar fehlen kann. Das Haarmark besteht aus Proteinen, die sich chemisch von denen in der Cortex befindlichen unterscheiden.

Die **Cortex** setzt sich aus Keratinzellen zusammen. In den Zellen, parallel zur Faserachse, liegen die **Fibrillen**, die einen Durchmesser von etwa 0,2 µm besitzen. Jede Fibrille besteht aus einer Gruppe von **Mikrofibrillen**, deren Durchmesser ca. 10 nm beträgt. Jede Mikrofibrille ist aus acht Protofilamenten (Durchmesser 2,8 nm) aufgebaut, die ihrerseits aus zwei Doppelhelices (Durchmesser 2 nm) bestehen. Da das α-Keratin des Haares reich an Cystinresten (15 % bis 17 %) ist, bestehen zwischen den α-Helices mehrere Disulfidbrücken. Für die Festigkeit und die mechanischen Eigenschaften der Faser sind neben den Disulfidbrücken auch noch Ionenbindungen, Wasserstoffbrückenbindungen und Peptidbindungen zwischen den Molekülsträngen verantwortlich.

Die **Ionenbindungen** kommen aufgrund der elektrostatischen Anziehungen zwischen positiv geladenen Ammoniumionen und negativ geladenen Carboxylatgruppen zustande. Im schwach sauren Bereich (pH 4) sind sie am stärksten ausgeprägt.

Durch die Einwirkung wässriger Alkalilösungen und auch durch Wasser werden die Salzbrücken hydrolysiert, wobei Wasser in die intermicellaren Zwischenräume eindringen kann. Eine Quellung und Erweichung der Keratinfaser ist die Folge.

Die **Wasserstoffbrückenbindungen** werden zwischen positiv polarisierten Wasserstoffatomen der Aminogruppen und den negativ polarisierten Sauerstoffatomen der Carboxylgruppen ausgebildet. Ein teilweises Auflösen der Bindungen kann durch Wasser allein verursacht werden, wobei umso mehr Brücken gelöst werden, je heißer das Wasser ist.

Die **Peptidbrücken**, durch die die einzelnen Aminosäuren der Polypeptidketten miteinander verknüpft sind, können auch zwischen den Molekülsträngen als Querverbindung auftreten. Diese Bindungen werden durch Einwirkung starker Säuren oder Basen gelöst.

Den **Disulfidbrücken** wird für den Zusammenhalt der Keratinketten besondere Bedeutung beigemessen. Reduzierende Chemikalien und stark alkalische Lösungen sind in der Lage, diese Bindungen zu lösen.

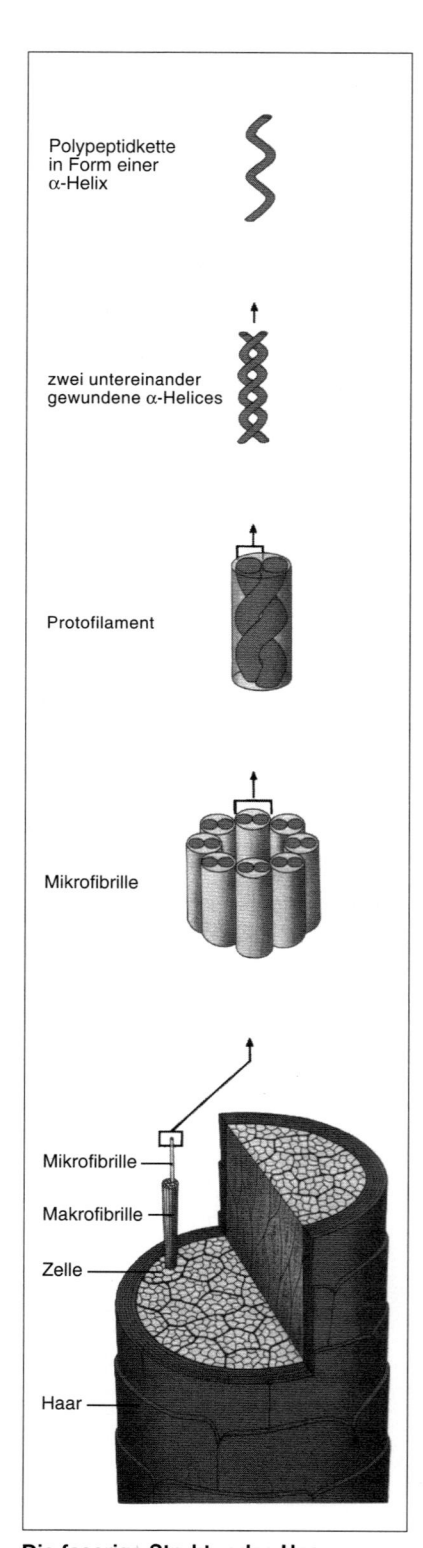

Die faserige Struktur des Haares

Wasserwelle. Bei der Wasserwelle wird das Haar zunächst mit Wasser befeuchtet; hierbei werden Ionenbindungen und Wasserstoffbrücken gelöst, während Disulfid- und Peptidbindungen erhalten bleiben. Das feuchte Haar wird nun auf Wickler gedreht und getrocknet. Durch den Trocknungsprozess bilden sich neue Ionenbindungen und Wasserstoffbrücken und fixieren das Haar in der neuen Lage. Die Wasserwelle ist nicht dauerhaft. Disulfid- und Peptidbrücken bewirken im Haar eine gewisse Spannung und ziehen es in die ursprüngliche Form zurück, sobald durch Feuchtigkeitsaufnahme die neu gebildeten Brücken gelockert werden.

Dauerwelle. Eine permanente Verformung der Haare wird durch Dauerwellmittel erreicht. Das Verfahren der alkalischen Dauerwelle lässt sich in drei Schritte untergliedern:
1. Spaltung der Disulfidbrücken durch Thioglykolsäure,
2. Oxidation des überschüssigen Thioglykolats und Stoppen des Wellvorgangs (Fixieren),
3. saures Nachwaschen zum Neutralisieren alkalisch reagierender Produkte und Regenerierung des Haares.

Vor Behandlung mit dem Dauerwellmittel werden die Haare gewaschen. Das Wasser bewirkt ein Auflösen der Wasserstoffbrücken und teilweise auch der Ionenbindungen. Die Haare werden nun auf Wickler gedreht und mit einer alkalischen Thioglykolatlösung befeuchtet. (Das Wickeln kann auch vorher geschehen.) Die alkalische Lösung bewirkt durch die Hydrolyse der Ionenbindungen und Einlagerung von Wassermolekülen eine Quellung des Haares und macht es für das Reduktionsmittel (Thioglykolsäure oder deren Salze) zugänglicher.

Die Reaktion der Thioglykolsäure mit dem Haarkeratin lässt sich stöchiometrisch wie folgt beschreiben:

Protein–CH(NH)(CO)–CH$_2$–S–S–CH$_2$–CH(NH)(CO)–Protein (Cystinrest) + 2 HS–CH$_2$–COOH (Thioglykolsäure) ⇌

Protein–CH(NH)(CO)–CH$_2$–SH + HS–CH$_2$–CH(NH)(CO)–Protein (Cysteinreste) + HOOC–CH$_2$–S–S–CH$_2$–COOH (Dithioglykolsäure)

Beschleunigend auf die Reaktion wirken eine Erhöhung der Temperatur und des pH-Werts. Als aktives Reduktionsmittel wird das Dianion der Thioglykolsäure angenommen:

$$HS-CH_2-COOH + 2\,OH^\ominus \longrightarrow {}^\ominus S-CH_2-COO^\ominus + 2\,H_2O$$

Schematische Darstellung der Querverbindungen zwischen den Polypeptidketten im Haar

Der Reaktionsmechanismus, der die Entstehung gemischter Disulfide aus Cystin und Thioglykolsäure beinhaltet, wird folgendermaßen angenommen:

$$^{\ominus}S-CH_2-COO^{\ominus} + {}^{\ominus}OOC-CH(NH_2)-CH_2-S-S-CH_2-CH(NH_2)-COO^{\ominus} \rightleftharpoons$$

$$^{\ominus}OOC-CH(NH_2)-CH_2-S-S-CH_2-COO^{\ominus} + {}^{\ominus}S-CH_2-CH(NH_2)-COO^{\ominus}$$

$$^{\ominus}OOC-CH(NH_2)-CH_2-S-S-CH_2-COO^{\ominus} + {}^{\ominus}S-CH_2-COO^{\ominus} \rightleftharpoons$$

$$^{\ominus}OOC-CH(NH_2)-CH_2-S^{\ominus} + {}^{\ominus}OOC-CH_2-S-S-CH_2-COO^{\ominus}$$

Untermauert wurde die Existenz des gemischten Disulfidions durch Untersuchungen, die zeigten, dass Haar nach einer Kaltwelle einen höheren Schwefelgehalt hatte als unbehandeltes Haar.

Durch Spaltung der Disulfidbrücken (bis zu 70 % der Disulfidbrücken werden geöffnet) verliert das Haar seine Elastizität und passt sich der Form der Wickler an. Nach der Einwirkzeit wird das Haar mit Wasser ausgespült und durch das Oxidationsmittel in der neuen Lage fixiert. Bei der Oxidation werden die Sulfhydrylgruppen der Cysteinsäurereste in Disulfide überführt. Allerdings werden nicht alle Disulfidbrücken wiederhergestellt, denn die Bildung einer Disulfidbrücke setzt voraus, dass sich zwei Sulfydrylgruppen in geeigneter Entfernung gegenüberstehen. Da dies nicht bei allen Gruppen zutrifft, bleiben sie zum Teil als Cysteinsäurereste und gemischte Disulfide zurück. Zudem ist das Oxidationsmittel in der Lage, wiederhergestellte Disulfidbrücken anzugreifen. Die Quervernetzungsdichte des Keratins nimmt ab und eine gewisse Änderung der Haarstruktur durch die Dauerwelle ist die Folge.

Insbesondere durch häufiges Dauerwellen wird die Verformbarkeit des Haares herabgesetzt und eine Änderung der Haarbeschaffenheit (es verliert seinen Glanz und seine Geschmeidigkeit) ist unvermeidlich. Der Verformungsverlust kann auch auf dem Herauslösen von Proteinfraktionen durch Thioglykolsäure aus dem Haar beruhen. Als Oxidationsmittel werden Wasserstoffperoxid, Perborate und Bromate verwendet.

Nach der Behandlung wird das Haar mit einer Kurpackung oder Haarspülung behandelt.

Alkalische Dauerwellpräparate. Diese Kaltwellpräparate enthalten als Mercaptan meist Thioglykolsäure (daneben auch Thiomilchsäure), deren Konzentration von der beabsichtigten Stärke der Lösung abhängt und im Allgemeinen zwischen 4 % und 8 % liegt.

Der für die Wirksamkeit erforderliche pH-Wert von etwa 9,5 wird durch Zugabe von Ammoniak und (oder) Monoethanolamin eingestellt. Ein pH-Wert von 10 darf nicht überschritten werden, da sonst die Gefahr der Keratolyse besteht und das Präparat depilierend wirkt.

Ob die beschriebene Reaktion im gerichteten α-Keratin oder im ungerichteten Keratin abläuft, ist nicht eindeutig geklärt. Die wissenschaftliche Forschung hat hierzu unterschiedliche Ansichten.

Das „Strickleiter-Modell" ist eine starke Vereinfachung, die aber weiterhin verwendet werden kann.

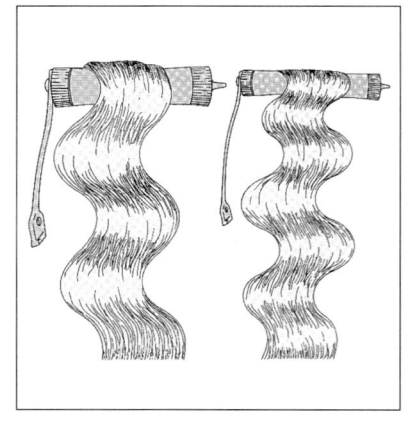

Die Wickelstärke beeinflusst das Wellergebnis

Mild alkalische Dauerwellpräparate. Diese Präparate sind weniger geruchsintensiv als die alkalischen. Der pH-Wert liegt zwischen 7,5 und 9. Zur Pufferung (Stabilisierung des pH-Werts) enthalten die Produkte Ammoniumhydrogencarbonat oder Ammoniumcarbonat. Durch diese beiden Salze wird außerdem die Wirksamkeit des Ammoniumthioglykolats erhöht.

Neutrale Dauerwellpräparate. Diese Produkte besitzen einen pH-Wert von 7 und quellen damit das Haar weniger stark. Folglich werden damit Carrier-Substanzen notwendig, die dem Reduktionsmittel ein Eindringen in das Haar ermöglichen. Dazu werden Harnstoff und Isopropylalkohol verwendet. Der Reduktionsmittelgehalt liegt höher als bei den alkalischen Präparaten. Die Produkte sind gut für geschädigtes Haar geeignet.

Saure Dauerwellpräparate. Als Reduktionsmittel dienen die Monoglycerinester der Thioglykolsäure. Da die Ester hydrolyseempfindlich sind, werden die Präparate in Zwei-Komponenten-Verpackungen angeboten. Vorteilhaft bei der sauren Dauerwelle ist der haarschonende pH-Wert, eine geringere Haarschädigung und die weniger große Gefahr der Überkrausung. Da ein erhöhtes Allergierisiko besteht, ist Hautkontakt weitestgehend zu vermeiden.

Enzymdauerwelle. Diese besteht aus einer sauren Thioglykolsäurelösung und einer Lösung von Harnstoff und Urease. Die Urease spaltet Harnstoff in Kohlenstoffdioxid und Ammoniak, durch den sich der pH-Wert der Lösung allmählich auf 8 erhöht.

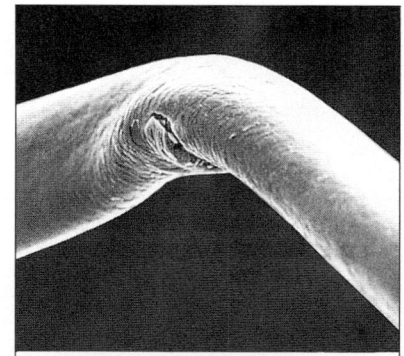

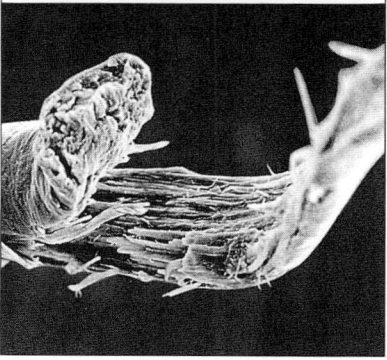

Knick durch falsch angesetzten Wickler, Ergebnis: Haarbruch

Art	pH-Wert	Merkmale
stark alkalische Dauerwelle	bis 9,5	starke Haarschädigung starkes Durchkrausen
mild alkalische Dauerwelle	7,5 – 9	gutes Wellergebnis gute Haarschonung
neutrale Dauerwelle	7	gut geeignet für geschädigtes Haar
saure Dauerwelle	6,2 – 6,8	geringe Haarschädigung erhöhtes Allergierisiko
Enzymdauerwelle	sauer, erhöht sich auf 8	geringe Haarschädigung
Zwei-Phasen-Dauerwelle	7,5 – 8,5	1. schwach alkalische Flüssigkeit 2. Nachfeuchten mit stärker alkalischer Emulsion ermöglicht gleichmäßige Umformung von geschädigtem Haar

Dauerwellpräparate

Zwei-Phasen-Präparate. Das Mittel, das auf die Haarspitzen aufgetragen wird, enthält deutlich weniger Reduktionsmittel und Lauge als dasjenige, das auf den Haaransatz gebracht wird. Auf diese Weise kann auch geschädigtes Haar gleichmäßig umgeformt werden.

Fixiermittel. Das Fixiermittel soll die Haare zum Entquellen bringen und die Disulfidbrücken wiederherstellen. Zu diesem Zwecke enthalten die Präparate schwache Säuren wie Weinsäure, Zitronensäure und das Oxidationsmittel (Wasserstoffperoxid, Natrium- und Kaliumbromat, Natriumperborat). Wasserstoffperoxid wird meist 2 %ig bis 3 %ig verwendet. Eine sorgfältige Stabilisierung der Produkte ist notwendig, da der Gehalt an Wasserstoffperoxid nicht abnehmen soll. Als Stabilisatoren dienen Acetanilid, Phenacetin (Paracetamol), Kieselsäure, Wasserglas, Polyvinylpyrrolidon und auch die Ester der p-Hydroxybenzoesäure.

Bei Heimdauerwellpräparaten wird die Bromatfixierung vorgezogen, da hier keine Stabilitätsprobleme zu erwarten sind. Zudem bleicht Kaliumbromat das Haar nicht aus. Bromatfixierungen dürfen nicht angesäuert werden, da Brom entweichen könnte. In Handtüchern oder Watte eingetrocknete Bromatfixierungen machen diese leicht brennbar.

Neben einem Netzmittel enthalten Fixiermittel kationenaktive Substanzen, Farbstoffe, Parfümöl und Kunstharzdispersionen als Trübungszusätze. Die Präparate kommen als dünnflüssige schäumende Produkte oder mittelviskos als Emulsion in den Handel.

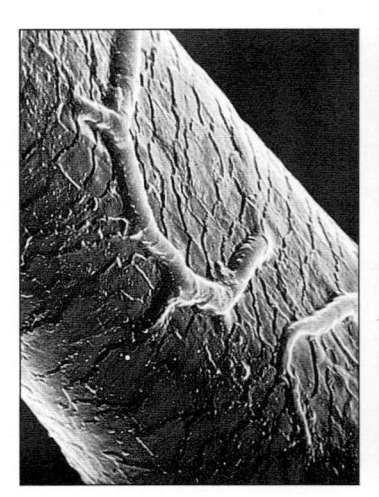

Haarschaden durch zu lange Einwirkzeit des Wellpräparats

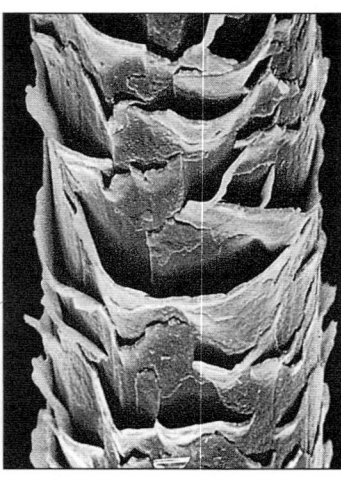

Haar nach Einwirkzeit des Wellmittels, vor Fixierung

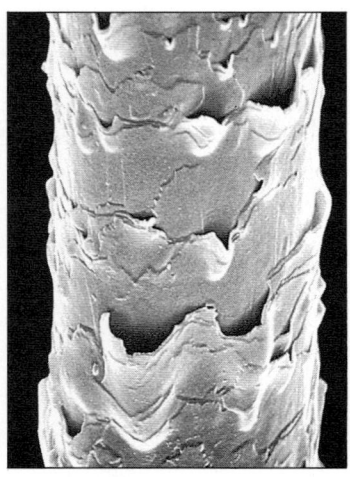

Haarschaden durch Überdehnung während des Dauerwellvorgangs

Experimente

Versuch 1: pH-Werte von Dauerwellmitteln und Fixierungen

Materialien: Bechergläser (50 ml), Messzylinder; Universalindikator, blaues und rotes Lackmuspapier, verschiedene Dauerwellpräparate, die dazugehörende Fixierung

Durchführung:
1. Geben Sie jeweils 2 ml des Dauerwellmittels in das Becherglas und bestimmen Sie den pH-Wert.
2. Wiederholen Sie den Versuch mit den Fixierungen.

Aufgabe:
Tragen Sie Ihre Ergebnisse in eine Tabelle ein.

Dauerwellpräparat	pH	Säure/Lauge	Fixierung	pH	Säure/Lauge

Versuch 2: Dauerwellpräparate enthalten Pufferstoffe

Materialien: 4 Bechergläser (50 ml), Messzylinder; Dauerwellmittel, Fixierung, Natronlauge ($1 \text{ mol} \cdot l^{-1}$; C), Salzsäure ($1 \text{ mol} \cdot l^{-1}$), Universalindikatorpapier, dest. Wasser

Durchführung
1. Geben Sie in ein Becherglas 2 ml alkalisches Dauerwellmittel.
2. Bestimmen Sie den pH-Wert.
3. Geben Sie zwei Tropfen Natronlauge hinzu und bestimmen Sie den pH-Wert erneut.
4. Wiederholen Sie den Versuch mit Wasser anstelle des Dauerwellmittels.
5. Geben Sie 2 ml Fixierung in ein anderes Becherglas.
6. Bestimmen Sie den pH-Wert.
7. Geben Sie zwei Tropfen Salzsäure hinzu und ermitteln Sie den pH-Wert erneut.
8. Wiederholen Sie den Versuch mit Wasser anstelle der Fixierung.

Aufgaben:
a) Fassen Sie Ihre Ergebnisse in einer Tabelle zusammen.

Präparat	pH-Wert
Dauerwellmittel	
Dauerwellmittel + Natronlauge	
Wasser	
Wasser + Natronlauge	
Fixierung	
Fixierung + Salzsäure	
Wasser + Salzsäure	

b) Nennen Sie Gründe, warum der pH-Wert der Dauerwellpräparate konstant gehalten werden muss.

Hinweise: Bei einem pH-Wert von 9 wird die Thioglykolsäure als Dauerwellmittel verwendet. Im stärker alkalischen Bereich (ab pH 10) wirkt sie keratinauflösend. Präparate mit einem pH-Wert zwischen 0 und 1 dürfen wegen ihrer schädigenden Wirkung nicht auf Haut oder Haare gebracht werden.

Arbeitsblatt: Welche Bindungen halten die Polypeptidketten zusammen?

Der Haarschaft besteht aus einem dichten Strang paralleler verlaufender Keratinfasern. Die Keratinfasern werden aus Polypeptidketten gebildet. Die einzelnen Polypeptidketten sind durch vier verschiedene Bindungen miteinander verbunden.

☐ **Disulfidbrücken**: Die Disulfidbrücken sind für das Zusammenkitten der Keratinketten wichtig und bleiben, im Gegensatz zur Ionenbindung, auch im nassen Haar erhalten. Sie können durch reduzierend wirkende Chemikalien gebrochen werden. In der Kosmetik verwendet man hauptsächlich Thioglykolate zur Öffnung der Brücken.

☐ **Ionenbindung**: Die Ionenbindungen können schon durch Wasser gebrochen werden. Besonders leicht bewirken alkalische Lösungen eine Trennung: Das Haar quillt und wird weich.

☐ **Peptidbindung**: Diese Bindungen treten nicht nur zwischen den Polypeptidketten auf, sondern auch innerhalb einer Kette ist es diese Bindung, die die einzelnen Aminosäuren miteinander verkettet. Die Peptidbindung kann durch die Einwirkung konzentrierter wässriger Lösungen von starken Säuren und Laugen wie Natriumhydroxid gebrochen werden.

☐ **Wasserstoffbrückenbindung**: Die Wasserstoffbrücken halten die Keratinfasern im gefalteten Zustand fest und tragen auch zur Bindung der Ketten untereinander bei. Sie können durch Wasser allein gebrochen werden. Deshalb quillt das Haar, wenn es feucht ist. Es ist außerdem dehnbarer und weniger widerstandsfähig als im trockenen Zustand.

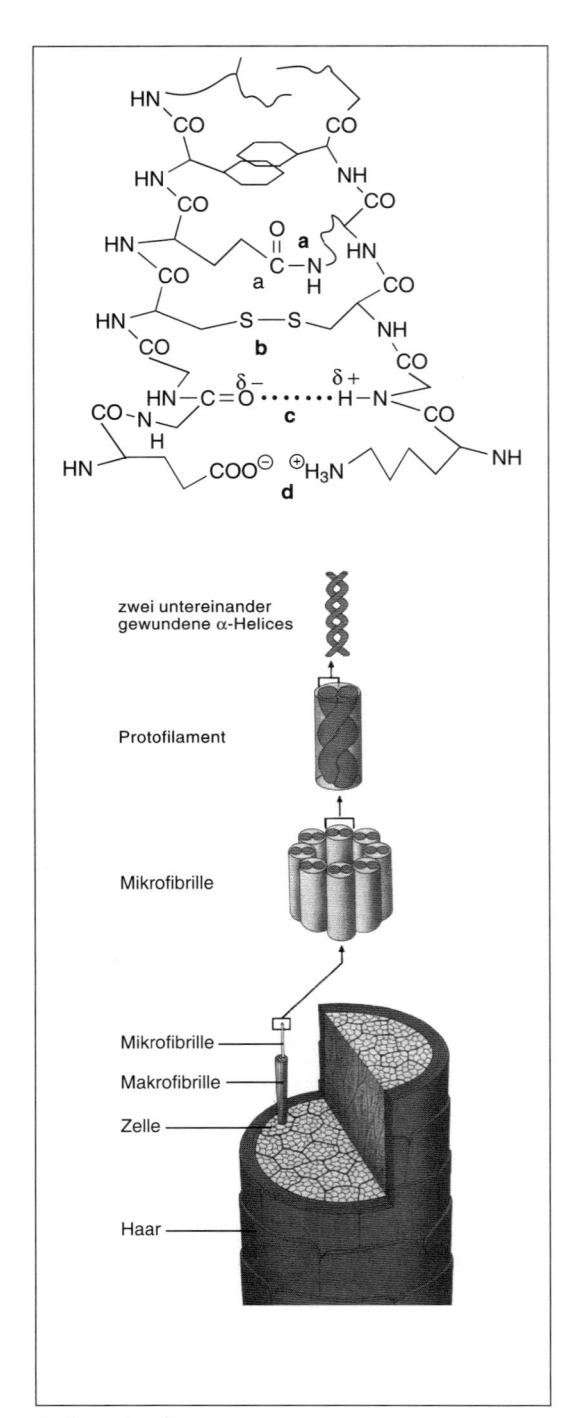

Aufbau des Haares

1. Benennen Sie die in der Zeichnung dargestellten Bindungstypen. Ordnen Sie dazu die Buchstaben a bis d dem entsprechenden Text zu.
2. Nennen Sie die Bindungen, die durch Wasser gelöst werden können.
3. Welche der Bindungen wird durch den Wirkstoff der Dauerwellmittel (Thioglykolsäure) angegriffen?
4. Begründen Sie, warum die Peptidbrücken bei Haarumformungsverfahren nicht gelöst werden dürfen.
5. Welche Wirkung hat das in Abflussreinigern enthaltene Natriumhydroxid?

Arbeitsblatt: Vereinfachte Darstellung des Dauerwellvorgangs

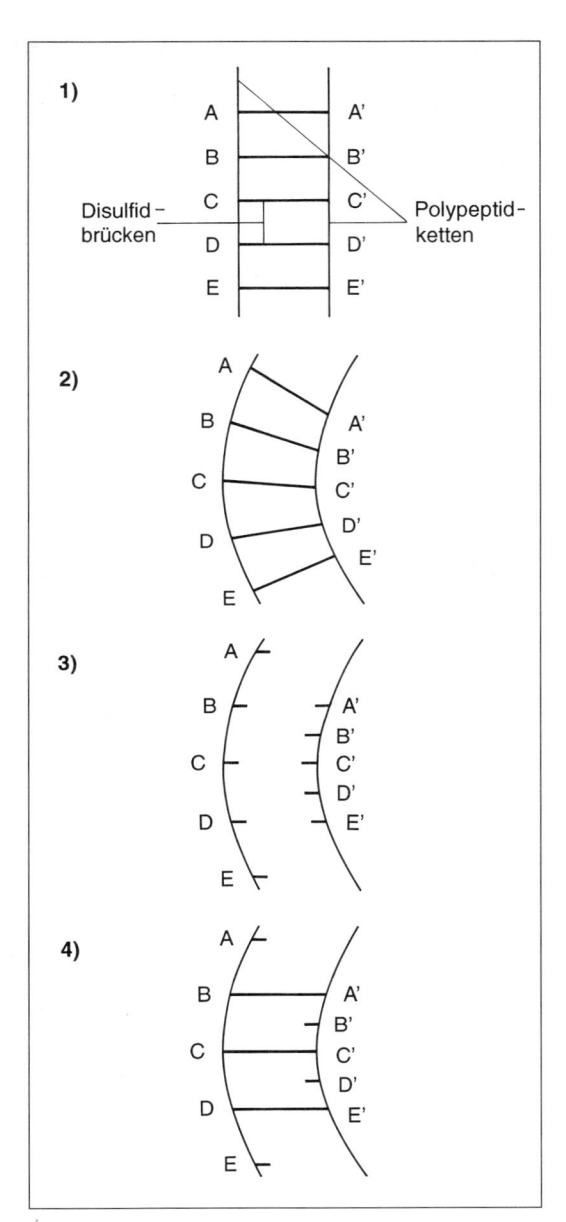

1. Unbehandeltes Haar
Die Schwefelatome A und A', B und B' stehen sich gegenüber.

2. Dehnung
Das Haar wird auf Lockenwickler gedreht, wobei die Polypeptidketten gedehnt werden. Dadurch werden die Brücken aus ihrer ursprünglichen Lage gezogen, es entstehen Spannungen.

3. Reduktion
Das Dauerwellmittel *(Reduktionsmittel)* zerstört durch Anlagerung von Wasserstoff-Atomen die Disulfidbrücken und somit auch die Spannungen.

$$H-\overset{|}{\underset{|}{C}}-CH_2-S-S-CH_2-\overset{|}{\underset{|}{C}}-H \xrightarrow{+2H}$$

$$H-\overset{|}{\underset{|}{C}}-CH_2-SH \quad HS-CH_2-\overset{|}{\underset{|}{C}}-H$$

Das Reduktionsmittel (Thioglykolsäure) wird dabei selbst oxidiert.

4. Oxidation
Durch das Fixiermittel *(Oxidationsmittel)* werden die Brücken an neuer Stelle wieder geschlossen. Als Fixiermittel dient Wasserstoffperoxid (H_2O_2), das leicht reaktive Sauerstoff-Atome abspaltet. Die bei der Oxidation frei werdenden Sauerstoff-Atome verbinden sich mit dem an den Disulfidbrücken angelagerten Wasserstoff-Atomen zu Wasser.

$$H-\overset{|}{\underset{|}{C}}-CH_2-SH \quad HS-CH_2-\overset{|}{\underset{|}{C}}-H \xrightarrow{-2H}$$

$$H-\overset{|}{\underset{|}{C}}-CH_2-S-S-CH_2-\overset{|}{\underset{|}{C}}-H$$

$$H_2O_2 \xrightarrow{+2H} 2\ H_2O$$

---

1. Erläutern Sie, wie die Disulfidbrücken im Haar getrennt werden.

2. Beschreiben Sie, wie die Disulfidbrücken wieder zusammengefügt werden.

3. Erklären Sie, warum durch die Dauerwelle die Struktur des Haares geschädigt wird. Vergleichen Sie dazu Bild 1 mit Bild 4.

4. Beschreiben Sie ausgehend von den Bildern 1 bis 4 das Verfahren der Wasserwelle: Haare im nassen Zustand auf Wickler drehen und trocknen.

5. Warum hängen sich wassergewellte Haare bei hoher Luftfeuchtigkeit so leicht wieder aus?

Arbeitsblatt: Inhaltsstoffe von Dauerwellmitteln und Fixierungen

Inhaltsstoffe von Dauerwellpräparaten	Wirkung und Hinweise
	Sie führen zur Auflösung eines Teils der Disulfidbrücken und somit zur Erweichung des Keratins. Reduktionsmittel führen in höheren Konzentrationen zu Entzündungen.
	Der pH-Wert wird so reguliert, dass das Wellmittel möglichst wirksam ist.
	Sie sollen während der Einwirkzeit der Dauerwellflüssigkeit schützend wirken. Ihre Wirksamkeit ist allerdings zweifelhaft.
	Hier werden in erster Linie Netzmittel eingesetzt, um der Dauerwellflüssigkeit das Eindringen ins Haar zu erleichtern. Bei Schaumdauerwellen werden zusätzlich Schaummittel eingesetzt.
	Diese Stoffe sollen den Geruch des Präparates überdecken.
	Sie dienen dem besseren Aussehen.
	Diese sollen die vorzeitige Oxidation des Reduktionsmittels vermeiden und die Lagerfähigkeit des Produktes verbessern.
	Voll entsalztes Wasser übernimmt diese Funktion.

Inhaltsstoffe von Fixiermitteln	Wirkung und Hinweise
	Diese Substanz führt zur Schließung der geöffneten Disulfidbrücken (Fixierung). Meistens wird sie etwa 1%ig bis 2%ig eingesetzt.
	In einigen Fixierpräparaten wird diese Halogenverbindung als Oxidationsmittel verwendet. Sie eignet sich für die so genannten Sofortfixierungen und gilt als besonders farbschonend.
	Diese Verbindungen sollen eventuelle Alkalireste neutralisieren und das Wasserstoffperoxid stabilisieren, also seinen vorzeitigen Zerfall verhindern.
	Diese Mittel werden eingesetzt, um das Herablaufen des Präparats zu vermeiden.
	Die Darreichungsform des Präparats, d.h. Schaum-, Emulsions- oder Gelfixierung, wird durch diese Verbindungen oder Gelbildner mitbestimmt.
	Sie sollen dem Produkt einen angenehmen Geruch verleihen.
	Sie dienen der Produktästhetik und der Unterscheidung verschiedener Flüssigkeiten.
	Ihre Aufgabe ist es, dauerwellbedingte Beeinträchtigungen am Haar zu vermindern.
	Voll entsalztes Wasser übernimmt diese Funktion.

1. Ordnen Sie folgende Inhaltsstoffe den Wirkungen und Hinweisen zu. Die Begriffe können mehrmals eingesetzt werden:

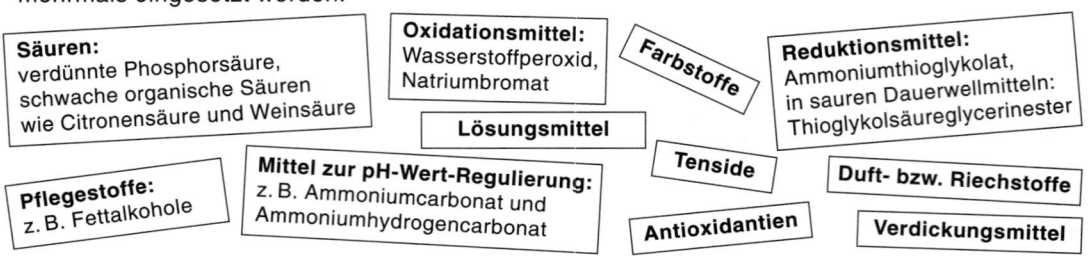

Säuren: verdünnte Phosphorsäure, schwache organische Säuren wie Citronensäure und Weinsäure

Oxidationsmittel: Wasserstoffperoxid, Natriumbromat

Farbstoffe

Reduktionsmittel: Ammoniumthioglykolat, in sauren Dauerwellmitteln: Thioglykolsäureglycerinester

Lösungsmittel

Pflegestoffe: z. B. Fettalkohole

Mittel zur pH-Wert-Regulierung: z. B. Ammoniumcarbonat und Ammoniumhydrogencarbonat

Tenside

Antioxidantien

Duft- bzw. Riechstoffe

Verdickungsmittel

Arbeitsblatt: Die Vorgänge bei einer Dauerwelle

Arbeitsschritt	Vorgang	Wirkung durch
Haare werden gewaschen.		
Haare werden aufgewickelt.		
Haare werden mit Dauerwellmittel benetzt.	a) b)	a) b)
Haare werden unter Haube erwärmt.		
Haare werden abgespült (mit Wicklern im Haar).		
Haare werden mit Fixiermittel benetzt.	a) b)	a) b)
Wickler werden entfernt, Fixierung wird vorsichtig im Haar verteilt.		
Haare werden abgespült.		
Haarspülung wird aufgetragen.		
Haare werden getrocknet.		

1. Erklären Sie, was bei den einzelnen Arbeitsschritten einer Dauerwellbehandlung geschieht.
2. Entnehmen Sie den Rezepturen der Dauerwell- und Fixiermittel die Inhaltsstoffe, die diese Vorgänge bewirken.

Dauerwellflüssigkeit für normales Haar
- 9,5 g Thioglykolsäure (Reduktionsmittel)
- 4,5 g Ammoniumcarbonat (Alkalisierung, pH-Regulation)
- 1,5 g Ammoniak (Alkalisierung)
- 84,5 g Wasser (Lösungsmittel)
- Parfümöl nach Belieben

Dauerwellemulsion
- 6,6 g Thioglykolsäure (Reduktionsmittel)
- 2,0 g Ammoniak (Alkalisierung)
- 15,0 g Glycerinmonostearat (Emulgator)
- 3,0 g Stearinsäure (Cremegrundlage)
- 0,5 g Paraffinöl (Cremegrundlage)
- 1,0 g Natriumlaurylsulfat (Netzmittel, Verdickung)
- 71,9 g Wasser (Lösungsmittel)
- Parfümöl nach Belieben

Fixierlösung
- 4,6 g Wasserstoffperoxid (Oxidationsmittel)
- 2,3 g Genamin KS 5 (Verbesserung der Kämmbarkeit)
- 0,2 g Citronensäure (pH-Regulation)
- 0,2 g Acetanilid (Stabilisator)
- 92,7 g Wasser (Lösungsmittel)
- Parfümöl nach Belieben

Schaumfixierung
- 8,0 g Wasserstoffperoxid (Oxidationsmittel)
- 4,0 g Weinsäure (pH-Regulation)
- 10,0 g Olamin K (Schäumer)
- 78 g Wasser (Lösungsmittel)

6 Mittel zur Haarfestigung

Inhaltsstoff	Massenanteil in %
PVP/VA 64 E	2,00
Cetyltrimethyl-ammoniumchlorid	0,10
Polypropylenglykol	0,10
Parfümöl	0,50
Ethanol	20,00
Wasser	77,20
PVP/VA 64 E besteht aus 60 % Polyvinylpyrrolidon und 40 % Vinylacetat in Ethanol gelöst.	

Rezeptur für einen Föhnfestiger

Inhaltsstoff	Massenanteil in %
PVP/VA 55 E	3,80
Polyethylenglykol	0,30
Cetyltrimethyl-ammoniumchlorid	0,15
Parfümöl	0,10
Wasser	85,65
Propan/Butan (50:50)	10,00

Rezeptur für einen Schaumfestiger

Inhaltsstoff	Massenanteil in %
PVP/VA 37 I	8
Isopropylalkohol	91,9
Parfümöl	0,1
PVP/VA 37 I enthält 30 % PVP und 70 % VA in Isopropylalkohol gelöst.	

Rezeptur für ein Haarspray

Polyglykole
Sorbit
Glycerin
2-Propylmyristat
Diisopropyladipat
Lanolinethoxylate
Cetyltrimethylammoniumchlorid
Genamin K-Marken:
Genamin KDM ≙ Alkyltrimethyl-ammoniumchlorid
(Alkyl: $C_{20} - C_{22}$)
Genamin KS5 ≙ Pentaoxyethyl-stearylammoniumchlorid

Weichmacher in Haarfestigern

Um der Frisur Halt zu geben, waren im Altertum und im Mittelalter Pflanzenschleime, Bier und Eiweißzuckerlösungen im Gebrauch.
Der Wirkstoff im Bier ist das Dextrin, das man später, um den unangenehmen Biergeruch zu vermeiden, allein in Wasser gelöst verwandte. Da Dextrin nicht alkohollöslich ist, mussten längere Trockenzeiten in Kauf genommen werden.
Auch die ersten industriell hergestellten Präparate enthielten Schleimstoffe pflanzlicher Herkunft (Moose, Pektine). Daneben wurden gummiartige Hemicellulosen (Gummi Arabicum), Traganth und Celluloseether eingesetzt. Aufgrund ihrer schlechten Löslichkeit in wässrig alkoholischen Lösungsmitteln sowie ihrer Neigung zur Schuppenbildung beim Auskämmen des Haares und zur Bildung eines grauen Belags auf dem Haar werden sie heute kaum noch verwendet.

Die im Haarfestiger und in Föhnlotionen eingesetzten Substanzen sollen das Haar mit einem elastischen Film umgeben und so die Haltbarkeit der Frisur erhöhen sowie die Nass- und Trockenkämmbarkeit erleichtern. Gleichzeitig soll der Glanz der Haare verstärkt werden. Die Filmbildner müssen einerseits eine gute Wasserlöslichkeit aufweisen, um völlig auswaschbar zu sein, andererseits sollen sie nicht hygroskopisch sein und verkleben – eine Forderung, die gänzlich kaum zu erfüllen ist.

Zu den bedeutendsten synthetischen **Filmbildnern** gehören *Polyvinylpyrrolidon* und entsprechende Copolymerisate. Polyvinylpyrrolidon (PVP) hat eine stark festigende Wirkung auf das Haar. Es ist gut wasserlöslich, aber sehr hygroskopisch. Bei hoher Luftfeuchtigkeit beginnt der Film zu kleben.
Beständiger gegen die Luftfeuchtigkeit ist das Copolymer von Vinylpyrrolidon und Vinylacetat.
PVP-Crotonsäurecopolymere bilden nach Neutralisation mit Laugen wasserlösliche Zubereitungen, die beim Eintrocknen auf dem Haar harte Filme bilden. Der Zusatz von Weichmachern ist hier notwendig.

Auch der spröde Film des *Dimethylhydantoin-Formaldehydharzes* lässt die Mitverwendung von Weichmachern zweckmäßig erscheinen. Glänzende und gut feuchtigkeitsbeständige Filme bilden carboxylierte PVP/PVA-Copolymere aus, die durch teilweise Neutralisation wasserlöslich gemacht werden können.
Verwendet werden auch Ethyl-, 2-Propyl- und Butylmonoester des Polymethylvinylether/maleinsäure-Komplexes. Diese sind wasserunlöslich, können aber durch Neutralisation der freien Säuregruppe im Monoesterharz wasserlöslich gemacht werden.

Bei den *Gafquatpolymeren* handelt es sich um quartäre PVP-Copolymere, die ein sehr gutes und gleichmäßiges Aufziehen auf den Haarschaft besitzen. Die Substantivität lässt sich dadurch erklären, dass sich die chemische Affinität (peptidähnliche Struktur) und die physikalische Affinität (elektrische Anziehung des quartären, kationischen Polymers auf dem negativ geladenen Haar) potenzieren.
Schellack wird kaum noch verwendet, da seine Entfernung aus dem Haar problematisch ist. Selbst Shampoo ist nicht in der Lage, es aus dem Haar zu lösen.

Um allen geforderten Eigenschaften so nahe wie möglich zu kommen, werden verschiedene Filmbildner miteinander verschnitten. Eine stärker festigende Wirkung besitzen Kombinationen von Gafquat-PVP-Vinylacetat-Copolymeren, die in jedem Mischungsverhältnis verträglich sind.
Durch gezielte Auswahl eines PVP-VA-Copolymers mit 20 % bis 70 % PVP lassen sich Eigenschaften wie Feuchtigkeitsempfindlichkeit, Festigung, Elastizität und Glanz steuern.

Da fast alle Filmbildner in trockener Atmosphäre spröde Filme bilden, die beim Kämmen der Haare abblättern können, werden in Haarfestigern Weichmacher eingesetzt.
Weichmacher wie 2-Propylmyristat, Diisopropyladipat und Genamin-Marken erhöhen den Glanz des Haares. Insbesondere die quartären Ammoniumverbindungen sind aufgrund ihrer Substantivität in der Lage, durch Dauerwell- oder Bleichmittel spröde gewordenes Haar zu glätten und ihm seidigen Glanz zu verleihen. Sie tragen zu einer verbesserten Nasskämmbarkeit bei und verhindern gleichzeitig die statische Aufladung des Haares. Gelöst werden Filmbildner und Weichmacher in Wasser/Alkohol-Mischungen. Diese enthalten 20 % bis 40 % Ethanol oder 2-Propanol. Präparaten mit einem Alkoholgehalt über 20 % braucht kein Konservierungsmittel zugesetzt zu werden, da der Alkohol diese Funktion übernimmt. Im Allgemeinen ist die Trocknungszeit des Festigers umso kürzer, je höher der Alkoholanteil ist.
Die Lösungen werden leicht sauer eingestellt (pH 5), um eine adstringierende Wirkung auf das gequollene Haar (Haarfestiger werden auf das nasse Haar gebracht) zu erzielen: Auch hierdurch verbessert sich die Nasskämmbarkeit.
Die Färbung des Haarfestigers kann zum Zwecke des besseren Aussehens, aber auch des Tönens der Haare erfolgen. Eingesetzt werden Farbstoffe, die bei der nächsten Wäsche wieder ausgewaschen werden können.

Schäume. Die Zusammensetzung dieser Produkte ist den flüssigen Präparaten sehr ähnlich. Die Schäume müssen vor Anwendung geschüttelt werden, damit sich das Treibgas in der Wirkstofflösung verteilt. Das Treibmittel verdampft schlagartig aus dem Gemisch und bläht die Wirkstofflösung zu einem Schaum auf.

> Um Ethanol für kosmetische Zwecke steuerfrei zu bekommen, muss der Erwerb dem zuständigen Hauptzollamt formlos angezeigt werden. Das Ethanol ist geruchsneutral vergällt und für die Herstellung von Haarsprays, Festigern und Parfümen gut geeignet.

Schulen können preisgünstiges Ethanol bekommen

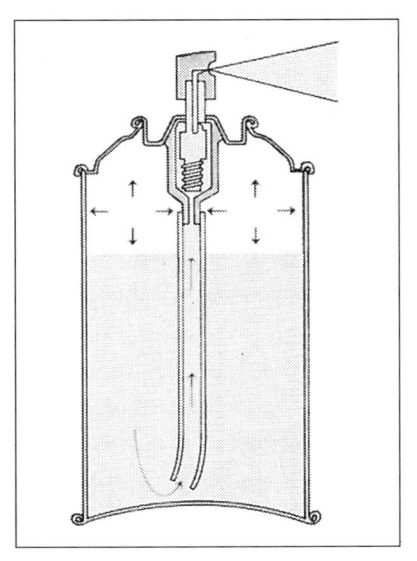

Treibgasdose

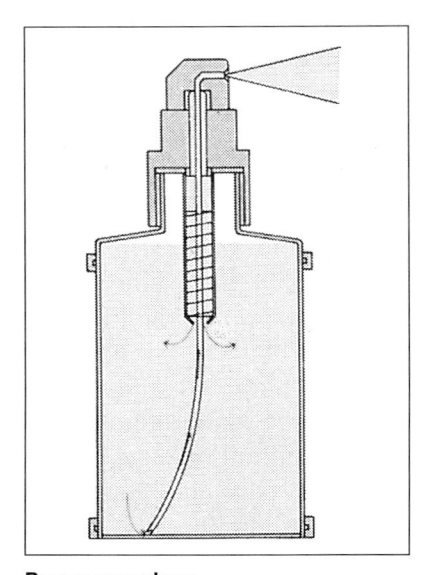

Pumpspraydose

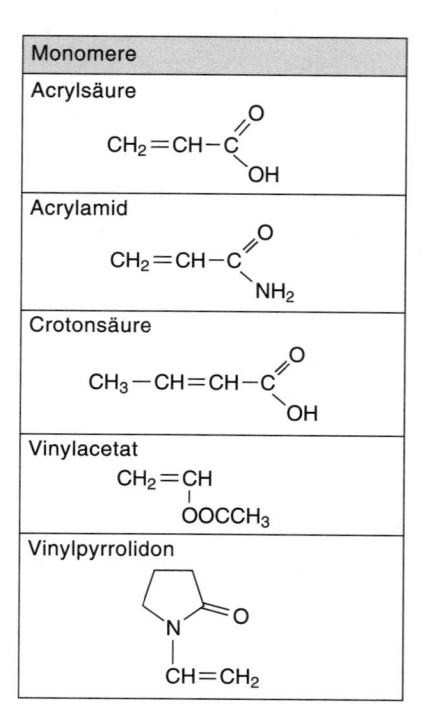

Monomere	
Acrylsäure	$CH_2=CH-C\begin{smallmatrix}O\\OH\end{smallmatrix}$
Acrylamid	$CH_2=CH-C\begin{smallmatrix}O\\NH_2\end{smallmatrix}$
Crotonsäure	$CH_3-CH=CH-C\begin{smallmatrix}O\\OH\end{smallmatrix}$
Vinylacetat	$CH_2=CH-OOCCH_3$
Vinylpyrrolidon	(N-Vinyl-2-pyrrolidon)

Polymere
Copolymerisat aus Acrylsäure und Acrylamid (Gelbildner PN 73)
$-[CH_2-CH(COOH)-CH_2-CH(CONH_2)]_n-$
Copolymerisat aus Vinylacetat und Vinylpyrrolidon (Haarfestiger HF 64)
$-[CH_2-CH(OOCCH_3)-CH_2-CH(N\text{-pyrrolidon})]_n-$
Copolymerisat aus Crotonsäure und Vinylpyrrolidon
$-[CH(CH_3)-CH(COOH)-CH_2-CH(N\text{-pyrrolidon})]_n-$

Polymere für Haarfestigungsmittel

Herstellung. Alle alkoholischen Komponenten werden, eventuell mit Zusatz von Lösungsvermittlern, in Alkohol gelöst. Dann fügt man die vorgeschriebene Wassermenge und die wasserlöslichen Bestandteile hinzu. Sollte ein Erwärmen erforderlich sein, wird im Anschluss parfümiert.
Die Schäume werden in Aluminiumdosen gefüllt und das Aerosolventil aufgesetzt. Die Dosen werden in ein Wasserbad gegeben und auf 60 °C erhitzt. Aufsteigende Gasblasen geben Aufschluss über die Dichtheit der Dosen.

Die Grundstoffe der Haarfestiger werden auch in **Haarsprays** verwendet. Der Unterschied zum Festiger liegt in der Konzentration des Filmbildners. Diese ist im Haarspray höher. Der Weichmacher wird niedriger dosiert. Besondere Effekte im Haar lassen sich erzielen, wenn dem Haarspray Farbpigmente beigemischt werden. Diese haften mit dem Kunstharzfilm am Haar und lassen sich später ausbürsten oder auswaschen.

Zum Frisurenfinish werden Haargele, Frisiercremes oder Haarwachse verwendet:
Bei den **Haargelen** unterscheidet man *Wet-Gele* und *Styling-Gele.* Die Wet-Gele lassen das Haar länger nass aussehen, während die Styling-Gele die Haare festigen und eine Formgebung der Frisur erlauben.
Wichtigster Grundstoff neben Wasser ist bei den Gelen der Gel/Film-Bildner. Als Gelbildner dienen neben Mischpolymerisaten aus Acrylsäure und Acrylsäureamiden auch Carboxy-vinyl-Mischpolymerisate. Diese Mittel sind bereits in der Lage, hochviskose Präparate zu bilden. Einigen Produkten werden zur Stabilisierung zusätzlich Verdickungsmittel hinzugefügt.
Geringe Mengen an quartären Ammoniumverbindungen sollen die Aufladung der Haare verhindern und die Kämmbarkeit erleichtern. Wet-Gele enthalten als Feuchthaltemittel Glycerin oder Siliconöle, den Styling-Gelen wird zur besseren Festigung eine größere Menge an Filmbildnern hinzugefügt. Konservierungsstoffe verlängern die Haltbarkeit der Gele. Damit sich das Gel durch den Zusatz von Parfümölen nicht trübt, werden Lösungsvermittler hinzugefügt. Farbstoffe dienen nicht nur der Färbung des Produkts, sondern erlauben, wenn sie in höheren Mengen zugesetzt werden, eine farbige Haargestaltung. Der Einsatz von Farbpigmenten unterstützt die farbgebende Wirkung.

Frisiercremes sind fettartige oder wachsartige Emulsionen, Letztere werden als *Haarwachse* bezeichnet.
Die W/O-Emulsionen enthalten neben Wasser 30 Prozent Paraffinöl und 10 Prozent Wachse.
Bei den O/W-Emulsionen liegt der Wachsanteil bei 30 Prozent, der Paraffinanteil bei 10 Prozent.
Durch O/W-Emulgatoren bzw. W/O-Emulgatoren werden die Emulsionen stabilisiert. Konservierungsmittel schützen vor dem Verderb. Parfümöle und Farbstoffe sorgen für einen angenehmen Duft und eine ansprechende Färbung des Produktes.

Experimente

Versuch 1: Herstellung von Haargel

Materialien: verschließbare Marmeladengläser, Teelöffel, Messzylinder;
Gelbildner PN 73, Haarfestiger HF 64, Euxyl K 400, Parfümöl, Glycerin

Durchführung:
a) Wet-Gel:
1. Kochen Sie 80 ml Wasser auf.
2. Mischen Sie dem abgekühlten Wasser 20 ml Glycerin zu.
3. Geben Sie drei Tropfen Euxyl K 400 und zwei Tropfen Parfümöl hinzu.
4. Füllen Sie das Gemisch in das Marmeladenglas.
5. Setzen Sie einen gestrichenen Teelöffel Gelbildner hinzu.
6. Schütteln Sie kräftig.

b) Styling-Gel:
1. Kochen Sie 100 ml Wasser ab.
2. Geben Sie drei Tropfen Euxyl K 400 und zwei Tropfen Parfümöl zu.
3. Füllen Sie das Gemisch in das Marmeladenglas und fügen Sie drei gestrichene Teelöffel Haarfestiger HF 64 hinzu.
4. Schütteln Sie, bis alles fein verteilt ist.
5. Geben Sie nun einen leicht gehäuften Teelöffel Gelbildner hinzu.
6. Schütteln Sie kräftig.

Hinweis: Ist das Gel zu fest, kann abgekochtes Wasser zum Verdünnen hinzugegeben werden.

Versuch 2: Herstellung von Haarspray oder Haarlack

Materialien: Pumpsprayflasche (alte Haarfestigerflasche), Teelöffel, Messzylinder;
2-Propanol (Isopropylalkohol; F), Haarfestiger HF 37, Parfümöl

Durchführung:
a) Haarspray:
1. Geben Sie 100 ml 2-Propanol in die Pumpsprayflasche.
2. Fügen Sie drei gestrichene Teelöffel Haarfestiger HF 37 und zwei Tropfen Parfümöl hinzu.
3. Verschließen Sie die Flasche und schütteln Sie gut durch.

b) Haarlack:
Durch Zugabe von fünf bis sieben Teelöffeln Haarfestiger HF 37 erhält man Haarlack.

Hinweis: Ist der Haarlack oder das Haarspray zu stark festigend, kann mit Alkohol verdünnt werden.

Arbeitsblatt: Haarspray in Pumpflaschen oder Treibgasdosen?

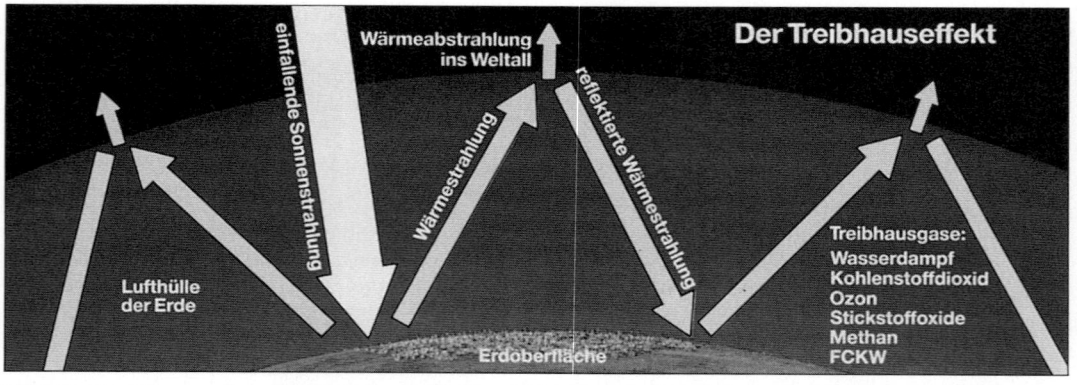

Der Treibhauseffekt

Treibhausgase:
Wasserdampf
Kohlenstoffdioxid
Ozon
Stickstoffoxide
Methan
FCKW

Wichtigster Verursacher des Treibhauseffektes ist Kohlenstoffdioxid, das bei jeder Verbrennung entsteht. Aber auch Spurengase wie Propan, Butan, FCKW und Methan spielen eine große Rolle.

Sprays für Umweltbewusste

1989 war in einer Zeitung die Schlagzeile zu lesen: „Ozonloch schon so groß wie die USA." Der Abbau der Ozonschicht, die von den Krebs erregenden UV-Strahlen der Sonne schützt, hat bereits bedrohliche Ausmaße angenommen. Verursacher sind die Fluorchlorkohlenwasserstoffe, die FCKWs, die lange Zeit als Treibgase in Sprayflaschen verwendet wurden.

Sie werden ersetzt durch andere Treibgase wie Propan oder Butan, die jedoch auch als umweltgefährdend angesehen werden können. Diese Gase tragen ebenso wie die FCKWs zum Treibhauseffekt bei. Durch Anreicherung von Gasen in der oberen Atmosphäre wird die Wärmebestrahlung der Erde verhindert. Dies führt zu Klimastörungen, die weltweite Auswirkungen haben. Preisgünstiger und umweltbewusster ist es, wenn man Sprays ohne Treibgas verwendet.

Die Pumpsprays sind daran zu erkennen, dass bei einer noch nicht angebrochenen Flasche erst bei zweimaligem Druck auf den Sprühknopf der Wirkstoff entweicht. Der scheinbar höhere Preis erklärt sich aus der größeren Wirkstoffmenge. Diese Sprays sind auch weitaus sparsamer im Verbrauch.

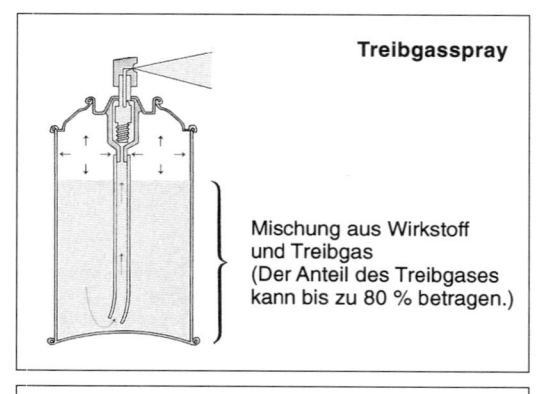

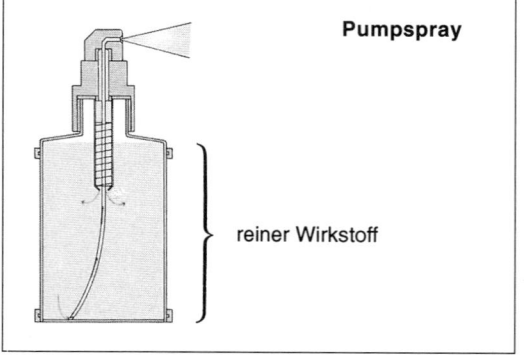

Treibgasspray

Mischung aus Wirkstoff und Treibgas
(Der Anteil des Treibgases kann bis zu 80 % betragen.)

Pumpspray

reiner Wirkstoff

1. Treibgasflaschen dürfen nicht mehr mit FCKW befüllt werden. Erläutern Sie, warum auch der Einsatz der Ersatztreibgase bedenklich ist.

2. Ein Deospray (Füllmenge 125 ml) enthält 75 % Treibgas. Berechnen Sie die Menge des Wirkstoffs.

3. Erläutern Sie, warum bei gleicher Füllmenge Pumpsprays trotz des höheren Preises preiswerter sind.

Arbeitsblatt: Polymere für Haarfestigungsmittel

Monomere	
Vinylacetat	$H_2C=CH-OOCCH_3$
Crotonsäure	$H_3C-CH=CH-COOH$
Vinylpyrrolidon	(Pyrrolidon-2-yl mit N-$CH=CH_2$)
Acrylsäure	$CH_2=CH-COOH$
Acrylamid	$CH_2=CH-C(=O)NH_2$

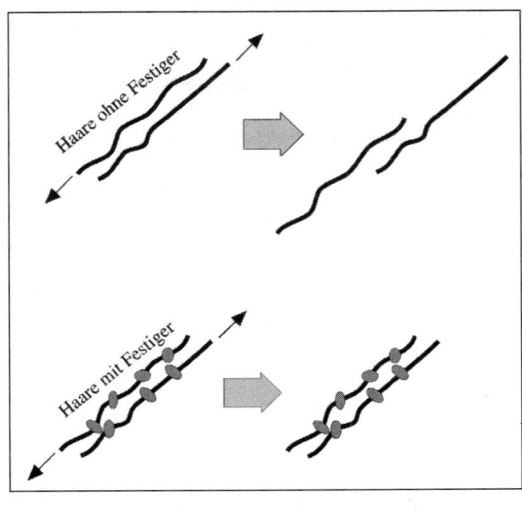

Wirkung eines Haarfestigers

Polymer
a) Copolymerisat aus Acrylsäure und Acrylamid (Gelbildner PN 73)
b) Copolymerisat aus Vinylpyrrolidon und Vinylacetat (Haarfestiger HF 64)
c) Copolymerisat aus Vinylpyrrolidon und Crotonsäure

1. Geben Sie die Strukturformeln (Ausschnitt) der Polymeren an.

7 Haarbleichmittel

Die Farbe des Haares wird durch zweierlei Pigmente bestimmt: durch die braunen bis schwarzen Eumelanine und die rötlich braunen Phäomelanine.
Bei silberblonden, aschblonden, graubraunen und tiefschwarzen Haaren überwiegen die Eumelanine, bei hellblonden, goldblonden, braunblonden und schwarzbraunen Haaren haben die Phäomelanine einen wichtigen Einfluss.
Die Tiefe der Haarfarbe hängt von der Menge und Größe der Farbstoffkörner sowie von der An- und Abwesenheit von Luftbläschen in der Haarrinde ab.
Unter dem Einfluss von Sonnenstrahlen wird das Haar gebleicht. Infolge des Feuchtigkeitsgehalts des Haares entsteht Wasserstoffperoxid, das pigmentzerstörend wirkt.
Eine mehr oder weniger starke dauerhafte Aufhellung der Haarfarbe kann weiter durch Haarbleichmittel bewirkt werden, die das Melanin oxidativ zerstören. Als Oxidationsmittel dient Wasserstoffperoxid in Konzentrationen bis zu 3 % für den Heimgebrauch und bis zu 12 % für den Friseursalon.
Um eine Zersetzung der Wasserstoffperoxidlösung zu vermeiden, werden diese durch Zusatz von Acetanilid und anderen Substanzen stabilisiert.
Vor der Verwendung wird dem Oxidationsmittel Ammoniak zugesetzt. Dieses bewirkt eine Quellung des Haares und macht es damit für das Oxidationsmittel durchlässig. Zudem wird der Abbau des Peroxids und dadurch die oxidierende Wirkung erhöht.
Auch der Zusatz von Perverbindungen wie Persulfat kann die Bleichwirkung erhöhen.
Nach dem Bleichen muss das Haar neutralisiert und mit Wasser nachgespült werden, um die entstandenen Salze zu entfernen.

Blondierpulver enthalten Puderstoffe, die das Blondiergemisch andicken. Zusätze von gelbildenden Stoffen verbessern die Konsistenz.

Blondieremulsionen können cremeförmig oder dünnflüssig sein. In jedem Fall handelt es sich um eine O/W-Emulsion. Die Ölphase hat hier eine gewisse Schutz- und Pflegewirkung, die man jedoch nicht überschätzen sollte.

Blondiergele haben als Grundlage gelbildende Substanzen.

Arten von Haarbleichmitteln

Merke:
Vor dem Blondieren dürfen die Haare nicht gewaschen werden, da das Sebum die Kopfhaut vor Irritationen schützen soll.
Man beginnt mit dem Auftragen des Blondiergemisches bei den Längen und Spitzen des Haares, da sich die noch wenig verhornten Haaransätze schneller aufhellen lassen.
Die zum Teil auftretende Grünfärbung gebleichter Haare erklärt sich durch Absorption von Kupfer-Ionen. Kupfer-Salze können im Leitungswasser enthalten sein (Kupferrohre). Daneben verwenden Schwimmbäder Kupferverbindungen als Algizid.

Inhaltsstoff	Wirkung
Alkalisierungsmittel z. B. Ammoniakwasser, alkalisch reagierende Salze	quellen das Haar, neutralisieren die Stabilisierungssäure des Wasserstoffperoxids
Blondierverstärker z. B. Peroxodisulfate	wirken zusammen mit Wasserstoffperoxid, verstärken und verlängern den Aufhellungsprozess
Trägersubstanzen z. B. Puderstoffe, Emulsionen, gelbildende Stoffe	geben dem Präparat seine Konsistenz, verhindern das Herablaufen, markieren behandelte Stellen
Netzmittel z. B. nichtionogene Tenside	erleichtern das Benetzen des Haares mit dem Blondiergemisch
komplexbildende Stoffe	überführen eventuell vorhandene Metallsalze in unschädliche Verbindungen
Farbstoffzusätze z. B. Blau oder Blauviolett	sollen unerwünschte Gelb-Orange-Nuancierungen durch Komplementärwirkung überdecken

Inhaltsstoffe von Blondierpräparaten

Um ein Herunterlaufen am Haar zu vermeiden, werden den Blondierpräparaten Verdickungsmittel wie Hydroxyethylcellulose und Methacrylpolymere zugesetzt. Haarschonend sollen Cholesterin, Fettalkohole, wasser- oder öllösliche Lanolinderivate wirken. Verwendet werden Blondiermittel in Form von Gelen, Emulsionen oder Breien.

Gele. Sie entstehen durch Mischen von wasserstoffperoxid-haltigen Emulsionen mit Blondierölen, die Ammoniak und Gelbildner enthalten. Als Gelbildner dienen Polyglycerin-Derivate oder Ammoniumseifen. Als Blondierverstärker können alkalische Peroxodisulfate und Natriummetasilikate eingesetzt werden. Der Vorteil der Gele ist, dass das Blondierergebnis bereits während der Behandlung wegen der Transparenz des Präparats beobachtet werden kann.

Blondiercremes. Wachse, Lanolin-Derivate, quartäre Polymere und kationische oberflächenaktive Stoffe bilden die ammoniakalische Cremebasis von Blondiercremes. Vor der Anwendung erfolgt die Mischung mit einer 6%igen bis 9%igen Wasserstoffperoxidlösung.

Blondierpulver. Die pulverförmigen Blondierpräparate enthalten Quellmittel, die ein Trocknen des Breis während der Anwendung verhindern sollen. Magnesiumcarbonat und Magnesiumoxid regulieren die Entwicklung des Sauerstoffs. Daneben sind als Verstärker Kalium-, Natrium- oder Ammoniumperoxodisulfat eingesetzt. Kurz vor der Anwendung werden die stark alkalischen Blondierpulver mit der 12%igen Wasserstoffperoxidlösung vermischt. Durch Blondierpulver wird eine starke Aufhellung erreicht.

Jede Blondierung stellt einen Eingriff in die Haarstruktur dar. Das Wasserstoffperoxid ist in Gegenwart von Ammoniak in der Lage, die Ionenbindungen und Disulfidbrücken des Haares anzugreifen. Bei der Oxidation der Disulfidbrücken entstehen als Intermediärprodukte Thiosulfonsäure, Thiosulfinsäureester und Disulfoxide. In gebleichtem Haar wurde nach Säurehydrolyse eine größere Cysteinsäuremenge als in ungebleichtem Haar gefunden, ein Befund, der die Oxidation der Disulfidbrücken untermauert.

Es ergibt sich eine größere Empfindlichkeit des Haares gegenüber Laugen und eine leichtere Verformbarkeit. Gebleichtes Haar quillt besonders leicht und zeigt eine veränderte Affinität zu Farbstoffen. Die bessere Dehnbarkeit des Haares weist auf eine teilweise Spaltung der Peptidbildung hin.

Die Kämmbarkeit des Haares wird verschlechtert, da die Cuticula rau und an den Rändern zackig wird. Nachbehandlungen des Haares auf der Basis kationenaktiver Verbindungen, die auf die beim Bleichen entstandenen Cysteinsäuregruppen leicht aufziehen, sind für die Pflege notwendig.

Mit zunehmender Konzentration des Wasserstoffperoxids werden auch die Haarschäden intensiver.

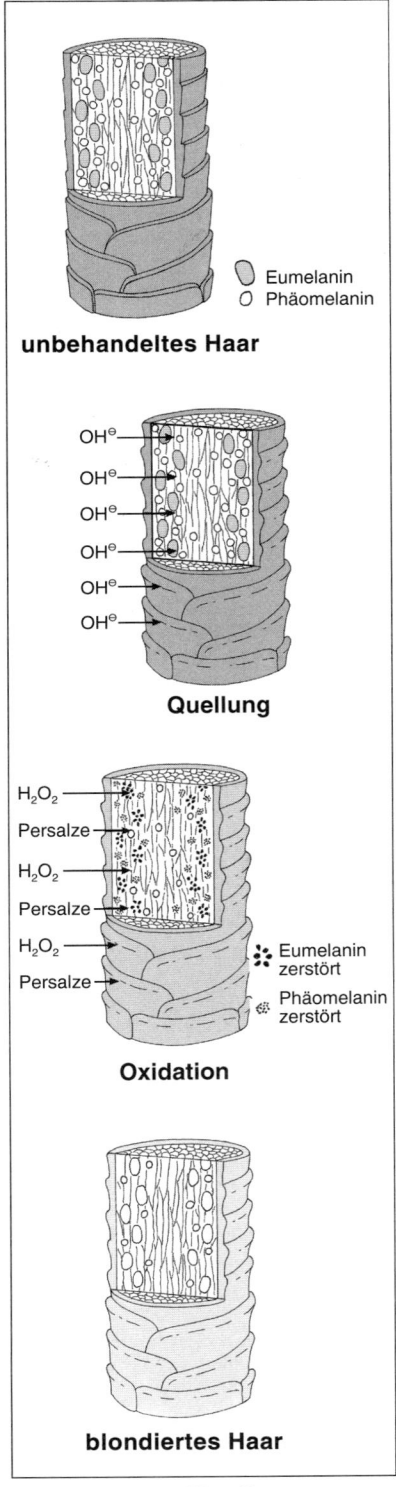

Eumelanin
Phäomelanin

unbehandeltes Haar

$OH^\ominus$

Quellung

H_2O_2
Persalze

Eumelanin zerstört
Phäomelanin zerstört

Oxidation

blondiertes Haar

Darstellung des Blondiervorgangs

Experimente

Versuch 1: Einfluss der Wasserstoffperoxidkonzentration auf das Blondierergebnis

Materialien: 3 Porzellanschalen, Spatel, Messzylinder, braune Haarsträhnen;
6%ige, 9%ige und 12%ige Wasserstoffperoxidlösung (fertige Produkte für den Friseur; Xi), Blondierpulver

Durchführung:
Schutzhandschuhe tragen!
1. Bereiten Sie drei Blondiergemische aus Blondierpulver und 6%iger, 9%iger und 12%iger Wasserstoffperoxidlösung zu.
2. Teilen Sie das Haar in drei Strähnchen.
3. Geben Sie die unterschiedlichen Gemische auf jeweils eine Haarsträhne.

Aufgabe: Vergleichen Sie die Wirkung der Gemische.

Versuch 2: Aufgabe des Blondierpulvers

Materialien: 2 Porzellanschalen, braune Haarsträhne;
Blondierpulver, 6%ige Wasserstoffperoxidlösung (Xi)

Durchführung:
1. Halbieren Sie die Haarsträhne.
2. Tauchen Sie die beiden Hälften in die Wasserstoffperoxidlösung.
3. Geben Sie auf eine der Strähnen etwas Blondierpulver.

Aufgabe: Beurteilen Sie das Bleichergebnis nach 30 Minuten.

Versuch 3: Bestimmung des pH-Werts

Materialien: 4 Bechergläser;
Universalindikatorpapier, Blondierpulver, 3%ige Wasserstoffperoxidlösung, Blondieremulsion, Blondiergel

Durchführung:
1. Geben Sie die Präparate in die Bechergläser.
2. Schlämmen Sie das Blondierpulver mit Wasser auf.
3. Prüfen Sie den pH-Wert mit dem Universalindikatorpapier.

Aufgaben:
a) Tragen Sie die Ergebnisse in eine Tabelle ein.
b) Begründen Sie den pH-Wert der einzelnen Produkte.

Versuch 4: Zusammensetzung von Haartönungsmitteln

Materialien: Becherglas (250ml), Chromatografiepapier;
2-Propanol (F), Haartönungsmittel

Durchführung:
1. Füllen Sie das Becherglas 1 cm hoch mit 2-Propanol.
2. Tragen Sie auf das Chromatografiepapier in 1,5 cm Höhe einen Tropfen Tönungsmittel auf und lassen Sie ihn antrocknen.
3. Setzen Sie das Papier in das Becherglas.

Aufgaben:
a) Beobachten Sie den Versuchsablauf.
b) Beschreiben Sie das Ergebnis.

Versuch 5: Überprüfung des pH-Werts

Materialien: Becherglas (50 ml), Universalindikatorpapier; Tönungsmittel

Durchführung:
1. Geben Sie einen Spritzer Tönungsmittel in ein Becherglas.
2. Geben Sie etwas Wasser hinzu.
3. Tauchen Sie das pH-Papier in die Lösung.

Aufgabe: Überprüfen Sie den pH-Wert verschiedener Tönungsmittel und halten Sie die Ergebnisse in einer Tabelle fest.

Versuch 6: Färben mit Pflanzenfarben

Materialien: Kochtopf (1000 ml), feinmaschiges Sieb; 40 g Kamillenblüten, 800 ml Wasser, 50 ml Zitronensaft

Durchführung:
1. Kochen Sie die Kamillenblüten etwa fünf Minuten im Wasser.
2. Filtrieren Sie den Sud ab und lassen Sie ihn abkühlen.
3. Tragen Sie den Sud im Wechsel mit Zitronensaft auf das gewaschene Haar auf. Lassen Sie die Flüssigkeit jeweils antrocknen. Spülen Sie nicht aus. Ergebnis: goldfarben.

Der Versuch kann (ohne Zitronensaft) auch mit folgenden Pflanzenteilen durchgeführt werden:
Salbei-Blätter (8 g auf 1000 ml Wasser, Ergebnis: dunkelbraun).
Lorbeer-Blätter (1 Handvoll auf 1000 ml Wasser, Ergebnis: Rotstich

Arbeitsblatt: Blondierpräparate

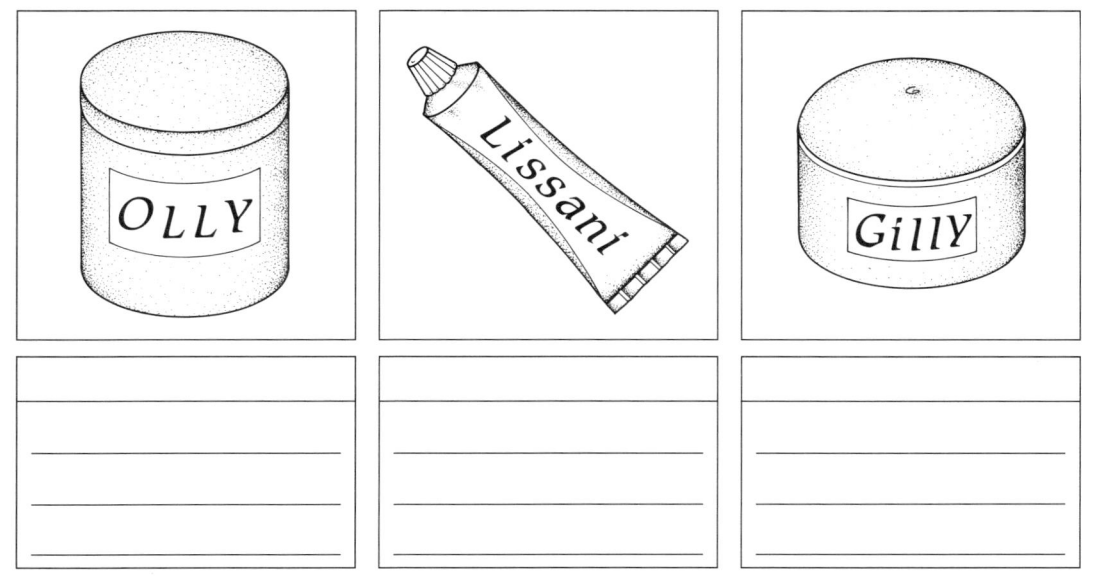

Diese Blondierpräparate enthalten:

Inhaltsstoff	Wirkung
Alkalisierungsmittel: Ammoniakwasser, alkalisch reagierende Salze	
Blondierverstärker: Peroxodisulfate	
Trägersubstanzen: Puderstoffe, gelbildende Stoffe, Emulsion	
Netzmittel: nichtionische Tenside	
komplexbildende Stoffe	
Farbstoffe (Blau)	

1. Benennen Sie die drei Blondierpräparate und geben Sie Unterscheidungsmerkmale an.
2. Beschreiben Sie die Wirkung der Inhaltsstoffe von Blondiermitteln.

Arbeitsblatt: Blondierung

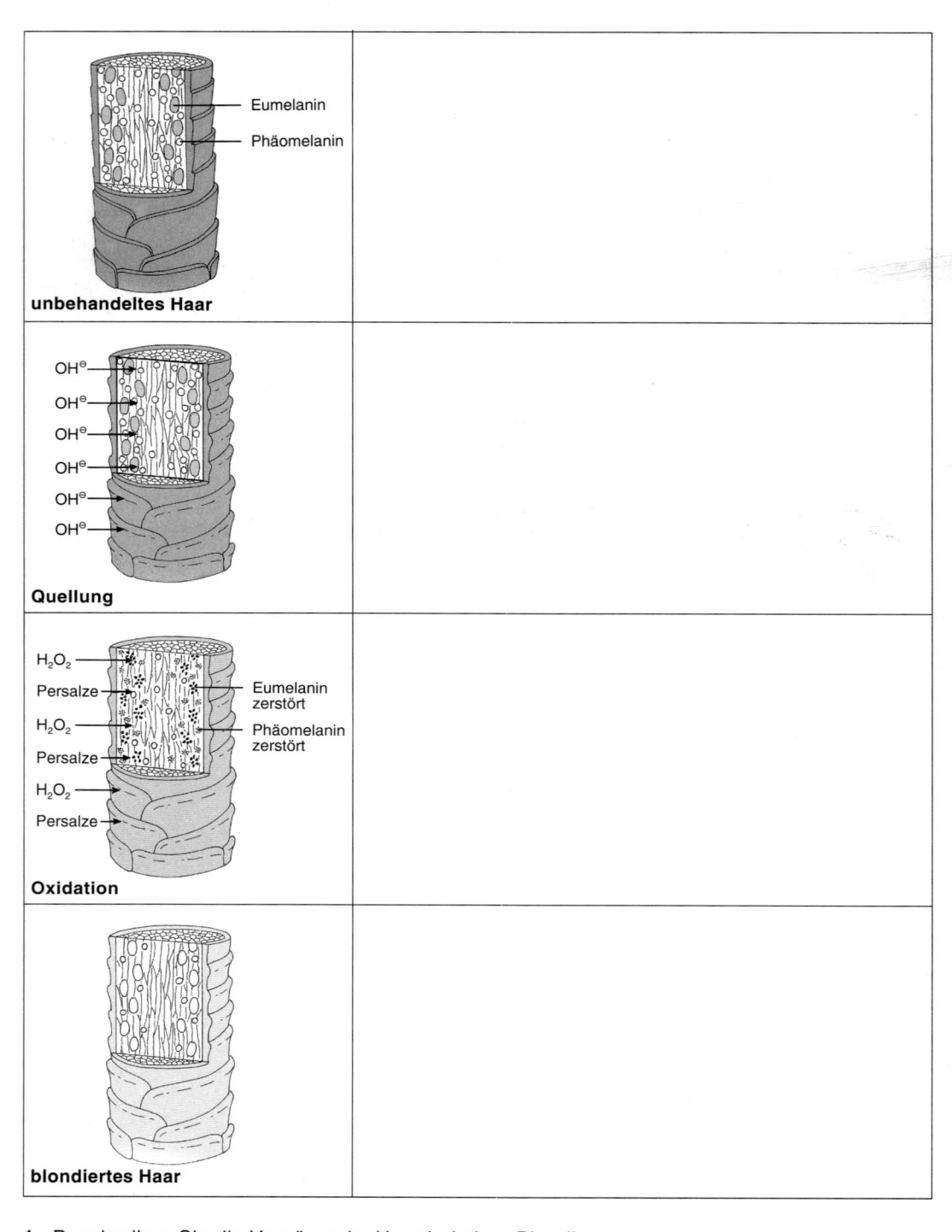

unbehandeltes Haar (Eumelanin, Phäomelanin)	
Quellung (OH⁻)	
Oxidation (H_2O_2, Persalze — Eumelanin zerstört, Phäomelanin zerstört)	
blondiertes Haar	

1. Beschreiben Sie die Vorgänge im Haar bei einer Blondierung.

8 Haarfärbemittel

Die Haarfärbemittel lassen sich in vier Gruppen einteilen:

1. pflanzliche Haarfarben
2. Direktfarben
3. Oxidationsfarben
4. Metallsalzhaarfarben.

Pflanzliche Haarfarben. Für das Haar sind die pflanzlichen Haarfärbemittel am unschädlichsten. Verwendet werden Henna und Reng, daneben Rhabarberwurzel, Nussbaumblätter, Schwarztee und Kamille. Ihr Färbevermögen ist verhältnismäßig schwach und die Wirkung aufgrund der immer schwankenden Bestandteile der Drogen wenig kontrollierbar.
Eine leichte Aufhellung, insbesondere blonder Haare, lässt sich mit Dekokten (Aufkochungen) und Tinkturen der Kamille erzielen. Hierbei färbt der gelbe Farbstoff Apigenin (4',5,7-Trihydroxyflavon), der auf das Haar aufzieht.
Der wichtigste Vertreter unter den pflanzlichen Farben ist Henna. Das Wort Henna bezeichnet die getrockneten Blätter und Zweige des Strauches *Lawsonia alba L*. Seine färbende Wirkung wird dem Lawson (2-Hydroxy-1,4-naphthochinon) zugesprochen.
Henna, das eine intensive rote Farbe besitzt, ist ein substantives Färbemittel. Weißes Haar wird durch Henna orangerot gefärbt. Bei gelegentlicher Verwendung ergibt sich eine Komplexfarbe, die abhängig von der natürlichen Haarfarbe ist. Kontinuierliche Haarfärbung mit Henna führt zu einer Ansammlung des Farbstoffs auf dem Haar. Gleich welcher natürliche Farbton vorliegt, wird das Haar dann orangerot gefärbt.
Verwendet wird Henna in Form von Tinkturen, wässrigen Extrakten und Breiumschlägen. Gelegentlich wird es auch in Shampoos eingearbeitet. Jedoch kommt es da weniger zur Geltung, da es seine stärkste Wirkung im sauren Bereich entfaltet. Die wässrigen Extrakte haben einen pH-Wert von 5,5.
Mit Henna allein können nur rötliche Schattierungen erhalten werden. Der Zusatz von Reng macht weitere Nuancen möglich. Unter Reng werden die gepulverten und getrockneten Blätter des *Indigofera argentea* verstanden, deren wirksamer Farbstoff Indigo ist.
Die Kombination von Henna mit Galläpfelpulver ergibt eine hellbraune, mit Rhabarberpulver eine blonde Tönung.
Der Farbstoff Lawson wird allein oder in Kombination mit anderen pflanzlichen Färbemitteln in Haarfärbeshampoos oder Cremes verwendet.
Weitere pflanzliche Färbemittel wie Blauholz, Orseille, Sumach, Catechu, Humus-Substanzen und Safran besitzen heute keine Bedeutung mehr.
Ein Vorteil der pflanzlichen Haarfarben liegt in ihrer Harmlosigkeit. Als Nachteil darf angeführt werden, dass die er-

Lawson

Orcein (färbender Bestandteil von Orseille)

Apigenin

Inhaltsstoff	Massenanteil
Reng	20 Teile
Henna	80 Teile
Applikationsdauer: 30 bis 45 Minuten	

Henna, rotblond

Inhaltsstoff	Massenanteil
Reng	67 Teile
Henna	33 Teile
Applikationsdauer: 30 Minuten, bei längerer Einwirkzeit (60 bis 120 Minuten) werden braune Töne erhalten	

Henna, blond

Inhaltsstoff	Massenanteil
Reng	75 Teile
Henna	25 Teile
Applikationsdauer: 4 Stunden und mehr	

Henna, schwarz

Inhaltsstoff	Massenanteil
Henna	28,5 Teile
Galläpfelpulver	28,5 Teile
Nussblätter, pulv.	43 Teile

Kastanienbraun

Inhaltsstoff	Massenanteil
Kamille	75 Teile
Henna	20 Teile
Lawson-Lösung in Hexylenglykol 5 %	1 Teil
Hexylenglykol	100 Teile
Citronensäure	0,5 Teile
Alkohol oder Wasser	50 Teile
Netzmittel	2 Teile

Kamillen-Henna-Lawson-Mischung

Orange II

Metanilgelb

Naphtholgelb

Methylviolett

Methylenblau

zielten Färbungen etwas unnatürlich erscheinen, zumal bei unsachgemäßer Anwendung auch die Kopfhaut eingefärbt wird. Gelegentlich kann das Haar trocken und spröde werden.

Direktfarben. Zu den Direktfarben zählen fertige Farbstoffe, die direkt auf das Haar aufziehen.
Die Färbung erfolgt durch oberflächliche Adsorption, da die Moleküle der direktziehenden Farbstoffe zu groß sind, um durch die Keratinschichten der Haare dringen zu können, selbst wenn diese durch Laugen gequollen und aufnahmebereiter sind.
Einige Farbstoffe sind jedoch in der Lage, das Haar fast völlig zu durchdringen und sich so fest in die Haarstruktur einzuordnen, dass sie nur schwer wieder zu entfernen sind. Es dürfte sich hierbei um verschiedene Nitroaromaten handeln, die auch als Farbbasen in Oxidationshaarfarben verwendet werden.
Eingesetzt werden die Farbstoffe vorwiegend in Tönungsmitteln wie Tönungsspülungen, -festigern, -shampoos und -sprays. Diese Tönungsmittel führen nur leichte Farbveränderungen des Haares herbei, im Wesentlichen frischen sie den natürlichen Farbton auf.
Die für die Tönung verwendeten Farbstoffe sind vorzugsweise Dispersionsfarbstoffe, in erster Linie Azo- oder Anthrachinonderivate.
Das Aufziehvermögen der Dispersionsfarbstoffe wird durch den Einsatz von Netz- und Dispersionsmitteln verbessert. Saure Farbstoffe (u. a. Azofarbstoffe), die im Allgemeinen wasserlöslich sind, zeigen eine starke Affinität zu Eiweißkörpern. Sie können mit den basischen Gruppen der Proteine unter Salzbildung reagieren. Verwendet werden unter anderem Orange II, Metanilgelb, Naphtholgelb S, Naphtholgrün B und Brillantblau FCF. Die verschiedenen Nuancen werden durch Mischen der Farbstoffe erreicht.
Normalerweise bleiben die Farbstoffe nur bis zur nächsten Haarwäsche auf dem Haar. Auf gebleichtem oder dauergewelltem Haar, das aufnahmefähiger ist, haften die Farbstoffe jedoch besser.
Für Spülungen werden auch **Triphenylmethanfarbstoffe** (Methylviolett) und **Thiazinfarbstoffe** (Methylenblau) verwendet. Sie dienen vorzugsweise zur Kompensierung von vergilbtem, weißem Haar.
Aus alkalischer Lösung geben verschiedene **Nitroaromaten** wie 4-Nitro-2-aminophenol, 4-Nitro-1,2-phenylendiamin, 2-Nitro-1,4-phenylendiamin und 4,6-Dinitro-2-aminophenol dem Haar gelbe, rote bis violette Töne.

Metallkomplexfarbstoffe ziehen gut auf das Haar auf. Verwendet werden Komplexe des Chroms oder Cobalts. Dienen Azofarbstoffe als Farbgrundmoleküle, ist der gesamte Farbbereich erhältlich.

Gegen den Einsatz von **Reaktivfarbstoffen**, z. B. Dichlortriazin und Trichlorpyrimidin, mit denen eine beständige Haarfärbung erreicht werden kann, bestehen Bedenken, da nicht nur das Haar, sondern auch die Hornschicht der Kopfhaut mit ihnen reagiert.

Oxidationshaarfarben. Die Direktfarben werden in ihrer Wirkung und Haltbarkeit von den Oxidationshaarfarben übertroffen, da die Färbung durch chemische Reaktion bis ins Innere der Haare erfolgt. Die Färbepräparate gestatten eine Farbgebung, die vom hellsten Blond bis Schwarz reicht. Es ist möglich Farbziele zu erreichen, die bis zu zwei Farbstufen heller als der natürliche Farbton sind. Soll mehr als zwei Farbstufen aufgehellt werden, ist eine vorangehende Blondierung notwendig.

Die Oxidationshaarfärbepräparate bestehen im Prinzip aus der *Farbbase* (Farbzwischenprodukt) und dem *Oxidationsmittel*. Die Moleküle der Farbbase sind klein genug, um durch das Keratin, wenn dieses durch Einwirkung von Wasser und Laugen aufgelockert wurde, bis ins Innere des Haarschafts zu dringen. Hier vollzieht sich unter dem Einfluss des Oxidationsmittels die Kupplungsreaktion, und der eigentliche Farbstoff wird gebildet. Als Farbbasen dienen im Allgemeinen *o*- und *p*-Diamin- und Aminohydroxyverbindungen des Benzols und einige Homologe. Die wichtigsten Farbzwischenprodukte sind das *p*-Phenylendiamin und das *p*-Toluylendiamin.

p-Phenyldiamin ist, da es als stärkeres Allergen als das *p*-Toluylendiamin gilt, nicht in der Bundesrepublik, aber in den USA, Italien und Japan erlaubt.

Die hautreizende Wirkung des *p*-Toluylendiamin wurde durch Einführung der Sulfogruppe in das Molekül herabgesetzt. Somit ist das *p*-Toluylendiaminsulfat der Hauptfarbstoffträger aller modernen Haarfarben.

> Seit einiger Zeit bietet der Kosmetik-Markt Produkte an, die ergrautem Haar langsam wieder seine ursprüngliche Farbe zurückgeben sollen. Diese Präparate enthalten Farbbasen, die durch den Luftsauerstoff zum fertigen Farbstoff oxidiert werden.

Präparat	Inhaltsstoffe	Verwendung
Tönungsfestiger	Direktfarbstoffe, Kunstharze, Tenside, Wasser/Alkohol-Gemisch	leichte Farbkorrektur
Tonspülungen	Direktfarbstoffe, Tenside, Wasser	leichte Farbkorrektur
Tönungsshampoos, Schaumtönungen	Direktfarbstoffe in höheren Konzentrationen, Tenside	stärkere Farbkorrektur modische Nuancierungen
Tönungsemulsionen	intensiv wirkende Direktfarbstoffe, Tenside, Emulsionsgrundlage	deckt einzelne graue Haare ab, kräftige Nuancierungen
Colorationen, Intensivtönungsmittel	Direktfarbstoffe, Oxidationsfarbstoffe, 1 % bis 3 % Wasserstoffperoxid, Tenside, Verdickungsmittel	deckt graue Haare gut ab Übergang zur Haarfärbung

Arten von Tönungspräparaten

Oxidationshaarfarben

Die Bildung des Farbstoffmoleküls läuft bei der oxidativen Haarfärbung in drei Schritten ab:

1. *p*-Toluylendiamin wird zunächst durch Oxidation in ein Chinondiimid übergeführt.

2. Das Chinondiimid kuppelt in einer Kondensationsreaktion mit zwei weiteren Molekülen *p*-Toluylendiamin.

3. Das Reaktionsprodukt geht nach weiterer Oxidation in ein Farbstoffmolekül über, das große Affinität zum Haarkeratin aufweist.

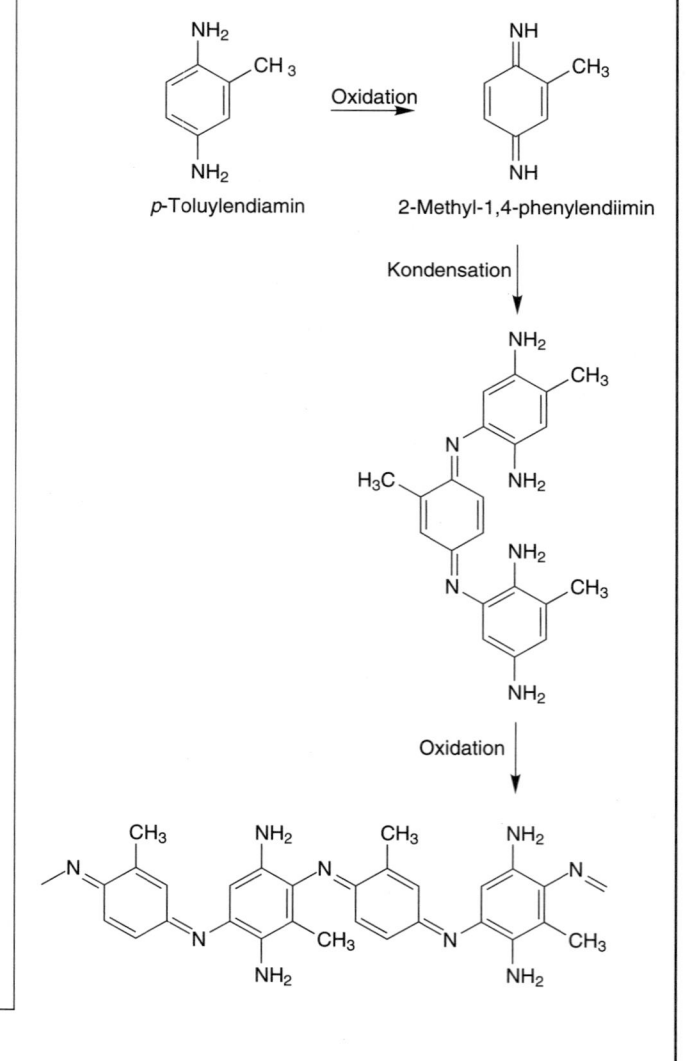

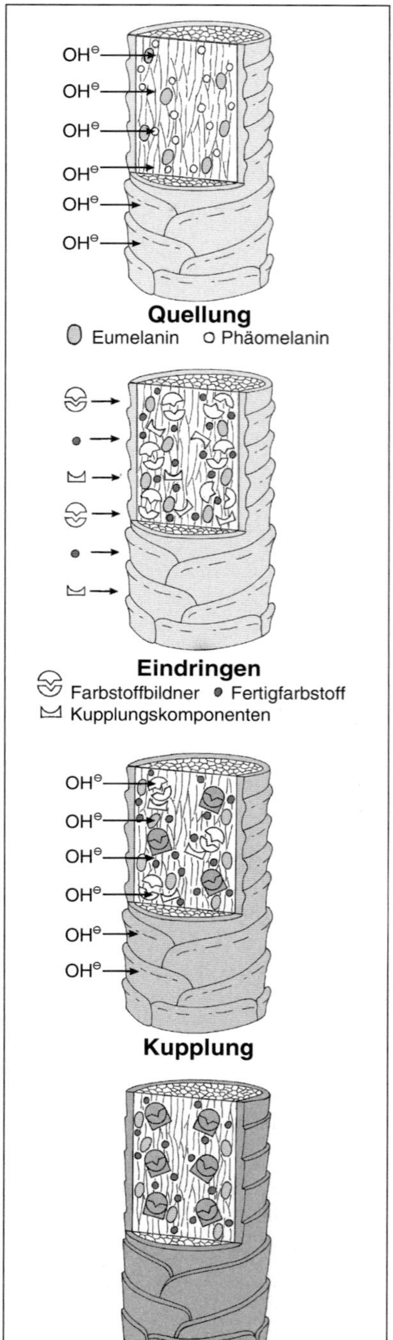

Quellung
○ Eumelanin ○ Phäomelanin

Eindringen
Farbstoffbildner ● Fertigfarbstoff
⋈ Kupplungskomponenten

Kupplung

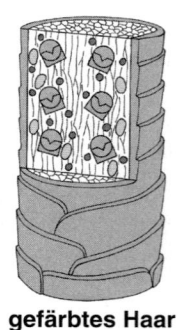

gefärbtes Haar

Der Färbevorgang mit Oxidationshaarfarben

Färbung	Farbbase	
hellblond bis braun	Toluylen-2,5-diamin	$H_2N-\underset{CH_3}{C_6H_3}-NH_2$
	Toluylen-2,5-diaminsulfat	$H_2N-\underset{CH_3}{C_6H_3}-NH_2 \cdot H_2SO_4$
hellgrau bis dunkelviolett	p,p'-Diaminodiphenylamin	$H_2N-C_6H_4-NH-C_6H_4-NH_2$
kastanienbraun	p-Aminophenol	$H_2N-C_6H_4-OH$
schwach blond	m-Aminophenol	(OH und NH$_2$ in meta-Stellung am Benzolring)
gelbbraun	o-Aminophenol	(NH$_2$ und OH in ortho-Stellung am Benzolring)
strohgelb	o-Phenylendiamin	(zwei NH$_2$ in ortho-Stellung am Benzolring)
hellbeige bis weinrot	2,4-Diaminophenol	(OH mit zwei NH$_2$ in 2- und 4-Stellung am Benzolring)

Farbbasen in Oxidationshaarfarben

Inhaltsstoff	erwünschte Wirkung
Farbstoffbildner (Farbbasen) PTD ≙ para-Toluylendiamin PPD ≙ para-Phenylendiamin	ermöglichen, dass auch unpigmentierte Haare in jeder gewünschten Farbtiefe eingefärbt werden können
Kupplungskomponenten	erlauben auch eine Nuancierung, machen das Farbergebnis dadurch in seiner Wirkung natürlicher
Fertigfarbstoffe	ergänzen das mit Farbstoffbildnern und Kupplungskomponenten erzielbare Ergebnis
Alkalisierungsmittel, z. B. Ammoniakwasser	quellen das Haar, um den Farbstoffen das Eindringen zu erleichtern; neutralisieren die Stabilisierungssäure des Wasserstoffperoxids; einige neuere Produkte wirken im sauren Bereich und kommen ohne Alkalisierungsmittel aus
Trägermasse, z. B. Emulsionen, Gele oder Mischformen aus beiden	geben dem Färbegemisch eine festere Konsistenz; verhindern das Herablaufen und markieren bereits behandelte Stellen
Netzmittel, Tenside	setzen die Oberflächenspannung herab; erleichtern das Aufziehen aufs Haar
Duftstoffe	sollen den störenden Ammoniakgeruch überdecken

Inhaltsstoffe von Haarfärbemitteln

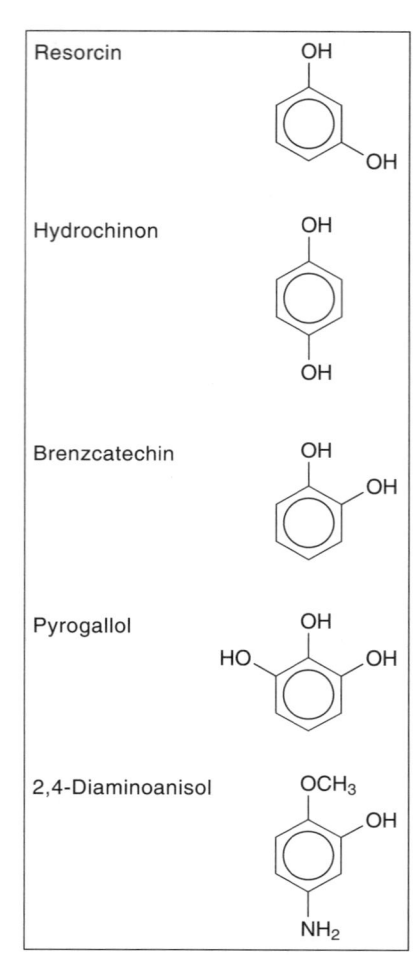

Modifiziermittel (Kupplungskomponenten)

- Resorcin
- Hydrochinon
- Brenzcatechin
- Pyrogallol
- 2,4-Diaminoanisol

Neben den Farbbasen werden so genannte **Modifiziermittel** eingesetzt, die sich in der Kupplungsreaktion mit den Farbbasen verbinden und den Farbton ändern oder stabilisieren können. Brenzcatechin dient als Nuanceur für graue Töne. Der Farbton einer schwarzbraunen Haarfärbung wird durch Pyrogallol in einen dunklen Goldton geändert. Auch Hydrochinon bewirkt diese Farbänderung. 2,4-Diaminoanisol (und -sulfat) dienen zum Blauerstellen von Schwarzfärbungen.

Da eine Haarfärbung in 20 bis 30 Minuten beendet sein soll, müssen die Farbbasen leicht oxidierbar sein. Um diese Reaktion während der Lagerung zu vermeiden, werden der Farbbasenkomponente Antioxidantien wie Natriumsulfit, Ascorbinsäure und Thioglykolsäure zugesetzt. Die Oxidationsfarben werden mit Ammoniak alkalisch, meist auf pH 9 – 10, eingestellt. Hiermit wird für eine Auflockerung der oberen Haarschicht gesorgt und das Eindringen der Farbbase ins Haar ermöglicht.

Um das Lösungsvermögen einiger Farbbasen in Wasser zu verbessern, werden verdünnte Alkohole (Ethanol, 2-Propanol) oder Glykole zugesetzt.

Vor der Haarfärbung wird die Farbbasenkomponente mit dem Oxidationsmittel zusammengemischt. Als solches dient eine 5%ige bis 6%ige Wasserstoffperoxidlösung. Diese muss für die Lagerung stabilisiert werden.

Die Haarfärbepräparate werden als Shampoofarben sowie als Cremes oder Flüssigkeiten in den Handel gebracht.

Die flüssigen Oxidationshaarfarben sind wässrige oder alkoholisch wässrige Lösungen der Farbbasenkomponente.

Die Shampoohaarfarben enthalten grenzflächenaktive Substanzen. Diese beschleunigen als Netzmittel das Anfärben des Haares und helfen nach Beendigung der Färbung beim Auswaschen der unverbrauchten Chemikalien aus dem Haar. Bei der Auswahl der grenzflächenaktiven Substanzen ist zu beachten, dass z.B. Türkischrotöle die Farbe aus dem Haar wieder entfernen können. Alkylarylsulfonate werden vom Haar absorbiert und können das Eindringen der Farbbase in das Haar erschweren.

Daneben können die Shampoos Fettstoffe enthalten, die das Haar schützen und rückfetten sollen.

Die Cremehaarfarben basieren fast ausschließlich auf O/W-Emulsionen. Die cremeförmigen Haarfärbemittel besitzen den Nachteil, dass die Entwicklung der Farbe nicht gut gesehen werden kann. Diesen Nachteil versucht man durch Präparate in Gelform zu verbessern.

Wimpern- und Augenbrauenfärbung. Für die Färbung von Wimpern und Augenbrauen finden als Farbbasen *p*-Toluylendiamin, *m*-Toluylendiamin, *p,p'*-Diaminodiphenylamin und Resorcin Verwendung. Um eine Reizung der Augen durch Ammoniak zu vermeiden, werden die Präparate wie folgt angesetzt:

p-Toluylendiamin wird mit Wasser angeschwemmt und eine bestimmte Menge Ammoniumhydroxid zugesetzt.

Nach einer Ruhezeit bilden sich zwei Schichten aus, von denen die untere überflüssiges Wasser und Ammoniak, die obere die Farbbase enthält. Die Mischung mit der Farbbase wird nun nach Zusatz von Wasser aufgekocht. Das überschüssige Ammoniak entweicht und es entsteht eine neutral reagierende Augenbrauen- und Wimpernfarbe.
Emulsions- oder gelförmigen Präparaten wird anstelle von Ammoniak Triethanolamin zugesetzt. Bei der Anwendung wird der Farbbasenkomponente nur wenig Wasserstoffperoxid zugesetzt, da auch dieses zu Augenschädigungen führen kann.

Metallsalzhaarfarben. Diese Produkte haben heute eine geringere Bedeutung und werden in der Friseurpraxis allenfalls zum Färben von Augenbrauen und Wimpern verwendet.
Für den Hausgebrauch werden sie als so genannte „Haarfarbenwiederhersteller" vertrieben, eine Bezeichnung, die irreführend ist. Man glaubte zunächst, dass die Salze mit dem Schwefel des Haarkeratins Sulfide bilden und sich in den Haarschaft fest einlagern. Heute ist man der Ansicht, dass die Salze unter dem Einfluss von Licht und Luft oder eines Entwicklers unlösliche Oxide oder Sulfide bilden, die sich außen am Haarschaft ansammeln.
Verwendet werden die Salze des Silbers, Kupfers, Nickels, Cobalts, Mangans oder Eisens.
Verboten sind in Deutschland die Salze von Cadmium, Arsen, Chrom, Quecksilber, Blei, Gold, Selen, Tellur und Thallium.
Die Salze werden in den Präparaten allein, aber auch in Mischungen eingesetzt, mit denen bessere Tönungen erzielt werden können. Die Präparate bestehen aus einer Metallsalz- und Entwicklerlösung. Als Entwickler kommen Pyrogallol, Tannin, Natriumsulfid oder Natriumthiosulfat in Betracht.
Bei der Anwendung wird das Haar zunächst gewaschen und die Entwicklerlösung aufgetragen. Anschließend wird die Metallsalzkomponente in das Haar gegeben.
Eine Kombination mit Henna und Metallsalzhaarfarben ist möglich. Bei der Färbung ist Wärme notwendig. Die Tönungen sind natürlicher als solche, die nur mit Metallsalzen erzielt werden. Jedoch werden auch diese Produkte kaum noch verwendet.
Ein Nachteil der Metallsalzfarben liegt darin, dass die mit ihnen gefärbten Haare auf die Dauer staubig aussehen, Metallglanz entwickeln und spröde werden. Daneben gelingen Dauerwellen nicht. Auch darf das Haar nicht mit Oxidationshaarfarben gefärbt, gebleicht oder mit Wasserstoffperoxid fixiert werden. Die Metallsalzfarben bewirken eine starke Zersetzung des Wasserstoffperoxids, welche sich haarschädigend auswirken kann.

Inhaltsstoff	Massenanteil in %
Schwarztöne	
kräftiges Schwarz:	
p-Toluylendiaminsulfat	1
2,4-Diaminoanisolsulfat	1
gutes, tiefes Schwarz:	
p,p'-Diaminodiphenylamin	0,5
p-Toluylendiaminsulfat	0,5
2,4-Diaminoanisolsulfat	0,5
m-Toluylendiamin	0,5
Brauntöne	
Braun:	
Aminophenol	1
p-Toluylendiaminsulfat	1
Dunkelrot bis Schwarzrot:	
m-Aminophenol	1
p-Toluylendiaminsulfat	1
Mittel- bis Rotbraun:	
Aminophenol	0,5
p-Toluylendiaminsulfat	0,5
p-Nitro-o-aminophenol, Natriumsalz	0,5
Rot- und Blondtöne	
Tizianrot:	
p-Aminophenol	1,5
Toluylendiamin	0,5
Mittelblond:	
p-Aminophenol	0,5
o-Aminophenol	0,5
Haselnussblond:	
Pyrogallol	0,2
Resorcin	0,7
p-Toluylendiamin	0,001
2,4-Diaminoanisolsulfat	0,02
m-Aminophenol	0,2
Naphthol	1,7

Rezepturen für Oxidationshaarfarben

Arbeitsblatt: Haartönungsmittel und Haarfärbemittel

Haartönungsmittel	Verwendung	wichtige Inhaltsstoffe
	leichte Farbkorrekturen bei gleichzeitiger Festigung der Frisur	Fertigfarbstoffe in geringer Konzentration, Kunstharze, Tenside, Wasser und Alkohol als Lösungsmittel
	Farbkorrekturen, Farbtonauffrischungen	Fertigfarbstoffe, Tenside, Wasser als Lösungs- und Verdünnungsmittel
	stärkere Farbkorrekturen, modische Nuancierungen, Auffrischungen bei ausgebleichten, gefärbten Haaren	Fertigfarbstoffe in höherer Konzentration, Tenside als Netzmittel und Schaumbildner, bei Schaumtönungen Treibgas
	Abdeckung von Weißanteilen bis 30 %, kräftige Nuancierungen besonders im Rotbereich, intensive modische Farbeffekte	konzentrierte, intensiv wirkende Fertigfarbstoffe, Tenside, häufig Emulsionen als Trägersubstanz

Inhaltsstoffe von Haarfärbemitteln	erwünschte Wirkung
	ermöglichen, dass auch unpigmentierte Haare in jeder gewünschten Farbtiefe eingefärbt werden können
	erlauben auch eine Nuancierung; machen das Farbergebnis dadurch in seiner Wirkung natürlicher
	ergänzen das Farbergebnis
	quellen das Haar, um den Farbstoffen das Eindringen zu erleichtern; neutralisieren die Stabilisierungssäure des Wasserstoffperoxids; einige neuere Produkte wirken im sauren Bereich und kommen ohne diese Stoffe aus
	geben dem Färbegemisch eine festere Konsistenz; verhindern das Herablaufen und markieren bereits behandelte Stellen
	setzen die Oberflächenspannung herab; erleichtern das Aufziehen aufs Haar
	sollen den störenden Ammoniakgeruch überdecken

1. Ergänzen Sie die Tabellen mit folgenden Begriffen:

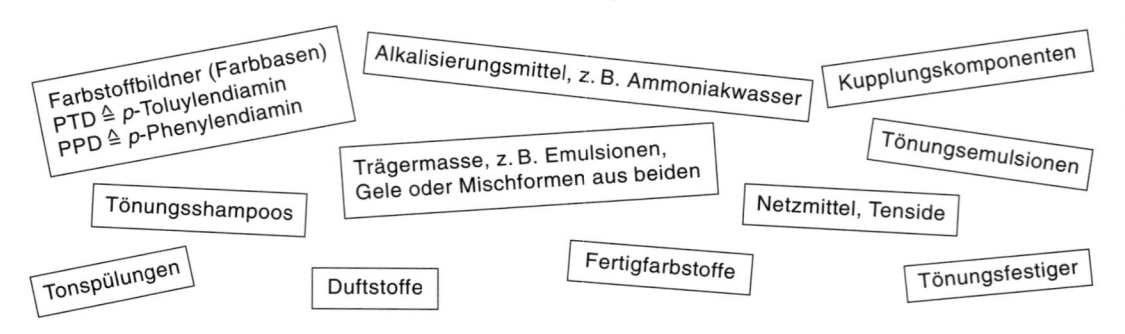

- Farbstoffbildner (Farbbasen) PTD ≙ p-Toluylendiamin PPD ≙ p-Phenylendiamin
- Alkalisierungsmittel, z. B. Ammoniakwasser
- Kupplungskomponenten
- Tönungsshampoos
- Trägermasse, z. B. Emulsionen, Gele oder Mischformen aus beiden
- Tönungsemulsionen
- Netzmittel, Tenside
- Tonspülungen
- Duftstoffe
- Fertigfarbstoffe
- Tönungsfestiger

Arbeitsblatt: Der Färbevorgang im Haar

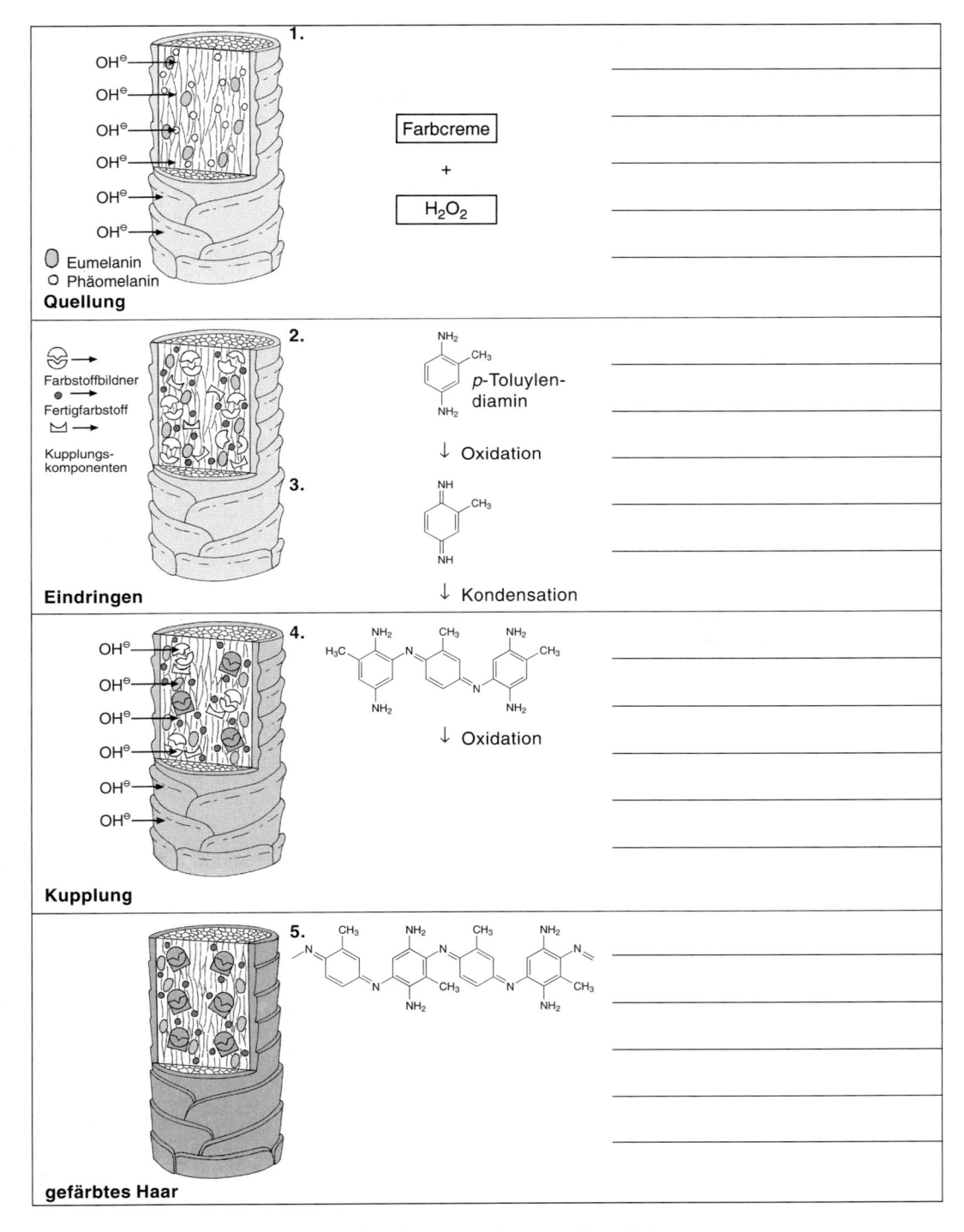

1. Quellung

OH⁻ (mehrfach)
Eumelanin
Phäomelanin

Farbcreme + H_2O_2

2. Eindringen

Farbstoffbildner
Fertigfarbstoff
Kupplungskomponenten

p-Toluylendiamin

↓ Oxidation

3.

↓ Kondensation

4. Kupplung

OH⁻ (mehrfach)

↓ Oxidation

5. gefärbtes Haar

---

1. Beschreiben Sie die einzelnen Schritte der oxidativen Haarfärbung.

9 Parfüme

Gewürze waren schon im frühesten Altertum wichtige Handelsgüter. Der bedeutendste Lieferant war Asien, insbesondere Arabien und Indien.
Schon im 3. bis 2. Jahrtausend vor Christus führten von dort Handelsstraßen bis hin zum Schwarzen Meer und zum Mittelmeer.
Durch die Phönizier, das erste erfolgreiche Handelsvolk des Altertums, wurde das Welthandelsgebiet bis nach Westeuropa erweitert.
Begehrt waren Gewürze wegen ihres Wohlgeschmacks und Wohlgeruchs. Dass man bald begann, nach den Ursachen des Dufts und Wohlgeschmacks zu fragen, ist nicht verwunderlich.
Die Quintessenz der Gewürze und Kräuter, die als fünftes Element neben Feuer, Wasser, Erde und Luft von den griechischen Philosophen postuliert wurde, erweckte das Interesse.
Man suchte die duftenden Stoffe, eben die Quintessenzen, die riechenden Prinzipien aus den Pflanzen zu gewinnen, was auch in bemerkenswert vielen Fällen in Form von Duftwässern und Salben gelang. Diese waren jahrhundertelang die einzigen Formen, in denen die Duftstoffe erhältlich waren.
Mit fortschreitender Entwicklung wurde es möglich, die reinen Duftstoffe als ätherische Öle zu isolieren.

Fast 90 % der ätherischen Öle werden durch **Wasserdampfdestillation** gewonnen. Für das Gelingen der Destillation ist wichtig, dass sich die ätherischen Öle nur wenig in Wasser lösen. Der Wasserdampf erfüllt nun folgende Funktionen. Zunächst befeuchtet er das Pflanzenmaterial und bringt so die Zellwände zum Quellen, er öffnet und erweitert damit kapillare Spalten. Dieser Umstand ermöglicht, dass auch im Innern des Gewebes gelagerte Öle nach außen diffundieren können. Eine Dampftemperatur von 100 °C sichert ausreichende Flüchtigkeit der Öle, ist aber nicht hoch genug, um unerwünschte Zersetzungen der Ölkomponenten einzuleiten. Innerhalb der Apparatur verdrängt der Wasserdampf den Luftsauerstoff und wirkt so möglichen Oxidationen einiger Inhaltsstoffe der ätherischen Öle entgegen.
Der Wasserdampf führt nun den zugemischten Dampf des ätherischen Öls mit und schlägt sich zusammen mit ihm im Kondensator nieder. Infolge der geringen Löslichkeit des Öls in Wasser trennt sich das Destillat in eine wässrige Schicht und eine leicht abzutrennende Ölschicht. Sind geringe Mengen des Öls im Destillationswasser gelöst, so leitet man dieses in die Destillationsblase zurück, um Verluste bei wertvollen Ölen zu vermeiden.

Die durch Mazeration, Enfleurage und Extraktion mittels flüchtiger Lösungsmittel gewonnenen Produkte werden als

---

Ätherische Öle sind flüchtige, in Wasser schwer lösliche, ölartige, mitunter bei Zimmertemperatur erstarrende Flüssigkeiten, die aus pflanzlichen Ausgangsstoffen durch Wasserdampfdestillation, Ausziehen mit flüchtigen Lösungsmitteln oder Auspressen gewonnen werden.

Definition: ätherische Öle

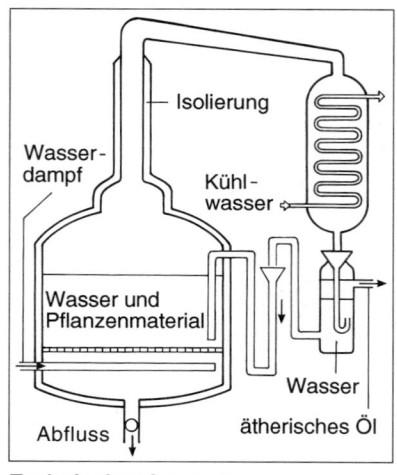

Technischer Apparat für die Pflanzendestillation

Die Erforschung des Dufts „lebender Pflanzen" ist für die Parfümeure von besonderem Interesse. Es lassen sich Substanzen nachweisen, die in den ätherischen Ölen nicht enthalten sind, aber durch ihre besondere Note den Duft „abrunden". Die synthetisch hergestellten Substanzen ermöglichen den Parfümeuren neue Kreationen.

Duft-Forschung

konkrete bzw. *absolute Öle* bezeichnet; die aus diesen durch Wasserdampf gewonnenen Produkte als *ätherische Öle*.

Mazeration und Enfleurage nutzen die Fähigkeit der Fette zur Absorption flüchtiger Stoffe aus, richten sich aber in ihrem Einsatz nach dem Typus der zu extrahierenden Blüten. Die Blüten, in welchen das ätherische Öl in Ölzellen abgelagert ist, können mit gutem Erfolg mazeriert werden. Der Enfleurage werden Blüten unterworfen, die nur wenig Öl enthalten, aber solange sie nicht verwelkt sind, noch reichlich Öl nachproduzieren.

Die **Mazeration** empfiehlt sich bei Orangenblüten, Rose, Veilchen und Cassie. Die Blüten werden in das flüssige Fett eingetragen und nach dem Extraktionsprozess durch Zentrifugieren entfernt. Sie können aber auch in porösen Säckchen in das Fett gehängt werden. Die Temperatur des Fettes beläuft sich etwa auf 50 °C bis 70 °C. Nach etwa 10- bis 15-maliger Erneuerung des Pflanzenguts hat sich das Fett mit ätherischen Ölen angereichert. Die Produkte, die Pomaden, welche je nach Blütenart gelb, grün oder orange gefärbt sind, werden entweder direkt als Salben verwendet oder weiter aufgearbeitet.

Die **Enfleurage** wurde etwa 1750 in Grasse (Frankreich) zur Gewinnung von ätherischen Ölen aus Blüten eingeführt. Sie erzielt lohnende Ergebnisse bei Jasmin, Tuberosen, Reseda und Maiglöckchen.

Bei der Enfleurage wird auf in Holzrahmen gefasste Glasplatten (Chassis) von 58 cm bis 80 cm Länge und 5 cm Höhe, eine 3 mm hohe Fettschicht, die zu 2/3 aus Schweineschmalz und zu 1/3 aus Rindertalg besteht, beiderseitig aufgetragen.

Eine der Fettschichten wird nun mit 30 g bis 80 g ausgesuchter und unbeschädigter Blüten bestreut. 30 bis 40 Chassis werden übereinander gestellt, und zwar in der Weise, dass sich die Blüten jeweils zwischen zwei Fettschichten befinden. Auf diese Weise werden auch flüchtigere Ölbestandteile durch die oberen Fettschichten aufgefangen. Die Blüten bleiben so lange auf dem Fett, bis sie erschöpft sind. Die Verweilzeit ist unterschiedlich und beträgt bei Tuberosen ungefähr 72 Stunden, bei Jasmin 24 Stunden. Danach erneuert man die Blüten, und zwar so oft, bis das Fett mit den Duftstoffen angereichert ist. Um 1 kg Fett mit Jasminblütenöl zu sättigen, sind 1,5 kg bis 3 kg Blüten notwendig. Das Produkt kommt entweder als Blütenpomade in den Handel oder wird weiterverarbeitet.

Um die Duftstoffe aus den Pomaden zu isolieren, werden diese mit 97 %igem Ethanol versetzt. Die Extraktion verläuft bei unterschiedlichen Temperaturen. Sind durch Alkoholyse bedingte Reaktionen zu befürchten, arbeitet man bei Raumtemperatur. Unempfindlichere Blütenstoffe können dagegen bei 45 °C bis 60 °C behandelt werden. Die Alkoholauszüge werden durch starkes Abkühlen, welches

Destillation von Lavendel

1. Blüten, Knospen
2. Blätter, Nadeln, Gräser
3. Stamm, Zweige, Rinde
4. Wurzel, Rhizome
5. Früchte, Samen
6. natürliche und pathologische Ausscheidungen (Harze, Balsame)

Entstehungsorte ätherischer Öle in der Pflanze

Nach Art ihres chemischen Aufbaus lassen sich drei große Kategorien von Riechstoffstrukturen formulieren:
– Mono-, Sesqui- und Diterpene, terpenoide Verbindungen
– Aromaten
– aliphatisch geradkettige und wenig verzweigte sowie aliphatisch–alicyclische Komponenten.

Bis in die 50er Jahre wurden die Riechstoffe mit *Terpen- oder terpenoiden* Strukturen fast ausschließlich aus Isolaten hergestellt, die man durch fraktionierte Destillation aus ätherischen Ölen gewann. Man ist jedoch heute in der Lage, die halbsynthetischen Riechstoffe auch vollsynthetisch herzustellen.

Die *Aromaten* werden zum Teil aus ätherischen Ölen gewonnen oder synthetisiert. Bei den Aromaten lässt sich der Einfluss funktioneller Gruppen auf den Geruch verfolgen. Elektronen anziehende Gruppen bewirken mandelige bis zimtige Noten, Phenole typisch medizinisch-animalische Geruchstypen. Auch die Stellung der Substituenten bewirkt charakteristische Grundnoten:

para: Anis
meta: Nuss
ortho: süß-aromatisch bis faulig medizinisch

Die *aliphatischen* Verbindungen werden rein synthetisch hergestellt, da die jeweiligen Konzentrationen in den Pflanzen zu klein sind, um als Isolat in Frage zu kommen.

Riechstoffe

Die Bruttoformel der Terpene stellt ein Vielfaches von C_5H_8 dar. Theoretisch lassen sich die Terpene durch regelmäßige Addition von *Isopreneinheiten* aufbauen. Je nach Anzahl der Isopreneinheiten unterscheidet man:

	Isopreneinheiten
Monoterpene	2
Sesquiterpene	3
Diterpene	4
Triterpene	5
Tetraterpene	8
und hochmolekulare Polyterpene	

Terpene

die Ausscheidung gelöster Fette und Wachse bedingt, und sich anschließendes Zentrifugieren oder Filtrieren von diesen störenden Anteilen befreit. Man erhält so relativ reine Lösungen der Blütenöle. Durch Abdestillieren des Alkohols im Vakuum gelangt man zu den absoluten Ölen. Aus diesen können die ätherischen Öle mittels Wasserdampf isoliert werden.

Als flüchtige **Extraktionsmittel** dienen Petrolether, Benzin, Toluol, Ethanol, Methanol oder Aceton. Um eine vollständige Durchdringung des Pflanzenmaterials zu erzielen, werden die Hölzer, Wurzeln, Saaten, Moose, Harze oder Balsame zunächst zerkleinert. Anschließend werden die Pflanzenteile getrocknet. Dann werden die Pflanzen in Extraktoren mit dem Lösungsmittel zusammengebracht. Um eine gute Ausbeute zu erzielen, wird das Extraktionsmittel ständig durch die Behälter gepumpt. Durch dieses Verfahren werden aus den Blüten die konkreten Öle und aus den anderen Pflanzenteilen die konkreten Resinoide erhalten. Die Konkrets sind von salbenartiger bis fester Konsistenz. Sie enthalten noch reichlich Wachse, die man durch Ausfällen mit verdünntem Alkohol entfernt. Nach dem Filtrieren und Abdestillieren des Alkohols im Vakuum gelangt man zu den absoluten Ölen bzw. den absoluten Resinoiden.

Da die Gewinnung der ätherischen Öle der Zitrusfrüchte mittels Wasserdampfdestillation nur minderwertige Produkte liefert, gewinnt man diese Öle durch **Pressung**. Ein Vorteil der Pressung besteht darin, dass die Öle keinen höheren Temperaturen ausgesetzt sind. Jedoch kommen die Öle mit Wasser in Berührung, sodass einige wasserlösliche Bestandteile verloren gehen.

Bei den Zitrusfrüchten ist das Öl in Exkretbehältern der äußersten Schicht der Schale enthalten. Nach mechanischer Zerstörung dieser Schicht fließt das Öl aus. Früher wurden die ätherischen Öle vorwiegend mit der Hand gewonnen. Dazu wurden die von den Früchten getrennten Schalen in einen Schwamm ausgepresst. Über einen Topf, über dessen Mitte ein Bambusstab lag, wurden drei Schwämme geschichtet. In den oberen wurde die Schale hineingedrückt und der Schwamm gleichzeitig ausgepresst. Das Öl floss in den Topf und wurde anschließend dekantiert.

Bei einem anderen Verfahren wurden die Schalen mittels nadelähnlicher Gabeln aufgestochen und die auslaufenden Öle mit einem Schwamm aufgenommen.

Heute sind zwei Arten von Maschinen zur Gewinnung von Zitrusölen zu unterscheiden. Die Sfumatrici, mit denen man durch Auspressen der von Fruchtfleisch und Saft befreiten Schalen das Öl gewinnt, und die Pellatrici, mit denen man durch Abreiben der Schalen das Öl erhält.

In der Ersteren wird durch gründliches Biegen und Pressen der Schalen ein Höchstmaß an Öl gewonnen.

Das Prinzip der Pellatrici besteht in einer mit Zacken versehenen beweglichen Rolle, die die Frucht gegen ein

Gehäuse presst, das ebensolche Zacken enthält. Das Gemisch von Öl, Wasser und geraspelter Schale wird durch eine Filterpresse gedrückt. Das Öl wird anschließend mithilfe von Florentiner Flaschen vom Wasser getrennt.

In Amerika verwendet man Maschinen, mit denen man aus den ganzen Früchten sowohl den Saft als auch das Öl erhält. Man presst die ganze Frucht und gewinnt das Öl durch Zentrifugieren.
Die gepressten Öle enthalten geringe Mengen an Wachs, die in der Industrie aber nicht unerwünscht sind, da sie die Öle haltbarer machen.

Die Aufklärung und Identifizierung der Inhaltsstoffe der ätherischen Öle gab den entscheidenden Anstoß für die Synthese von Aroma- und Riechstoffen und zog damit die Entwicklung einer gewaltigen Industrie nach sich. Während früher die Entdeckung und Isolierung natürlicher Duftkomplexe Anregung zu Duftschöpfungen gab, gehen heute wesentliche Impulse von der Riechstoffindustrie aus. Die hier entwickelten, teilweise neuen, also nicht in der Natur vorkommenden Riechstoffe ermöglichen recht originelle und neuartige Parfümkompositionen. Daneben werden sie vor allem zur Parfümierung von Massenprodukten eingesetzt, so zur Herstellung von Seifen, Kosmetika und Toilettenwässern.

Parfümeur bei der Arbeit

Alle Parfüme, gleichgültig welcher Art und Duftschattierung, werden aus fünf Grundkomponenten aufgebaut:
1. dem vorherrschenden Spitzengeruch,
2. der eigentlichen Bukettbasis, die den Typengeruch, also die charakteristische Hauptnote des Parfüms, verkörpert,
3. den zur Abrundung mithelfenden Begleitstoffen,
4. den Fixierstoffen zur Erhöhung der Haftfestigkeit des Duftes sowie
5. dem Lösungsmittel.

Der *Spitzengeruch* besteht bei den meisten Kompositionen aus Zitrusölen, welche verhältnismäßig schnell verfliegen und den eigentlichen Typengeruch hervortreten lassen.
Der *Typengeruch* stellt die eigentliche Basis eines Parfümes dar. Er hat meist eine blumige Note und besteht aus einer Vielzahl von Duftstoffen. In teuren Parfümen sind diese meist echte Blütenöle oder sonstige aromatische ätherische Öle. In billigeren Versionen sind die echten Öle durch künstliche Produkte ersetzt, doch wirken diese, von seltenen Ausnahmen abgesehen, stets etwas chemisch und wenig lebhaft.
Durch Zugabe kleinerer Mengen Duftstoffe, den *Begleitstoffen*, wird das Parfüm abgerundet.
Die *Fixiermittel* sind meist Resinoide oder schwerflüchtige ätherische Öle.
Als *Lösungsmittel* dient geruchlich hochwertiges Ethanol.

Geraniol
(rosenartig)

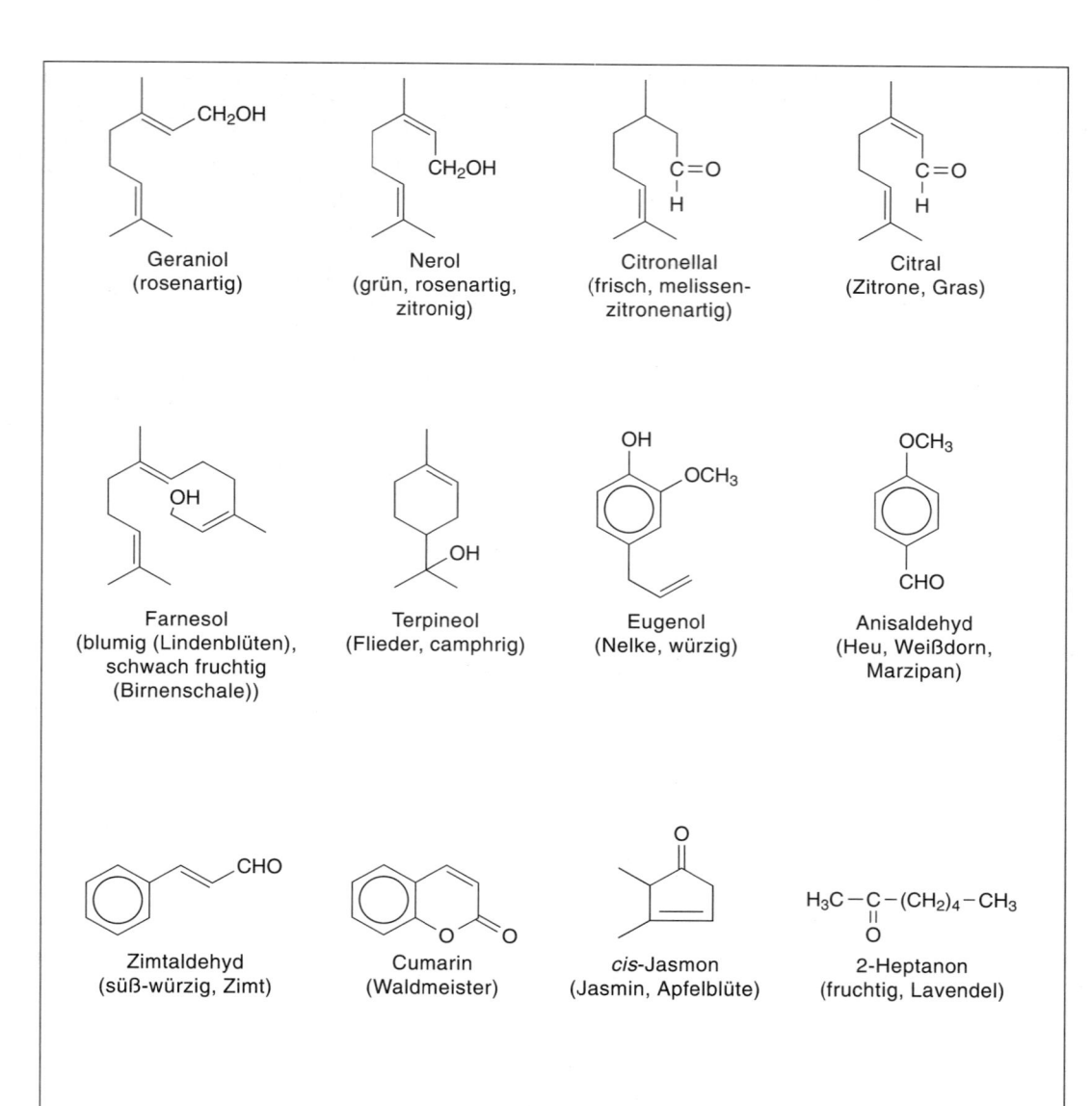

Nerol
(grün, rosenartig, zitronig)

Citronellal
(frisch, melissen-zitronenartig)

Citral
(Zitrone, Gras)

Farnesol
(blumig (Lindenblüten), schwach fruchtig (Birnenschale))

Terpineol
(Flieder, camphrig)

Eugenol
(Nelke, würzig)

Anisaldehyd
(Heu, Weißdorn, Marzipan)

Zimtaldehyd
(süß-würzig, Zimt)

Cumarin
(Waldmeister)

cis-Jasmon
(Jasmin, Apfelblüte)

2-Heptanon
(fruchtig, Lavendel)

Ambra: krankhaftes Darmausscheidungsprodukt des Pottwals
Moschus: Drüsensekret einer Hirschart
Zibet: Drüsensekret der Zibetkatze
Castoreum: Drüsensekret des Bibers

In hoher Konzentration riechen die tierischen Ausscheidungsprodukte unangenehm, erst in beträchtlicher Verdünnung sind sie für Parfüme geeignet.

Moschus, das heute meist künstlich hergestellt wird, und die anderen tierischen Duftstoffe dienen in vielen Parfümen als Fixateure.

Pflanzliche und tierische Duftstoffe

Herstellung von Parfümen. In früheren Zeiten wurden Parfüme durch Extraktion der aromatischen Pflanzenteile mittels Ethanol gewonnen. So erhielt man Lavendelparfüm, indem man Lavendelsamen einige Wochen in Alkohol einlegte und das Duftwasser anschließend abfiltrierte.

Heute kreieren Parfümeure aus ätherischen Ölen, tierischen und synthetischen Riechstoffen Parfümölkonzentrate, die in besonderem Ethanol (meist aus Kartoffeln gewonnen) gelöst werden.
Ein gutes Parfüm wird aus fünf Basisnoten zusammengesetzt: blumig, holzig, würzig, orientalisch und fruchtig. Die einzelnen Noten können dabei aus Einzelriechstoffen, aber auch aus einer Vielzahl von Riechstoffen bestehen. Welche Duftnote der Parfümeur hervortreten lässt, wird durch sein künstlerisches Können bestimmt. Wichtig ist, dass der Duftablauf vom Spitzengeruch bis zum Fond des Parfüms sich harmonisch gestaltet.
Ein frisch zubereitetes Parfümöl/Alkohol-Gemisch duftet stechend. Aus diesem Grunde setzt man Wasser zu und lagert das Gemisch einige Wochen. Während dieser Reifezeit finden chemische Umsetzungen (Acetalbildung, Umesterung) statt, die den feinen Duft abrunden.
Sind während der Lagerung unlösliche Bestandteile ausgefallen, wird das Parfüm filtriert.

Parfümarten werden in verschiedenen Konzentrationen angeboten.
Parfüm (Extrait) ist eine 15 %ige bis 30 %ige Lösung des Parfümöls in Ethanol. Es duftet von allen Produkten am intensivsten und verfliegt weniger schnell.
Der Parfümölgehalt vom **Eau de Parfum** liegt zwischen dem der Parfüms und dem des Eau de Toilettes. Es ist damit leichter im Duft als das dazugehörende Parfüm.
Eau de Toilettes haben einen Parfümanteil von 3 % bis 10 %. Das Eau de Toilette fraiche setzt sich prozentual wie ein Eau de Toilette zusammen, ist aber nicht von einem Parfüm abgeleitet, sondern besitzt eine eigene Duftrichtung.
Als **Eau de Cologne** werden heute leichte Duftwässer einer jeglichen Duftnote bezeichnet. Die Parfümölkonzentration beträgt meist 3 % bis 5 %.
Kölnisch Wasser muss unter Verwendung von Citrusölen hergestellt sein. Mit „echt" oder „original" werden die Kölner Produkte bezeichnet.
Creme-Parfums bestehen aus einer Cremegrundlage, in die das Parfüm eingearbeitet wurde.
Duft- und Erfrischungsstifte sind auf einer Wachsbasis aufgebaut. Sie enthalten neben Lösungsvermittlern Ethanol oder Menthol und besitzen dann eine kühlende Wirkung.
Erfrischungstücher bestehen aus saugfähigem Papier, das mit einer alkoholischen Parfümlösung getränkt ist.

Inhaltsstoff	Volumenteile
Bergamottöl	300
Citronenöl	250
Portugalöl	150
Neroliöl	150
Petitgrainöl	50
Lavendelöl	50
Rosmarinöl	50

Ätherische Öle für Eau de Cologne

Ethanol
Phenylethylalkohol
Geraniol
Nerol
1-Citronellol
1-Linalool
Ester der genannten Alkohole
Nonylaldehyd
Citral
Carvon
Eugenol
Eugenolmethylether
Farnesol
Kohlenwasserstoffe der Paraffinreihe
ein azulenhaltiges Sesquiterpen

Zusammensetzung von Rosenöl.
Unter günstigen Witterungsbedingungen kann aus 2600 kg bis 2800 kg Blüten ca. 1 kg Rosenöl gewonnen werden. Bei starker Hitze ohne Regen sind mitunter 7000 kg bis 8000 kg notwendig.

Experimente

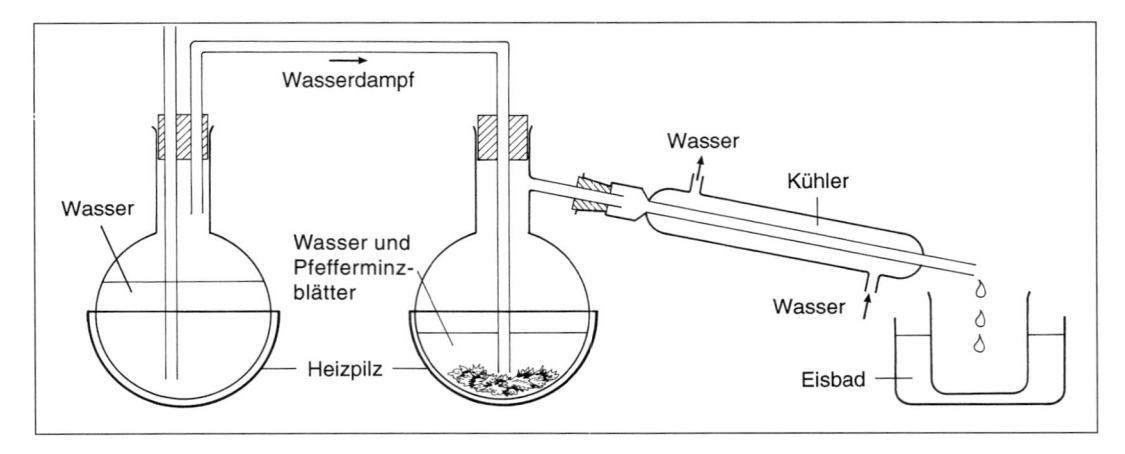

[Abbildung: Wasserdampfdestillationsapparatur mit Beschriftungen: Wasserdampf, Wasser, Wasser und Pfefferminzblätter, Heizpilz, Kühler, Wasser, Eisbad]

Versuch 1: Wasserdampfdestillation

Materialien: Destillationsapparatur, zwei Heizpilze; Pfefferminzblätter

Durchführung:
1. Füllen Sie den ersten Destillationskolben zu drei Viertel mit Wasser.
2. Geben Sie in den zweiten Kolben eine Mischung aus zerkleinerten Pfefferminzblättern und 100 ml Wasser. Der Kolben sollte bis höchstens zur Hälfte gefüllt sein.
3. Stellen Sie das Kühlwasser an.
4. Erhitzen Sie nun den zweiten Kolben bis zum Sieden und leiten Sie dann einen kräftigen Dampfstrom ein.

Aufgaben:
a) Beschreiben Sie das Aussehen des Destillats.
b) Prüfen Sie den Geruch.

Versuch 2: Extraktion

Materialien: Reibschale, Pistill, Uhrglas; Ethanol (F), Orangenschalen (oder Mandarinen-/Zitronenschalen)

Durchführung:
1. Entfernen Sie von einer Orange ein Stückchen Schale in einer möglichst dünnen Schicht.
2. Zerreiben Sie nun die Schale in der Reibschale mit 2 ml Ethanol.
3. Gießen Sie die Lösung auf ein Uhrglas.

Aufgaben:
a) Beobachten Sie die Veränderung der Konsistenz.
b) Prüfen Sie den Geruch der Flüssigkeit, nachdem das Ethanol verdunstet ist.
c) Wiederholen Sie den Versuch mit Gewürznelken, Lavendelsamen, Kümmel.

Versuch 3: Herstellung von Parfümen

Materialien: Becherglas (250 ml), Messzylinder oder Pipette, Waage, Trichter, Filtrierpapier; ätherische Öle, Parfümöle, Lösungsvermittler, Ethanol (96%), Wasser

Durchführung:

a) Kölnisch Wasser
1. Mischen Sie
   0,8 ml Bergamottöl,
   0,5 ml Zitronenöl,
   0,2 ml Mandarinenöl,
   0,1 ml Lavendelöl,
   0,1 ml Petitgrainöl,
   0,1 ml Neroliöl.
2. Geben Sie nun 25 ml Ethanol hinzu.

b) Parfümöl
1. Lösen Sie 10 ml des Parfümöls in 75 ml Ethanol.
2. Damit sich das Bouquet entwickelt, lassen Sie das Parfüm zwei bis drei Wochen reifen.

Hinweis: Mit fertigen Parfümölmischungen, die in ihrem Duft den sehr teuren Markenparfüms ähneln, lassen sich preiswerte Parfüme herstellen.

c) Eau de Toilette
1. Lösen Sie
   3 g Parfümöl in
   1,5 g Lösungsvermittler
   auf.
2. Geben Sie nun
   60 g Ethanol und
   35,5 g Wasser
   hinzu.
3. Lagern Sie das Parfüm ein bis zwei Tage.
4. Trübt sich das Parfüm, so muss abfiltriert werden.

Arbeitsblatt: Die Gewinnung ätherischer Öle

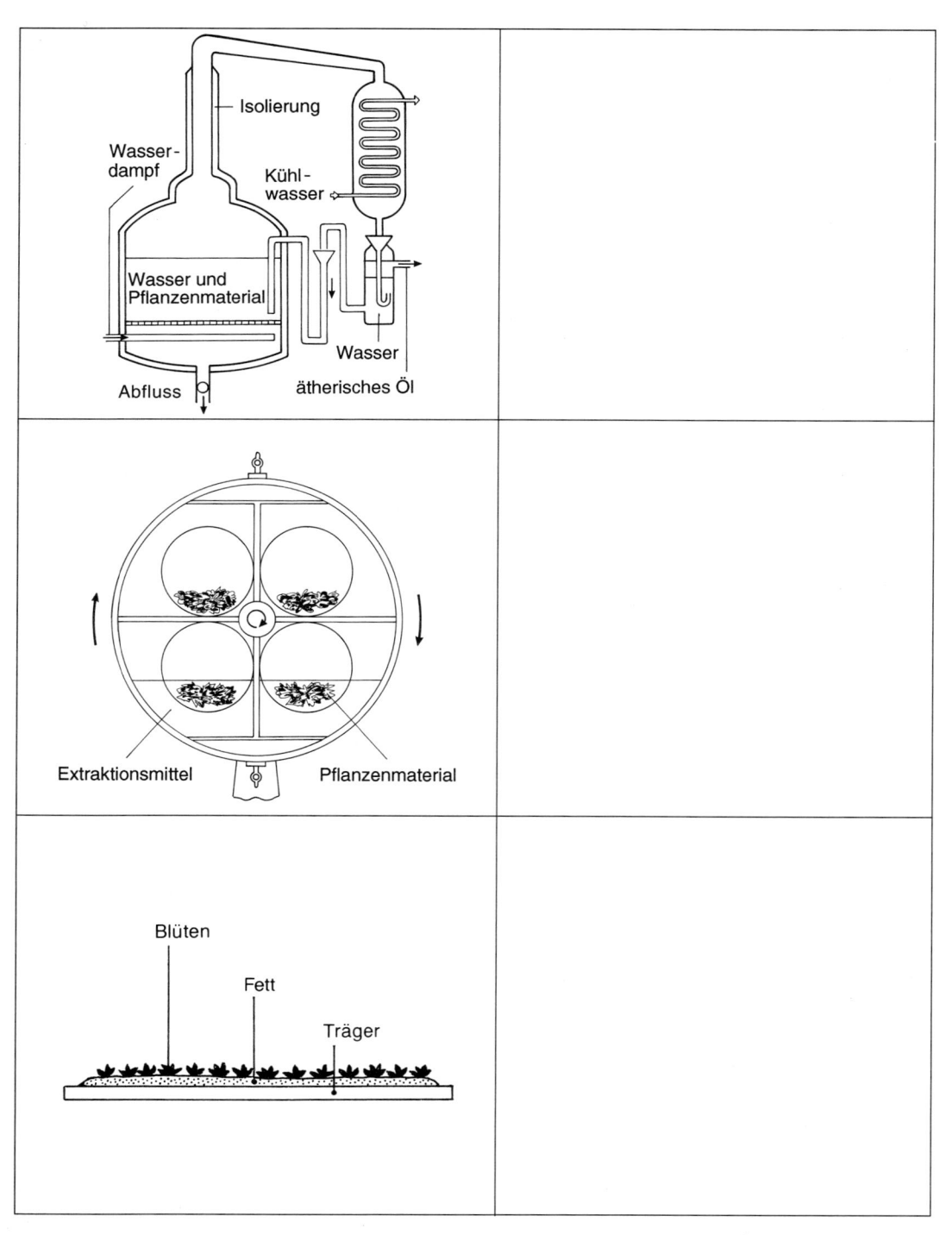

- Isolierung
- Wasserdampf
- Kühlwasser
- Wasser und Pflanzenmaterial
- Abfluss
- Wasser
- ätherisches Öl

- Extraktionsmittel
- Pflanzenmaterial

- Blüten
- Fett
- Träger

1. Beschreiben Sie die dargestellten Verfahren zur Gewinnung ätherischer Öle.

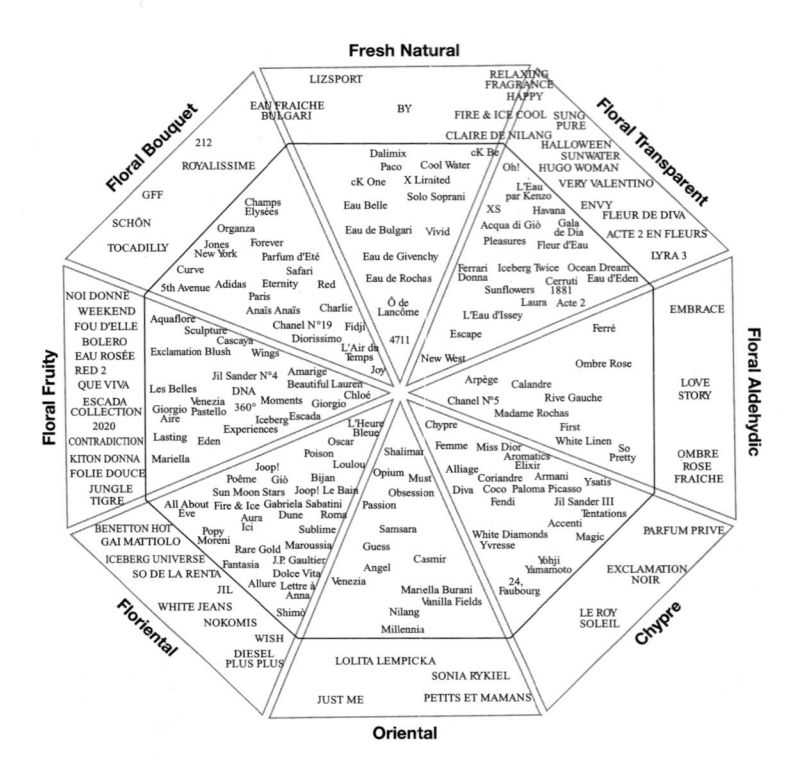

Arbeitsblatt: Einteilung der Damenparfüme in Duftnoten

Dieses Oktagon beschränkt sich auf die Klassiker und Trendsetter unter den Parfümen. Es ist chronologisch aufgebaut, d.h., die ältesten Parfüme stehen im Zentrum des Oktagons, die jüngsten am äußeren Rand. Auch die Position eines Parfüms ist von Bedeutung. So ist z. B. Joop! eine blumig-orientalische Komposition mit blumig-fruchtiger Tendenz.

Duftnote	Parfüm
blumig	
blumig-aldehydisch	
chypre	
orientalisch	
blumig-orientalisch	
blumig-fruchtig	
natürlich-frisch	
blumig-transparent	

1. Ordnen Sie Ihre Lieblingsparfüme den Duftnoten zu. Verwenden Sie hierfür einen Rotstift.
2. Finden Sie auch zu den übrigen Duftnoten Beispiele.

100

Arbeitsblatt: Einteilung der Herrenparfüme in Duftnoten

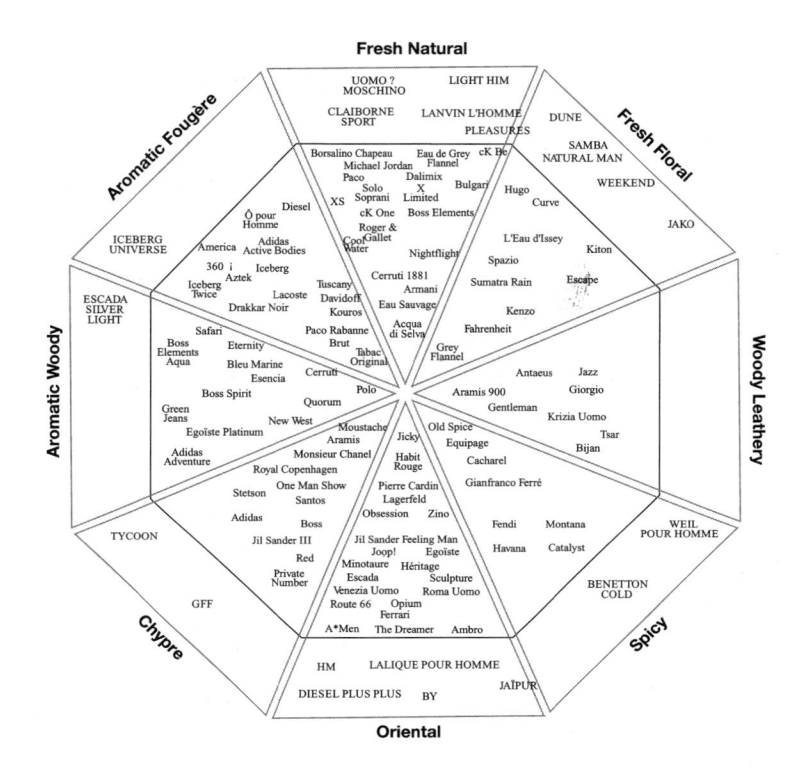

Fresh Natural

Aromatic Fougère — Fresh Floral — Woody Leathery — Spicy — Oriental — Chypre — Aromatic Woody

Kosmetik-Chemie

Parfüme (Auswahl, von innen nach außen):

- UOMO ? MOSCHINO, LIGHT HIM, CLAIBORNE SPORT, LANVIN L'HOMME, DUNE, PLEASURES
- Borsalino Chapeau, Eau de Grey, cK Be, SAMBA NATURAL MAN
- Michael Jordan, Flannel, WEEKEND
- Paco, Dalimix, Bulgari, Hugo, Curve
- Solo Soprani, X Limited, JAKO
- Ô pour Homme, Diesel, XS, cK One, Boss Elements
- ICEBERG UNIVERSE, America, Adidas Active Bodies, Roger & Gallet, Cool Water, L'Eau d'Issey, Kiton
- 360 i, Iceberg, Nightflight, Spazio
- Iceberg Twice, Aztek, Cerruti 1881, Sumatra Rain, Escape
- ESCADA SILVER LIGHT, Drakkar Noir, Lacoste, Davidoff, Armani, Eau Sauvage, Kenzo
- Safari, Kouros, Paco Rabanne, Acqua di Selva, Fahrenheit
- Boss Elements Aqua, Eternity, Brut, Tabac Original, Grey Flannel
- Bleu Marine, Esencia, Cerruti, Antaeus, Jazz
- Boss Spirit, Polo, Aramis 900, Giorgio
- Green Jeans, Quorum, Gentleman, Krizia Uomo
- Egoïste Platinum, New West, Moustache, Old Spice, Tsar
- Adidas Adventure, Aramis, Jicky, Equipage, Bijan
- Monsieur Chanel, Habit Rouge, Cacharel
- Royal Copenhagen, Pierre Cardin, Gianfranco Ferré
- One Man Show, Lagerfeld
- Stetson, Santos, Obsession, Zino
- Adidas, Boss, Fendi, Montana, WEIL POUR HOMME
- TYCOON, Jil Sander III, Jil Sander Feeling Man, Havana, Catalyst
- Red, Joop!, Egoïste
- Private Number, Minotaure, Héritage
- Escada, Sculpture, BENETTON COLD
- GFF, Venezia Uomo, Roma Uomo
- Route 66, Opium Ferrari
- A*Men, The Dreamer, Ambro
- HM, LALIQUE POUR HOMME, JAIPUR
- DIESEL PLUS PLUS, BY

Oriental

Dieses Oktagon beschränkt sich auf die Klassiker und Trendsetter unter den Parfümen. Es ist chronologisch aufgebaut, d.h., die ältesten Parfüme stehen im Zentrum des Oktagons, die jüngsten am äußeren Rand. Auch die Position eines Parfüms ist von Bedeutung. So ist z. B. Private Number eine holzig-moosige Komposition mit orientalischer Tendenz.

Duftnote	Parfüm
natürlich-frisch	
holzig-ledrig	
würzig	
orientalisch	
chypre	
fougère-aromatisch	
blumig-frisch	
holzig-aromatisch	

1. Ordnen Sie Ihre Lieblingsparfüme den Duftnoten zu. Verwenden Sie hierfür einen Rotstift.

2. Finden Sie auch zu den übrigen Duftnoten Beispiele.

> § 7 (5) Tierversuche zur Entwicklung von Tabakerzeugnissen, Waschmitteln und Kosmetika sind grundsätzlich verboten. Das Bundesministerium wird ermächtigt, durch Rechtsverordnung mit Zustimmung des Bundesrates, im Falle von Kosmetika im Einvernehmen mit dem Bundesministerium für Gesundheit, Ausnahmen zu bestimmen, soweit es erforderlich ist, um 1. konkrete Gesundheitsgefährdungen abzuwehren, und die notwendigen neuen Erkenntnisse nicht auf andere Weise erlangt werden können, oder 2. Rechtsakte der Europäischen Gemeinschaft durchzuführen.

Tierschutzgesetz vom 1. Juni 1998

LD_{50}: letale Dosis in Milligramm, die pro Kilogramm Körpergewicht der Tiere bei oraler oder dermaler Gabe zum Tode von 50 % der Tiere führt

Bullae: Blase

Dermatitis: Hautentzündung

Erythembildung: Hautrötung

Fibroblast: Bildungszelle des faserigen Bindegewebes

Konjunktivalsack: Bindehautsack

Ödem: Wassereinlagerung im Gewebe

Perfusion: künstliche Ernährung des Gewebes über die Blutgefäße

perkutane Resorption: Aufnahme eines Stoffes durch die Haut

skarifizieren: die Haut anritzen

10 Verträglichkeitstests für Kosmetika

Bevor ein kosmetisches Präparat auf den Markt kommt, wird es einer Reihe von Tests unterzogen, um seine Unbedenklichkeit festzustellen. Auch die einzelnen Inhaltsstoffe durchlaufen diese Tests, sofern sie noch nicht als gesundheitlich unbedenklich bekannt sind.

Am 1. Juni 1998 ist in Deutschland das neue Tierschutzgesetz in Kraft getreten, das Tierversuche zur Entwicklung von Kosmetika generell verbietet. Ersatzmethoden sind bekannt und werden in Deutschland auch eingesetzt. Die internationale Anerkennung von Ersatzversuchen bereitet allerdings Schwierigkeiten. Dies hat zur Folge, dass das in der Europäischen Union geplante Vermarktungsverbot von in Tierversuchen geprüften Kosmetika frühestens im Jahr 2000 in Kraft treten wird. Nach einem Bericht der EU-Kommission stellte sich die Verfügbarkeit von Ersatzmethoden 1995 wie folgt dar:

> Verfügbarkeit von international anerkannten Ersatzmethoden zur Testung kosmetischer Inhaltsstoffe:
>
> frühestens in fünf Jahren – Hautsensibilisierung
>
> innerhalb der nächsten zehn Jahre unwahrscheinlich
> – akute und systemische Toxizität
> – Entwicklungstoxizität
> – Immun- und Neurotoxizität
> – Reproduktionstoxizität
> – Kanzerogenität
> – Mutagenität

Die 1989 gegründete „Zentralstelle zur Erfassung und Bewertung von Ersatz- und Ergänzungsmethoden zum Tierversuch (ZEBET)" arbeitet mit viel Aufwand daran, die Anerkennung der Ersatzmethoden international zu erreichen.

Ersatzmethoden zur Überprüfung von Haut- und Schleimhautirritationen:
BUS-Modell (Bovine-Udder-System): Hautstruktur, Zellaufbau und Elastizität des Euters der Kuh ähneln der menschlichen Haut. Im Labor wird das isolierte Euter durch eine Perfusionsapparatur mehr als acht Stunden lang lebensfähig gehalten. In dieser Zeit kann geprüft werden, ob ein Inhaltsstoff Haut oder Schleimhaut reizt, in sie eindringt oder in das Gefäßsystem gelangt.

Zytotoxizitätstest: Standardisierte Zelltypen werden unter bestimmten Bedingungen mit dem Prüfstoff zusammengebracht und dann mit Neutralrot behandelt. Ungeschädigte Zellen speichern den Farbstoff. Die Stärke der Reizung entspricht dem Grad der Rotfärbung.

HET-CAM-TEST: Die Eihaut einer bestimmten Hühnerei-Sorte wird abpräpariert. Die unter der Eihaut liegende Chorionallantoismembran (CAM) ist das Testarial. Nach Aufbringen der Substanz wird sekundenweise das Auftreten von Blutungen, Gefäßauflösung und Eiweißkoagulationen registriert. Kurze Reaktionszeiten weisen auf starke Reizpotentiale hin.

Augenreizung: Zur Überprüfung oberflächenaktiver Substanzen, die in der Kosmetik verwendet werden, sind isolierte Rinderaugen geeignet. Bisher wurden hierfür Albino-Kaninchen eingesetzt.

Irritationsprüfungen an rekombinierten Hautkulturen: Aus menschlichen Keratinozyten und dermalen Fibroplasten wird eine künstliche Hornschicht gezüchtet. Das Maß der Hautschädigung durch Inhaltsstoffe oder Fertigformulierungen wird durch die Aufnahme von Neutralrot oder die Messung von Enzymaktivitäten bestimmt.

Prüfung an isolierten Häuten: Mit Hilfe von herausgeschnittenen in vitro kultivierten Hautstücken von Mensch, Schwein oder Maus wird die membranschädigende Wirkung von Enzymen festgestellt. Mit Hilfe von Hautpräparaten lassen sich auch die optischen Eigenschaften der Hautoberfläche, der pH-Wert, die Hautfeuchtigkeit und der Fettgehalt vor und nach der Anwendung kosmetischer Präparate bestimmen.

Die **Überprüfung der Präparate am Menschen** folgt den Grundsätzen der Good Clinical Practice der EU: Der Prüfer muss sich vor der Anwendung u. a. mit der Formulierung vertraut machen, die Probanden über Risiken aufklären und sich dies schriftlich bestätigen lassen.

Am Menschen wird die Hautverträglichkeit mittels Patch-Test überprüft. Zur Feststellung einer primär irritierenden Wirkung wird eine kleine Menge der Substanz auf ein Baumwolläppchen gegeben, dieses mit Polyethylenfolie überdeckt und auf dem Rücken oder an der Innenseite des Arms mit einem Pflaster befestigt. Nach 48 Stunden wird das Läppchen entfernt und die Hautreaktion abgelesen. Die behandelte Hautstelle wird markiert, um auch später auftretende Reaktionen erfassen zu können. Präparate, wie Shampoos, die vom Verbraucher mehrmals in der Woche angewendet werden, verbleiben je fünf Stunden an fünf aufeinander folgenden Tagen auf der Haut. Die Hautreaktion wird täglich, eine Stunde nach Entfernung des Patches, bewertet.

Zur Überprüfung einer sensibilisierenden Wirkung werden der Draize-Patch-Test oder der Shelanski-Patch-Test eingesetzt. Beide Tests erfordern etwa 200 Probanden und werden unter ärztlicher Aufsicht durchgeführt.

In der EU bis zum Jahr 2000 zugelassene Tierversuche für Rohstoffe von Kosmetika:

Toxizität. Eine kosmetische Substanz darf weder nach Penetration durch die Haut noch nach oraler Verabreichung eine Giftwirkung auf den Organismus aufweisen. Die akute orale Toxizität wird an Ratten geprüft. Der gelöste oder suspendierte Rohstoff wird den nüchternen Tieren mittels Magensonde verabreicht. Erfasst wird die toxikologische Wirkung der betreffenden Substanz hinsichtlich Art, Grad und Zeitverlauf. Weitere Parameter sind die Todessymptomatik, die Sektionsbefunde, Körpergewichte und die Errechnung des LD_{50}-Wertes.

Substanzen, bei denen die Möglichkeit einer biologisch signifikanten perkutanen Resorption besteht, werden einem akuten oder subakuten perkutanen Toxizitätsprüfung unterzogen. Hierzu werden bei Kaninchen etwa 10 % des Rücken geschoren. Bei der einen Hälfte der Tiere wird die Hornschicht entfernt, ohne Blutungen zu erzeugen. Bei der anderen Hälfte wird die Haut skarifiziert. Die Substanz wird unter einem verdunstungssicheren Verband aufgebracht.

Augenreizung. Präparate, die augennah verwendet werden oder durch Zufall in Augennähe gelangen, werden an Albinokaninchen auf akute Augenreizung überprüft. Die zu untersuchenden Rohstoffe werden in den Konjunktivalsack eingebracht. Festgestellt werden Grad der Trübung der Cornea sowie die Größe der beteiligten Fläche, Aussehen und Lichtreaktion der Iris, Rötung, Schwellung und Sekretabsonderung der Conjunctiva.

Für **primäre Hautreiztests** wird Kaninchen oder Albino-Meerschweinchen ein Pflasterverband mit der Testsubstanz auf den geschorenen Rücken aufgebracht. Dabei erhält sowohl die intakte, haarfreie Haut als auch die abgeschabte Haut Teststellen. Außerdem werden zur Kontrolle Pflaster ohne Testsubstanz aufgeklebt. Die Beurteilung, die sich auf die Erythem- und Narbenbildung sowie Ödembildung bezieht, erfolgt nach 24 und 72 Stunden.

Sensibilisierung. Sensibilisierende Substanzen erzeugen beim ersten Kontakt keine Hautreaktion, wirken aber als Antigen und führen zur Bildung von Antikörpern. Bei wiederholter Exposition bewirkt die Abwehrreaktion des Körpers eine Sensibilisierung gegenüber der Substanz, die Haut reagiert allergisch. Die Allergie kann dann nicht nur von der primär sensibilisierenden Substanz, sondern auch von chemisch ähnlichen Stoffen hervorgerufen werden.
Durchgeführt wird der Test an Meerschweinchen, denen die Lösung im Pflasterverband mehrmals auf den geschorenen Rücken aufgebracht wird. Nach einer Ruhepause erfolgt die Auslösebehandlung, 18 bis 24 Stunden danach die Beurteilung auf Erythem- bzw. Ödembildung.

Photoallergie und Phototoxizität. Die durch Licht hervorgerufenen Reaktionen lassen sich damit erklären, dass die Substanz unter Absorption von Photonen freie Radikale bildet, die die Haut schädigen können.
Unter **Photoallergie** werden auf Einzelpersonen beschränkte, entzündliche Hautreaktionen verstanden, die unter dem Einfluss von Licht von auf die Haut aufgebrachte Substanzen hervorgerufen werden.
Die Prüfung auf Photoallergie wird an Meerschweinchen vorgenommen, denen die Substanz auf den geschorenen Rücken aufgebracht wird. Nach jeder Behandlung folgt UV-Bestrahlung mit schwach erythemerzeugender Dosis. Die Auslösebehandlung wird auf einem geschorenen, nicht vorbehandelten Hautbezirk mit einer Dosis unterhalb der Erythemschwelle vorgenommen. Beurteilt werden Art und Grad des Erythems.
Die **Phototoxizität** wird an Albino-Meerschweinchen und Albino-Kaninchen geprüft. Die zu testende Substanz wird täglich zwei Wochen lang auf die kurz geschorene Flanke gebracht und diese mit UV-Licht, dessen Dosis unterhalb der Erythemschwelle liegt, bestrahlt.
Die phototoxischen Hautreaktionen bleiben im Gegensatz zu den photosensibilisierenden Wirkungen auf den Anwendungsbereich beschränkt.

Beim **Draize-Test** wird das Baumwollläppchen mit 0,5 g der Testsubstanz benetzt und verbleibt 24 Stunden auf der Haut. Danach erfolgt eine 24-stündige Ruhepause. Ein neues Läppchen wird für 24 Stunden auf eine andere Hautstelle gebracht und wieder schließt sich eine Ruhepause an (24 Stunden). Diese Behandlung wird insgesamt 10- bis 24-mal an immer neuen Stellen wiederholt. Nach einer Pause von 10 bis 14 Tagen erfolgt die Auslösebehandlung an einer neuen Stelle der Haut.
Der **Shelanski-Test** unterscheidet sich vom Draize-Test dadurch, dass 15 Behandlungen an derselben Hautstelle durchgeführt werden. Vor der Auslösebehandlung ist eine zwei- bis dreiwöchige Ruhepause notwendig.
Sowohl der Draize-Test als auch der Shelanski-Test erfordern die Prüfung der Substanz unter Okklusivverband. Kosmetische Präparate, die flüchtige Bestandteile enthalten, wie Parfüms (Alkohol) oder Kaltwellpräparate (Ammoniak), werden ohne Abdeckung auf die Haut gebracht, um eine Verdunstung der flüchtigen Stoffe von der Haut zu ermöglichen. Diese Technik wird „uncovered patch-test" oder „offener Patch-Test" genannt. Nach Abdunstung kann die Teststelle bedeckt werden.

Auch die photosensibilisierende Wirkung wird mittels Patch-Test überprüft. 24 bis 48 Stunden nach Anbringung entfernt man die Hälfte des Patches, untersucht die Haut auf Kontakt-Dermatitis und bestrahlt dann mit einer UV-Dosis unterhalb der Erythemschwelle (Wellenlängen von 320 nm bis 400 nm). Die Hautstellen werden anschließend wieder bedeckt. Nach 48 Stunden werden alle Patches entfernt und die Reaktionen der bestrahlten und unbestrahlten Hautstellen miteinander verglichen. Die Haut wird auf Bildung von Erythemen, Ödemen, Bläschen und/oder Bullae untersucht. Ist die Hautreaktion der bestrahlten sowie der unbestrahlten Stellen in gleichem Maße positiv, ist die Sensibilisierung nicht auf die Lichteinwirkung zurückzuführen. Eine schwerere Hautreaktion an der bestrahlten Stelle deutet sowohl auf eine sensibilisierende als auch auf eine photosensibilisierende Wirkung hin. Liegt eine positive Hautreaktion nur an der bestrahlten Stelle vor, weist dieses Ergebnis auf alleinige Photosensibilisierung hin.
Wurden die Tests ohne Befund abgeschlossen, findet ein Verbrauchertest mit möglichst vielen Personen statt. Jeder Proband erhält das Präparat mit einer ausführlichen Anwendungsbeschreibung und einem Fragebogen, der Beurteilungskriterien enthält, wie Aussehen, Glanz und Geruch der Emulsion, Verteilbarkeit auf der Haut, Hautgefühl direkt nach der Anwendung.
Auch wenn alle Probanden das Präparat gut vertragen, ist es nicht möglich, eine allergene Wirkung auszuschließen, da diese Wirkung von der individuellen Veranlagung einer Person abhängt. Der Hersteller hat jedoch die Möglichkeit, auf Stoffe zu verzichten, von denen bekannt ist, dass sie zu allergischen Reaktionen Anlass geben.

11 Deklaration von Inhaltsstoffen

Für alle Kosmetika, die in der Europäischen Union seit dem 1. Januar 1997 vertrieben werden, ist die Deklaration der Inhaltsstoffe Pflicht. Da eine gemeinsame Nomenklatur entwickelt wurde, können Allergiker erkennen, ob das sie betreffende Allergen Inhaltsstoff des kosmetischen Präparates ist, ganz gleich in welchem Land der EU sie es gekauft haben.

Folgende Regelungen wurden getroffen:

- Der Kennzeichnung muss der Begriff „Bestandteile" oder „Ingredients" vorangestellt sein.
- Die Inhaltsstoffe sind auf der Außenpackung in abnehmender Reihenfolge ihrer Konzentration anzugeben.
- Inhaltsstoffe in einer Konzentration unter einem Prozent sind in ungeordneter Reihenfolge im Anschluss an die anderen Ingredienzen anzuführen.
- Farbstoffe sind in ungeordneter Reihenfolge mit ihrer Colour-Index-Nummer nach allen anderen Inhaltsstoffen zu nennen.
- Werden Produkte zur Färbung von Haut, Haar oder Nägeln in Form von Produktpaletten in unterschiedlichen Farbtönen auf den Markt gebracht, so können alle in der Palette verwendeten Farbstoffe auf dem Einzelprodukt angegeben werden. Vorausgehen muss dann entweder das Zeichen [+/– ...] oder sie werden zwischen „kann ... enthalten" eingefügt.
- Riech- oder Aromastoffe sowie ihre Ausgangsstoffe werden als „Parfum" bzw. „Aroma" bezeichnet.

Für die in der EU vertriebenen Produkte wird die INCI (International Nomenclature Cosmetic Ingredients) verwendet, die gemeinsam von der amerikanischen und europäischen Kosmetikindustrie entwickelt wurde. Bei Trivialnamen, pflanzlichen Stoffen, Farbstoffen und Alkoholen unterscheidet sich die amerikanische Kennzeichnung jedoch von der europäischen. Existiert für einen Inhaltsstoff keine INCI-Bezeichnung, wird entweder sein chemischer Name, die Bezeichnung des europäischen Arzneibuches (Ph. Eur.), der von der Weltgesundheitsorganisation empfohlene internationale Freiname INN (International Non-proprietary Name) oder eine sonstige Bezeichnung zur Identität des Bestandteils angegeben.

Die INCI-Nomenklatur kennzeichnet im Gegensatz zu der bisher verwendeten CTFA-Nomenklatur (Cosmetic, Toiletry, and Fragrance Association) Pflanzenmaterialien nach dem Linné-System. So wird aus „Lavender oil" „lavandula angustifolia".

Die Diskette „Europäisches Inventar kosmetischer Inhaltsstoffe" kann beim

Industrieverband für Körperpflege- und Waschmittel
Karlstraße 21
60329 Frankfurt am Main

für 125,– DM bestellt werden. Über eine Abfragemaske können Anwendungsgebiete und etwaige Anwendungsbeschränkungen kosmetischer Inhaltsstoffe nach unterschiedlicher Nomenklatur (siehe unten in dieser Spalte) aufgerufen werden.

INCI: International Nomenclature Cosmetic Ingredients

INN: International Non-proprietary Name (internationaler Freiname; wird von der Weltgesundheitsorganisation WHO empfohlen)

Ph. Eur.: Pharmacopoea Europaea (Europäisches Arzneibuch)

CASN: Chemical Abstracts Service Codenummer

IUPAC: International Union of Pure and Applied Chemistry

EINECS-Nummer: European Inventory of Existing Commercial Chemical Substances (Europäisches Verzeichnis der auf dem Markt vorhandenen chemischen Stoffe, für Altstoffe)

ELINCS-Nummer: European List of Notified Chemical Substances (Europäische Liste der angemeldeten chemischen Stoffe, für neue Chemikalien)

Soll ein Inhaltsstoff geheimgehalten werden, so vergibt die zuständige Behörde des EU-Mitgliedsstaates auf Antrag eine siebenstellige Registriernummer. Diese Ziffer setzt sich zusammen aus der erteilten laufenden Nummer, dem Code für den Mitgliedsstaat, der die Geheimhaltung genehmigte, und der Jahreszahl, in der die Erlaubnis erteilt wurde. Der Antrag gilt für fünf Jahre und muss dann wieder neu gestellt werden.

Am 1. Juni 1996 wurde eine Auflistung kosmetischer Inhaltsstoffe im Amtsblatt der EU L132 veröffentlicht. Diese Liste wird regelmäßig aktualisiert, zur Zeit enthält sie 6370 Substanzen.

Die EU-Liste macht Angaben über
– die Identität des Bestandteils,
– die chemische Bezeichnung,
– die INCI-Bezeichnung,
– die Bezeichnung des europäischen Arzneibuches,
– den von der WHO empfohlenen Freinamen,
– die übliche Funktion des Inhaltsstoffes im Fertigerzeugnis,
– mögliche Einschränkungen und Gebrauchsbedingungen sowie Warnhinweise, die auf den Etiketten zu finden sein müssen.

Bei Betrachtung der großen Anzahl von Stoffen, die in Kosmetika verwendet werden können, stellt sich die Frage, ob es notwendig ist, dass neue Stoffe für neu zu entwickelnde Produkte getestet werden.

Inhaltsstoffe einer Dauerwell- und Fixierlotion
(INCI-Nomenklatur)

Forming-Lotion
Aqua	Lösungsmittel
Ammonium Bicarbonate	Puffer
PPG-2-Ceteareth-9	Emulgator
Parfum	
PEG-40 Hydrogenated Castor Oil	Emulgator, Tensid
Polyquaternium-6	Filmbildner, Antistatikum
Styrene/PVP Copolymer	Filmbildner
Propylene Glycol	Feuchthaltemittel, Lösungsmittel
Quaternium-80	Antistatikum
Ammonia	Puffer
PEG-40 Stearate	Emulgator, Tensid
Sorbitan Stearate	Emulgator
Dimethicone	Emollient (Weichmacher)
Cellulose Gum	Emulsionsstabilisator, Filmbildner
Formic Acid	Konservierungsmittel
Sorbic Acid	Konservierungsmittel
Potassium Sorbate	Konservierungsmittel

Activator Lotion
Ammonium Thioglycolate	Reduktionsmittel
Aqua	Lösungsmittel
Ammonium Thiolactate	Reduktionsmittel
Thiolactic Acid	Reduktionsmittel, Antioxidans
CI 47005	Kosmetischer Farbstoff
CI 45350	Kosmetischer Farbstoff

Fixier-Lotion

obere Komponente
Aqua	Lösungsmittel
Hydrogen Peroxide	Oxidationsmittel
Phosphoric Acid	Stabilisierungssäure
Acetaminophen	Stabilisator

untere Komponente
Aqua	Lösungsmittel
Propylene Glycol	Feuchthaltemittel
Laureth-4	Emulgator
Coco-Betaine	Tensid, Netzmittel
Parfum	
Polyquaternium-35	Antistatikum, Filmbildner
Sodium Cocoamphoacetate	Tensid, Netzmittel

Deklarationsbeispiel mit Wirkungsweisen der Inhaltsstoffe

Ägyptisches Rasiermesser (1360 v. Chr.)

Etruskisches Rasiermesser (5. Jahrhundert v. Chr.)

12 Geschichte der Kosmetika

Die Geschichte der Kosmetika ist so alt wie die Menschheit selbst.

In Höhlen und Gräbern aus der Steinzeit fand man zugespitzte Stifte, die zur Bemalung des Gesichts und auch des Körpers benutzt wurden. Diese Bemalungen dienten zwar vorwiegend kultischen Zwecken, jedoch dürfte der Wunsch nach Schönheit nicht ganz von der Hand zu weisen sein.

Mit zu den ältesten Produkten zählen die duftenden Salben und Öle, die nicht nur zur Einbalsamierung der Toten, sondern auch zur Schönheitspflege der Lebenden Verwendung fanden. Im alten Ägypten wussten die Priester und Priesterinnen bereits um die Herstellung der duftenden Produkte. So enthalten der Papyrus Ebers (1600 v. Chr.) und der Papyrus Brugsch-Major (1300 v. Chr.) Aufzeichnungen für die Herstellung von Salben, Ölen und Wohlgerüchen. Weiterhin finden sich dort Rezepte für Gesichts- und Augenschminken: Malachit wurde für grüne Farbtöne, Lapislazuli und Kupfersilicat wurden für blaue, Bleisulfid, Antimonsulfid und Braunstein für schwarze Farbtöne verwendet.

Zur Dunkelfärbung von ergrautem Haar wird im Papyrus Ebers vorgeschlagen, das Blut einer schwarzen Kuh mit Öl zu vermengen und das Gemisch auf die Haare zu bringen. Um Runzeln im Gesicht zu vertreiben, wird empfohlen, nach dem Waschen auf das Gesicht einen Brei aus Knochenmehl und Quellwasser aufzutragen.

Die Salben aus Wachsen, Ölen und Honig, aber auch die Schminken, wurden in hohlen, biegsamen Stängeln aufbewahrt und bei der Verwendung, wie aus den heutigen Tuben, herausgedrückt.

Die Königin Nofretete (1350 v. Chr.) galt als das Vorbild für Schönheit. Zur Schönheitspflege verwendete sie Puder aus Blütenstaub, ausgepresste Pflanzensäfte und Gesichtspackungen aus Orchideenblättern, die mit Honig angefeuchtet und mit Blütenstaub bedeckt auf Wangen und Stirn gebracht wurden.

Zur Färbung der Haut verwendeten die Ägypter Henna und Lackmus. Zur Weißfärbung war Bleiweiß im Gebrauch. Die Augen wurden mit Khol betont. Henna, Indigo und Rastik wurden zur Haarfärbung eingesetzt.

Von der ägyptischen Königin Cleopatra (69 bis 30 v. Chr.), die als Künstlerin auf dem Gebiet der Zubereitung und Anwendung von Kosmetika galt, sind keine authentischen Aufzeichnungen erhalten geblieben.

Der griechische Arzt und Begründer der klassischen Medizin Hippokrates von Cos (460 bis 377 v. Chr.) und seine Anhänger lehrten, dass zur Erhaltung der Gesundheit und

Schönheit korrekte Ernährung, Sonnenlicht, spezielle Bäder, Massagen und sportliche Übungen notwendig seien. Diese Lehre wurde von den Griechen bald zum Kult erhoben. Selbst zubereitetes Make-up wurde von griechischen Männer und Frauen verwendet. Zur Färbung der Wangen und Lippen verwendeten sie eine Wurzel, die sie „Polderos" (wahrscheinlich Alkanna) nannten.
Bleiweiß wurde für weiße, Zinnober für rote, schwarzes Antimonsulfid und Ruß für schwarze Schminke verwendet. Puder, der schon als schweißaufsaugendes Mittel diente, bestand aus Pflanzenpulvern, wahrscheinlich fein gepulverte stärkereiche Knollen und Wurzeln, oder Mehl und Blumenpulver. Das Blumenpulver gab den Pudern den Duft.
Der verschwenderische Gebrauch von Parfümen veranlasste Solon (600 v. Chr.) den Verkauf von Parfümen zu verbieten; dieses Gesetz wurde allerdings weitgehend missachtet.

Frisuren in Griechenland (3. Jh. v. Chr.)

Ungefähr 300 vor Christus gelangte der erste professionelle Barbier, Ticino Meno, von Sizilien nach Rom und bald darauf waren Kurzhaarschnitte sowie glatt rasierte Gesichter unter den Herren höherer Gesellschaftsschichten modern. Den Höhepunkt der Schönheitspflege erreichten die Römer, als sie nach der Eroberung Griechenlands die Kenntnisse der Griechen übernehmen und verbessern konnten. Die Schönheitspraktiken der Römer blieben jedoch nicht nur auf Rom beschränkt, sondern gelangten durch Eroberung und Niederlassung auch nach Frankreich, Spanien, Germanien und England.
Die Römer vereinten Schönheitspflege mit einer intensiven Körperpflege und -reinigung. Sklavinnen versahen das Badewasser mit wohlriechenden Essenzen und Ölen. Die Badetechnik der Römer sah vor, dass vor dem Bad der Körper mit Öl gesalbt wurde und der Römer sich dann sportlichen Übungen hingab. Dann ging der Römer in einen Raum, der stark aufgeheizt war, anschließend in einen mit Dampf erfüllten Raum. In diesem wurden wahrscheinlich Schweiß und Öl mit metallenen Gegenständen vom Körper entfernt. Bevor er sich nun in das kalte Bad oder das Schwimmbecken begab, verweilte der Römer einige Zeit in einem warmen Raum. Nach dem Baden wurde der Körper gesalbt, um der Haut Weichheit, Geschmeidigkeit und Wohlgeruch zu verleihen.
Im Interesse der Volksgesundheit bauten die Römer gewaltige Thermen. So hatten die Thermen des Diocletian, der gegen Ende des 2. Jahrhunderts nach Christus regierte, eine Wasserfläche von 1700 m² (ca. 70 m · 25 m) und konnten bis zu 600 Menschen fassen. In ihnen befanden sich Brause-, Schwitz- und Wechselbäderanlagen.
Mitte des ersten Jahrhunderts lebte die Kaiserin Popaea, die durch ihre Verschwendungssucht bekannt war. Um ihre Schönheit zu erhalten, badete sie täglich in Eselsmilch. Selbst auf Reisen verzichtete sie auf diesen Luxus nicht und nahm stets 500 Eselinnen mit.

> **Gesichtspflegemittel:**
> Reinigungsmittel (Salben)
> Emollients (Öle und Salben)
> Bleichmittel
> Make-up (Puder, Rouge, schwarze Wimpern- und Augenbrauenfärbemittel)
> Heilmittel (für Falten, Sommersprossen und Sonnenbrand)
>
> **Haarpflegemittel:**
> Öle und Salben
> Bleichmittel
> Farben
>
> **Parfüme** existierten als Puder, Salben und Flüssigkeiten.

Körperpflege zur Zeit Galens (131–201 n. Chr.)

Gaius Plinius der Ältere (23 bis 79 n. Chr.) hinterließ das Werk „Historia Naturalis" (37 Bände), das aus einer Sammlung von 2000 Arbeiten zeitgenössischer und früherer Verfasser bestand. In ihm wurden verschiedene Extraktionsverfahren zur Herstellung ätherischer Öle und Aromatika, die Verwendung von Olivenöl zur Extraktion von Duftstoffen sowie die Verarbeitung von Wollfett, Bienenwachs und Schweineschmalz zu medizinischen Salben, kosmetischen Produkten, Schminken, Heil- und Körperölen beschrieben.

In dieser Zeit wurde für weiße Schminken neben Bleiweiß auch Kreide verwendet, rote Schminken wurde aus Minium, Karmin und Orseille, schwarze aus Ruß hergestellt. Die Schminken wurden als Pulver oder Pasten zubereitet.

Der Verfasser zahlreicher medizinischer Werke und der Begründer einer neuen Heilmittellehre war Galen (131 bis 201 n. Chr.). Sein Beitrag zur Kosmetik war das ceratum refrigerans, eine kühlende Salbe, die Prototyp der heutigen Cold Creams war.

Alle Präparate, die die elegante Römerin verwendete, wurden im eigenen Haushalt hergestellt. Ihr assistierten die cosmetae, junge Sklavinnen, die unter Aufsicht einer älteren Sklavin, der ornatrix, standen.

Schon in den 200 Jahren vor Christi Geburt waren Haarbleichmittel bekannt. Die dunkelhaarigen Römerinnen bemühten sich, ihrem Haar die blonde Farbe zu geben, die sie an den Haaren der Gefangenen aus nördlichen Ländern schätzten. Als Blondierungsmittel dienten Mineralien wie Alaun, ungelöschter Kalk, rohe Soda und Holzasche, die manchmal mit Wein oder mit dem Bodensatz des Weins und mit Wasser kombiniert wurden. Die Präparate wurden über Nacht oder mehrere Tage lang auf den Haaren belassen. Das Ergebnis, eine rötlich blonde Schattierung, stellte zufrieden. War das Haar jedoch durch die Behandlung zerstört worden, forderten die Römerinnen nicht selten, dass das blonde Haar der Gefangenen abgeschnitten und zu Perücken verarbeitet wurde. Zum Zwecke der Haarbleichung wurde daneben eine Seife aus Ziegenfett und Buchenasche verwendet, die aus Germanien importiert wurde.

Der Untergang des römischen Reiches im Jahre 476 nach Christus setzte der Blütezeit der Schönheitspflege in Europa ein jähes Ende.

In Indien dagegen war um diese Zeit die kosmetische Hygiene weit fortgeschritten. Zur täglichen Schönheitspflege zählte das Bad und die Verwendung von Cremes, Ölen und verschiedenen Make-ups. Zur Verschönerung der Augen wurde Kajal verwendet, das wie das ägyptische Khol ein Gemisch aus ölig oder harzig gebundenen schwarzen oder bunten Pigmenten (Ruß, Malachit, Bleiglanz) darstellte und Substanzen wie Kampfer oder Knoblauch zur

Haarnadeln aus dem Mittelmeerraum (3.–4. Jahrhundert n. Chr.)

Anregung der Tränendrüsen enthielt, um einerseits Augeninfektionen zu verhüten, aber auch um den Augen einen besonderen Glanz zu verleihen.
Der Einsatz von Plazenta als biologisches Stimulans ist nicht etwa eine Erfindung der Neuzeit. Ihre Verwendung in kosmetischen und medizinischen Salben soll chinesischen Ärzten seit dem 3. Jahrhundert bekannt gewesen sein.

Den Niedergang der Schönheitspflege in Europa vervollständigte das aufkommende Christentum des Mittelalters (500 bis 1500 n. Chr.), das die Kosmetik vollkommen ablehnte. Gewürze wurden aus dem Orient nach Europa gebracht, dienten aber vorwiegend religiösen Zwecken.
Die Verwendung von Parfüm blieb auf reiche Edelleute beschränkt.
Dem Bade wurde längst nicht mehr die Bedeutung geschenkt, die es während der Herrschaft der Römer genoss, und erst durch die Kreuzritter, die im Orient die Wohltaten des Warmbadens erlebt hatten, wurden öffentliche Bäder im türkischen Stil in England, Frankreich und Deutschland eingeführt. Durch die Kreuzritter fanden auch Parfüme und andere Kosmetika Eingang in Europa. Seifen aus dem Orient galten als kostbare Luxusgüter. Zwar hatten sich schon im 8. Jahrhundert kleinere Seifensiedereien in Italien und Spanien etabliert, der Grundstein einer florierenden Seifenindustrie wurde aber erst um 1200 in Marseille gelegt, das zuvor als Stapelplatz für orientalische Seifen gedient hatte.
Haarfärbemittel und Schminken waren kaum in Gebrauch.

Hochfrisur des Spätbarock (um 1680)

Erst im Zeitalter der Renaissance erlebte die Kosmetik eine Wiedergeburt. Im 14. Jahrhundert wurde zur Herstellung von Parfümen Alkohol verwendet. Als erstes veröffentlichtes Rezept gilt das des „Ungarischen Wassers", das ursprünglich aus Rosmarin, später aber auch aus anderen aromatischen Pflanzen hergestellt wurde.
Eisenoxide oder Zinnober wurden als Rouge, Bleicarbonat als Gesichtspuder verwendet. Augen-Make-up, in den östlichen Ländern häufig verwendet, war nicht geschätzt.

Während der Regierungszeit Elizabeth I. (1558 bis 1603) wurden Parfüme und Kosmetika aller Art reichlich angewandt. Erst im Jahre 1573 wurden Parfüme in England hergestellt und es war Elizabeth, die veranlasste, dass sich die Frauen in der Zubereitung von duftenden Wässern, Pomaden und Sachets übten.
Gesichtspuder bestanden aus Bleiweiß, zum Teil mit Sublimat (Quecksilberchlorid) und Iriswurzel vermischt. Roter Ocker, Zinnober oder Cochenille dienten als Rouges. Als Mittel zum Weißen der Zähne wurde ein Gemisch aus gemahlenem Backstein, Schulp, roter und weißer Koralle, Eierschalen, Alaun, Bimsstein, Sandarac, Myrrhe und Mastix verwendet. Pickel wurden eine Stunde lang mit gepulvertem Schwefel und Terpentinöl bedeckt und anschließend mit frischer Butter behandelt.

Seifensiederei (Stich von 1698)

Die golden-rötliche Haarfarbe Königin Elizabeths kam in Mode. Um rötliche bis gelbliche Tönungen zu erreichen, wurden die Haare zunächst mit einer warmen Alaunlösung, dann mit Abkochungen von Rhabarber, Gelbwurz und Rinde der Berberitze behandelt.

In den nachfolgenden Barock- und Rokokozeiten mit ihren prächtigen Kleidern und hoch aufgetürmten Frisuren wurde unter Sauberkeit das Betupfen mit Parfüm und die übermäßige Verwendung von Pudern verstanden. Die schweren Kleider aus Samt und Seide ließen sich schlecht reinigen und so schenkte man auch der Körperreinigung wenig Beachtung. Dafür stieg der Parfümverbrauch gewaltig an – der Geruch der ungewaschenen Kleidung wollte verdeckt werden.

Gegen Ende des 17. Jahrhunderts hatte sich eine blühende Parfümindustrie in Grasse in der Provence etabliert und die bis zu diesem Zeitpunkt verwendeten italienischen Parfüme verdrängt.

In Köln gelang es 1709 einem Italiener, Paolo de Feminis, ein Duftwasser zu kreieren, das sofort große Beliebtheit erfuhr. Sein Neffe, Johann Maria Farina, brachte es 1725 unter dem Namen Eau de Cologne heraus. Während des 17. und 18. Jahrhunderts wurden die benötigten kosmetischen Präparate meist im eigenen Haushalt hergestellt.

Der Gesichtspuder, zu dessen Herstellung nun auch Bismutnitrat verwendet wurde, war weiß, das Rouge, vorwiegend aus Cochenille bereitet, leuchtend rot. Pomaden und Cremes für Haut und Haar bestanden aus Schweineschmalz, Hammeltalg, weißem und gelbem Wachs und ätherischen Ölen.

Während des 19. Jahrhunderts war es bei den Damen beliebt, ihrem Gesicht extreme Blässe zu verleihen. Reichlich verwendet wurde Puder, der aus Bleiweiß, bevorzugt aber aus Bismut hergestellt wurde, wobei Letzteres die Eigenschaft besaß beträchtlich nachzudunkeln. Durch Henry S. Tetlow, einen Fabrikanten aus Philadelphia, der seit 1865 Zinkoxid für sein Puder verwendete, konnte diese Erscheinung behoben werden. Er stellte weiße und ungefähr sechs gefärbte Puder her, darunter blass lavendel und hellgrün gefärbte Puder, um die erwähnte Blässe erzielen zu können.

Die Entdeckungen und Entwicklungen des 19. Jahrhunderts beeinflussten die weitere Entwicklung der kosmetischen Präparate. So wurde die Aufklärung der Inhaltsstoffe der ätherischen Öle von den Herstellern kosmetischer Präparate mit Interesse verfolgt, da sich hier nicht nur eine Möglichkeit bot, die ätherischen Öle durch preiswertere Stoffe zu ersetzen, sondern auch Phantasieparfüme geschaffen werden konnten.

Obwohl Wasserstoffperoxid wesentlich früher entdeckt wurde (1818), kam seine Anwendung erst 1867 in Ge-

Nachthaube für die Rokoko-Hochfrisur (um 1775)

Aus der Zeit Friedrichs des Großen stammt diese Vorschrift für die Bereitung einer roten Lippenpomade:

Ein halbes Pfund frische, ungesalzene Butter und zwei Unzen (60 g) reines Wachs werden in einer Kupferpfanne geschmolzen. Nach Hinzufügen von einigen Unzen getrockneter und zerquetschter Korinthen und ein bis drei Lot (15 g bis 45 g) Alkannawurzel lässt man 10 Minuten bei gelindem Feuer sieden. Das Gemisch wird durch eine Leinwand filtriert, man lässt etwas abkühlen und fügt einen Löffel starkes Pomeranzenblütenwasser hinzu. Das Ganze wird nun kalt gerührt.

Lippenpomade

Für die Haut: Mandelbrei, adstringierende Lotionen, Rindertalg, Cremes, Heilessig, Enthaarungsmittel, Gesichts-(Reis-)Puder, Talkumpuder, Seife (flüssig und fest), Sommersprossenlotionen

Für das Haar: Rouge (Puder, Pomade), Holzkohle, eine blaue Paste

Parfüme: Toilettenwasser, Toilettenessig, Essenzen, Sachets

Kosmetik um 1865

brauch, als H. Thiellay und L. Hugo auf der Pariser Weltausstellung ihr „Eau de fontaine de jouvence golden", eine 3%ige Wasserstoffperoxidlösung, vorstellten.

Pyrogallol, bereits 1786 von Scheele entdeckt und 1832 von Bracconot isoliert und identifiziert, wurde 1845 von Wimmer als Haarfärbemittel vorgeschlagen. Nachdem 1880 die ersten Berichte über Hautirritationen erschienen, wurde seine Verwendung wesentlich eingeschränkt. Heute dient Pyrogallol als Modifiziermittel in einzelnen Oxidationshaarfärbemitteln.

Um 1890 waren Haarfärbemittel auf der Basis von Phenylendiaminen und Aminophenolen erhältlich. Als Alkalisierungsmittel wurden zunächst Ätznatron, Natriumcarbonat oder Ammoniakwasser, als Oxidationsmittel Eisenchlorid, Kaliumdichromat und -permanganat oder Wasserstoffperoxid verwendet. Farbbase und Oxidationsmittel wurden getrennt auf das Haar gebracht. Es dauerte aber nicht lange, bis man erkannte, dass die besten Resultate erzielt wurden, wenn als Alkalisierungsmittel Ammoniakwasser und als Oxidationsmittel Wasserstoffperoxid gewählt und Farbbase und Oxidationsmittel kurz vor der Anwendung miteinander vermischt wurden.

Ondulierte Langhaarfrisur (1910)

Durch Mischen der Farbbasen in verschiedenen Konzentrationen stellten die Friseure ihre eigenen Lösungen zur Erzielung bestimmter Haarfärbungen her. Erst 1910 gelangte das erste standardisierte Produkt, Inecto, das von einem Friseur, einem Chemiker und einem Dermatologen entwickelt worden war, in Frankreich auf den Markt und wurde für elf verschiedene Schattierungen angeboten. Durch Hinzufügen von Seife und Ammoniak zu der Farblösung konnte die Anwendungszeit verkürzt werden.

Das Auftreten von Dermatiden und Allergien wurde auf das Vorhandensein von *p*-Phenylendiamin zurückgeführt, dessen Verwendung in Deutschland und Frankreich gesetzlich eingeschränkt wurde. Als Ersatzmittel wurden *p*-Aminophenol, *p*-Aminodiphenylamin, *p,p'*-Diaminodiphenylamin und 1,2-Naphthylendiamin vorgeschlagen, die eine ähnliche färberische Wirkung besitzen, aber leider auch ähnliche toxische Nebenwirkungen. Durch die Einführung der Sulfogruppe in das Molekül gelang es, die hautreizenden Wirkungen der Farbbasen zu beseitigen.

Verbessert wurden die Toluylendiaminfarben 1924 durch R. Evans, der die Anwendungsmethode standardisierte, eine vorherige Behandlung des Haares mit Shampoo, Wasserstoffperoxid und Ammoniak forderte, um das Haar aufnahmefähiger zu machen. Das Rohmaterial unterlag einer genauen Spezifikation, die Konzentration des Wasserstoffperoxids wurde auf fünf bis sechs Prozent festgelegt. Daneben entwickelte er Methoden und Produkte zur Entfernung vorheriger Haarfärbungen, die insbesondere den Verwendern von Metallsalzhaarfarben den Übergang zu diesen neuen, besseren Färbemitteln ermöglichte.

1806	Colgate (Seifen, Kerzen, Stärke) Roger und Gallet (Parfüme)
1818	Merck
1828	Guerlain (Parfüme)
1829	Schimmel und Co. (ätherische Öle)
1837	Procter (England) und Gamble (Irland) eröffnen eine Seifen- und Kerzenfabrikation in den USA
1846	T. Goldschmidt (Absorptionsbasen, synthetische Wachse, Tenside)
1864	B. J. Johnson (Palmolive, Seifen)
1866	Colgate (neuer Herstellungszweig: Parfüme)
1872	Shiseido Company, Japan (Kosmetika)
1873	Colgate (Herstellung von Zahnpasta)
1874	Haarmann und Reimer (Aromen, Riechstoffe)
1882	P. Beiersdorf und Co. (zunächst Herstellung von Pflastern, dann kosmetische Produkte: Nivea-Creme, Zahnpasta)
1886	Harriet Hubbard Ayer (Cold Creams)
1887	Johnson und Johnson (Zahnpasta, Haarspülung, Babyartikel)
1890	Whittier, Clark und Daniels (Puder und Ingredienzien)
1892	A. F. Godefroy führt aus Frankreich synthetische organische Färbemittel ein
1895	L. Givaudan und Co., Schweiz (Aromen und Riechstoffe)

Firmengründungen im 19. Jahrhundert

In das 19. Jahrhundert fallen Gründungen verschiedener Firmen, die teils als Rohstoffhersteller, teils als Kosmetika- oder Parfümhersteller noch heute von Bedeutung sind.

Zu Beginn des 20. Jahrhunderts wurde Make-up in Europa nur sehr dezent verwendet. Der Gesichtspuder war in drei Färbungen erhältlich: weiß, hellrosa und dunkelrosa. Das Rouge war entweder scharlachrot oder hatte die Farbe von rotem Backstein. Puder und Rouge wurden in kleinen Büchern mit weichen Papierblättern aufbewahrt. Lippenrouge (flüssig), das auch zur Färbung der Wangen diente, wurde aus Ammoniak und Carmin oder für Theaterschminken aus Carthamin sowie aus dem Aluminiumlack des Brasilins hergestellt.
Die Verwendung von Augen-Make-up war der Bühne vorbehalten.
Ein Wachsstift verlieh den Fingernägeln nach kräftigem Polieren einen schönen Glanz.

In London fand K. Nessler, ein deutscher Friseur, 1905 eine Methode, das Haar dauerhaft zu verformen. Das Haar wurde um einen Bolzen gewickelt, mit Borax befeuchtet und zwischen zwei Hälften eines zylindrisch geformten Eisens erhitzt.

Um 1910 wurde von Dorin in Paris Puder hergestellt (in vier dezenten Fleischfarben), die in einem Döschen, mit oder ohne Puderquaste, geliefert wurden. Auch das Rouge wurde mehr auf die Hautfarbe abgestimmt. Wachsstifte für die Augenbrauen waren für die Farben blond, braun und schwarz erhältlich.

1915 brachte die Scovill Manufacturing Company das Lippenrouge in einem Behälter auf den Markt, aus dem der Stift herausgedrückt werden konnte.
Der Stift wurde auf einer Öl/Wachs-Basis hergestellt. Zur Färbung diente Carmin, das als rotes Pigment verwendet wurde und dem Zinkoxid zur Erzielung eines helleren Rots zugesetzt werden konnte. Das Carmin wurde durch Extraktion getrockneter Cochenille mittels Ammoniak und anschließender Fällung mit Alaun gewonnen. Bei dem Carmin handelt es sich um einen Farbstoff, der aus Läusen erzeugt wird. Die Annahme, dass für Lippenstifte Läuseblut verwendet wird, ist allerdings falsch.
Die ersten besser haftenden Lippenstifte enthielten neben dem Pigment eine wasserlösliche Farbe (Eosin). 1916 erlangte das Titandioxid, das bisher nur für die Herstellung von Anstrichfarben verwendet wurde, als Pudergrundstoff, der erheblich preiswerter als Zinkoxid war, Bedeutung.
1922 wurde von der G. Luft Company ein Lippenstift hergestellt, dessen ursprüngliche Farbe (orange) sich auf den Lippen zu Rot entwickelte. Zur Herstellung des Stifts wurde Eosin zunächst in Stearinsäure gelöst und anschließend mit Alkoholen und Wachsen verschmolzen.

Die erste Dauerwelle auf dem Kontinent
von Adele Wichmann, geb. Ströher

Um mich in der Welt umzusehen, bewilligte mir im Jahre 1909 mein Vater, Franz Ströher, einen halbjährigen Auslandsaufenthalt. Zunächst ging ich drei Monate nach Paris, um mein in Lausanne erlerntes Französisch abzuschleifen. Von Paris führte mich mein Weg nach England, in das idyllische Städtchen Minehead am Kanal von Bristol.

Wie im Fluge vergingen auch diese Monate. Ich musste wieder nach Deutschland zurückkehren. Als Abschluss und Höhepunkt jener Auslandsreise bezeichne ich noch heute gern meinen achttägigen Aufenthalt in London. Ein guter Geschäftsfreund unseres Hauses und seine Gattin hatten mich dazu eingeladen.

Es war der Höhepunkt, weil ich zum ersten Male mit einer Dauerwelle in Berührung kam.

Seinerzeit bastelte der älteste Sohn des Hauses – ein gelernter Friseur – zusammen mit Karl Neßler (deutscher Friseur und Erfinder) an einer Art Dauerwell-Apparat herum und suchte „Opfer" für seine Versuche. Da man diesen Versuchen damals mit großen Ressentiments begegnete, waren „Versuchskaninchen" nur sehr schwer aufzutreiben. Auch ich wies anfangs ängstlich das Anerbieten zurück, mein Haar zu wellen. Es erschien mir zu gefährlich, vor Elektrizität hatte ich eine Heidenangst. Indessen aber ließ man mir Zeit, mir die Sache zu überlegen. Man lenkte mich ab und zeigte mir die traditionellen Sehenswürdigkeiten der Stadt London.

Rein aus dem Gefühl der Dankbarkeit heraus willigte ich schließlich in den Versuch ein und ließ die Prozedur der ersten Dauerwelle über mich ergehen. Es war wie in einer Verschwörerversammlung. Ganz geheimnisvoll spielte sich alles im Souterrain des Hauses ab. Die Apparatur war an der Wand angeschlossen. Als es heiß wurde, bekam ich es abermals mit der Angst zu tun, und am liebsten hätte ich im letzten Augenblick noch einen Rückzieher gemacht. Ein zu heißer Wickel hinterließ auf meiner Stirn eine ganz ansehnliche Schramme. Zum Glück war diese nach einigen Monaten nicht mehr zu sehen. Ich trug seinerzeit – wie es Mode war – das Haar lang. Leider konnte mein Haar nach der Dauerwelle nicht gewaschen werden, denn, wie gesagt, man stand ja erst am Anfang dieser Entwicklung, und man wusste sich nicht so recht zu helfen. Mit viel weißem Puder auf meinem gelockten Haar trat ich einen Tag später – es war ein Sonntag – meine Heimreise über Paris an.

Irgendwie fühlte ich mich nach dieser Dauerwelle nicht wohl in meiner Haut. Schließlich fasste ich doch den Entschluss, mir mein Haar am darauf folgenden Montag waschen zu lassen, gleichgültig, wie es ausgehen mochte. Ich besuchte den sehr bekannten Frisiersalon Auguste Vycen, Paris, in dem man mich als die erste Dame bewunderte, die auf dem Kontinent eine Dauerwelle trug. Ungläubig standen Monsieur Vycen und seine Angestellten um mich herum und starrten voller Bestürzung nach der Wäsche auf meinen Kopf, der nach wie vor gelockt blieb. An den betretenen Gesichtern dieser Herren spürte ich, dass ihnen wohl dunkle Zukunftsbilder vorschwebten. Einige äußerten sich auch: „Wie soll wohl eine Dame noch einmal den Weg zum Friseur finden, wenn sie Dauerwellen hat?"

Mir war sehr kläglich zumute. Hatte ich mit dem „leichtsinnigen Entschluss", mir eine Dauerwelle machen zu lassen, nicht alle Friseure ins Unglück gestürzt? Doch andererseits besänftigte mich das Aufsehen, das meine Dauerwelle überall da machte, wo ich auftauchte. Ich hatte Hoffnung, ich wusste auf einmal, dass die Dauerwelle den Kunden und dem Friseurberuf nicht schaden, sondern helfen würde.

Aus der „Allgemeinen Deutschen Friseurzeitung" vom Januar 1909

Nestle-Wellen

In Deutschland und allen andern Kulturstaaten patentamtlich geschützt.

Noch nie hat eine Erfindung in Friseurkreisen grösseres Interesse erweckt, wie diejenige der dauerhaften Haarwelle (Nestle-Wellen). Von allen Weltgegenden, wo Nestle's Kundinnen sich shampoonieren lassen, kommt das Verlangen nach Lizenzen. Seit den Erfolgen der in London und Berlin gegebenen Demonstrationen, die hauptsächlich von der englischen Tages- und Fachpresse aufs günstigste aufgenommen wurden, sind über 250 Anfragen betreffs Uebernahme von Lizenzen eingelaufen; darunter sind vertreten China, Japan, Süd-Afrika, Victoria, New-Zealand, Canada (Nord-Amerika) sowie hauptsächlich der europäische Kontinent.

Nestle-Wellen bedeuten eine mächtige Umwälzung früherer Anschauungen, einen wissenschaftlichen Fortschritt auf dem Gebiete der Haarpflege und eine unkonditionelle Lösung der Haarfrage für jede wohlhabende Dame.

In allen Fällen, wo von unseren Kundinnen ärztliche Gutachten über Nestle-Wellen eingeholt wurden, lauteten dieselben günstig. Nestle-Wellen haben über jede andere Wellenform den Vorzug, dass sie gesundheitlich und Wachstum fördernd auf die Haarwurzeln wirken. Das feinste und dünnste Haar fängt nach einiger Zeit an dichter und stärker zu wachsen. Nestles Kundinnen lassen sich durchschnittlich zweimal pro Jahr ihr Haar wellen und bezahlen dafür, per Tag ausgerechnet, ungefähr 60 Pf. oder **180 Mark** per Jahr **für 4 Stunden Arbeit.**

Ein geübter Nestleweller allein verdient bei 6–7 Stunden Arbeitszeit mehr per Tag, wie ein Geschäftsinhaber mit 10–12 Gehilfen und 12 Stunden täglicher Arbeitszeit.

Ein Nestleweller gibt einer Dame in 2 Stunden soviel Wellen und nimmt soviel Verdienst, wie ein Eisenweller in 100 Stunden. Die Nestle-Wellen bringen also die Lösung der finanziellen und Unabhängigkeits-Frage für unser Gewerbe.

Der Minimalpreis für Lizenzen des patentamtlich geschützten Verfahrens inkl. 2 elektrischen Heizkörpern und allem anderen Material, sowie Instruktion und Rezepte ist vorläufig auf nur **M. 700.—** angesetzt. Reflektanten, welche sich baldigst melden, werden eventuell im Monat September von Herrn Nestle persönlich besucht, und instruiert, und wollen sich solche gefl. melden bei

C. NESTLE & CO., 245 Oxford Street, LONDON W.

=== Vertreter Herr Hermann Bieler, Karlsruhe. ===

Aus der „Allgemeinen Deutschen Friseurzeitung" vom Januar 1909.

Die ersten Hormoncremes kamen 1927 auf den Markt, allerdings war ihnen kein Erfolg beschieden. Um diese Zeit wurden auch die ersten „seifenlosen" Seifen auf der Basis von Fettsäureethanolamiden und Fettalkoholsulfaten hergestellt.

Die Apparatur des K. Nessler zum Dauerwellen der Haare wurde dahingehend abgeändert, dass eine Reihe von Zylindern mit Strom beheizt wurde. Der Schweizer Friseur Eugen Suter führte anstelle des von Nessler verwendeten Borax oder Natriumhydroxids Ammoniak als Dauerwellmittel ein. Interessant ist, dass bis 1925 die Haare vom Kopf her auf die Wickler gedreht wurden. Erst J. Mayer und R. Bishinger führten die Methode des Wickelns von der Haarspitze her ein. Die Heizbolzen bekamen die Form einer Klemme.
Eine Revolution auf dem Gebiet der Dauerwelle stellte die von A. F. Willat, einem kalifornischen Ingenieur, 1934 entwickelte Kaltwelle dar. Sein Kaltwellmittel bestand aus dem Wellmittel Ammoniumhydrosulfid, einem Neutralisiermittel und dem Shampoo. Da sich die Verwendung von Ammoniumhydrosulfid als unangenehm herausstellte, wurden bald darauf die Mercaptane eingeführt.
1941 meldete eine amerikanische Firma ein Kaltwellverfahren auf der Basis von alkalischen Ammoniumthioglykolat als Patent an.
In Deutschland wurde die erste Kaltdauerwelle (Onaltherma) 1947 von der Firma Schwarzkopf eingeführt.
1932 produzierte die Firma Clairol Shampootönungsmittel und 1950 erschien „Koleston" von Wella, die erste Cremefarbe in Tuben, und verdrängte die bisherigen flüssigen Haarfarben.
In den dreißiger Jahren wurden zur Cremeherstellung unter anderem weißes Mineralöl, Vaselin, Ethanolamine, hydrierte und sulfonierte Öle, Absorptionsbasen, Sorbit und Mannit verwendet. Weiter wurden Sonnencremes mit Lichtschutzfaktoren entwickelt. Der erste UV-Filter-Wirkstoff, Menthylsalicylat, wurde 1936 von F. E. Stockelbach eingeführt.

„Synthetische" Shampoos wurden aus sulfonierten Ölen aufgebaut. Eines der ersten war „Drene", das 1934 von Procter und Gamble auf den Markt gebracht wurde.
Um die Verwendung gesundheitsschädlicher Farbstoffe in kosmetischen Produkten auszuschließen, wurde in den USA bereits 1906 der erste „Federal Food, Drug and Cosmetic Act" erlassen. Diese Liste ließ nur wenige Farbmittel zu. Die Zahl der in Kosmetika verwendbaren Farbstoffe konnte jedoch erweitert werden, nachdem 1960 die „Color Additives Amendments" herausgegeben wurden, die eine genaue Beschreibung der Bedingungen erforderten, unter denen der betreffende Farbstoff sicher verwendet werden konnte.
Die Entwicklung von Aerosolen setzte nicht erst im 20. Jahrhundert ein. Das erste Patent, das ein Ventil zur Ver-

---

Schminken und Puder:
rot: Carmin, Zinnober, Carthamin, Eosin
blau: Berlinerblau, Indigo, Ultramarin
gelb: Ocker, Umbra, Chromgelb
braun: Sienna
schwarz: Kienruß, Beinschwarz
grün: Chlorophyll

Pomaden:
rot: Alkannin
gelb: Cadmiumgelb
grün: Chlorophyll
braun: Umbra, Kakaomasse
schwarz: Kienruß

Mund- und Zahnkosmetika:
rot: Carmin, roter Sandelholzextrakt, Phloxin

Nagelpflege:
rot: Zinnober, Carmin, Alkannin

Seifen:
rot: Zinnober, Alkannin, Carmin, Englischrot, Mennige, Chromrot, Rhodamin, Brillant-Doppelscharlach 3 R, Eosin, Fuchsin, Safranin, Tuchrot B, Säureanthracenrot G
gelb: Ocker, Cadmiumgelb, Curcuma, Echtgelb, Naphtholgelb, Metanilgelb, Säuregelb R und G
orange: Mandarin G, Viktoriagelb
grün: Chlorophyll, Malachitgrün, Brillantgrün, Alizarincyaningrün G extra und E, Alkaliechtgrün B und G, Naphtholgrün B, Mischungen von blauen und gelben Farbstoffen
blau: Ultramarin, Smalte, Alizarinreinblau B
braun: Ocker, Umbra, Zuckercouleur, Katechu, Braunstein, Bismarckbraun, Säureanthracenbraun
violett: Säureviolett, Alizarinirisol R, Methylviolett oder Mischungen von blauen und roten Farbstoffen

Farbstoffe für Kosmetika (um 1900)

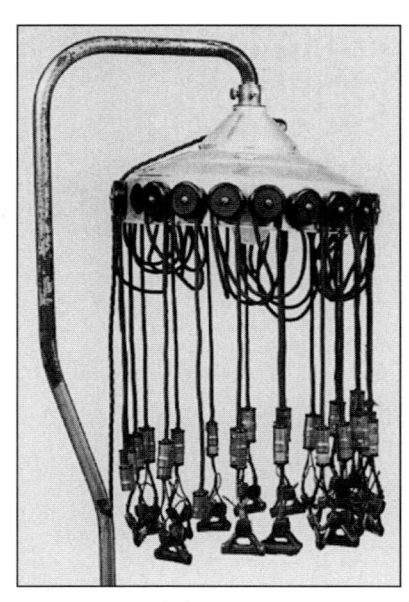

Dauerwellgerät (um 1928)

teilung eines Gases aus einer Flasche beschreibt, stammt aus dem Jahre 1862.
Das erste Aerosolprodukt der Kosmetikindustrie, ein Kölnisch-Wasser-Spray mit dem Name „Gay Manhattan", wurde 1946 auf den Markt gebracht.

Wurden im Altertum und im Mittelalter noch Pflanzenschleime und Eiweißzuckerlösungen zur Haarfestigung verwendet, konnte im 20. Jahrhundert Nutzen aus der Polymerforschung gezogen werden. Patente aus den Jahren 1939 und 1940 beschreiben die Anwendung von Polyacrylat oder Polymethacrylat. 1944 erschien ein Patent, das die Verwendung von Polyvinylpyrrolidon zum Inhalt hat, und 1954 wurde die Mischung von Polyvinylpyrrolidon mit Weichmachern patentiert.

Überblickt man die Entwicklung der Kosmetika während der letzten Jahrzehnte, sieht man sich vor eine Unzahl von Produkten gestellt. Zu dieser explosionsartigen Entwicklung haben einerseits die Fortschritte in der Chemie, die den Kosmetikproduzenten in rascher Folge immer neue Grundstoffe lieferten, andererseits die Erkenntnisse auf den Gebieten Biologie und Medizin beigetragen. Letztere führte zur Entwicklung einer *„Wirkstoffkosmetik"*, deren Wert allerdings umstritten ist, nicht zuletzt, da es an wissenschaftlich fundierten Beweisen mangelt.

Als Gegentrend zu den von der Kosmetikindustrie hergestellten Präparaten hat sich in neuerer Zeit die *Naturkosmetik* sowie die eigene Herstellung von Kosmetika etabliert. Selbst zubereitete Präparate sind preisgünstiger und der Herstellende weiß um die Inhaltsstoffe.
Seitens der Kosmetikindustrie wird dieser Trend nicht gerne gesehen. Prospekte werden ausgegeben, in denen auf das Vorhandensein einer hohen Anzahl von Keimen und Bakterien in solchen Präparaten hingewiesen wird. Bei sorgsamer Zubereitung (Desinfektion aller Gegenstände, mit denen die Produkte bei der Zubereitung in Berührung kommen) und raschem Verbrauch (es entfällt die jahrelange Lagerung, der käufliche Produkte unterliegen können und die daher die entsprechenden Mengen an Konservierungsstoffen enthalten) sind selbst hergestellte Produkte nicht gesundheitsschädlich.
Auch die gekaufte Cremedose wird irgendwann geöffnet und kommt mit Bakterien in Berührung.

Glossar

adstringierend: zusammenziehend wirken

ätherische Öle: flüchtige, in Wasser schwer lösliche, ölartige, mitunter bei Zimmertemperatur erstarrende Flüssigkeiten, die aus pflanzlichen Ausgangsstoffen durch Wasserdampfdestillation, Ausziehen mit flüchtigen Lösungsmitteln oder Auspressen gewonnen werden

Agar-Agar: gelbildender Extrakt aus Rotalgen

Alkaliechtgrün: Triphenylmethanfarbstoff

Alkannin: Farbstoff, der aus den Wurzeln des Alkanna gewonnen wird

Beinschwarz: Knochenkohle

Berlinerblau (Preußischblau): Eisen(II)-hexacyanoferrat(II), blaues Pigment

Betel: Betelnüsse sind die Früchte der in Indien und Ostasien heimischen Betelpalme.

Bimsstein: Die aus Vulkanen ausbrechenden, ca. 1000 °C heißen Lavamassen aus Obsidian geben die ursprünglich chemisch gebundenen Gase infolge der plötzlichen Druckentlastung explosionsartig ab, wodurch blasiger Bimsstein entsteht. (Obsidian: glasartiges Gestein)

Blauholz: Kernholz der Stämme von Lignum Haematoxyli. Blauholz oder die Extrakte dienen als Zusatz zu Haarfärbemitteln. Der Farbstoff ist Hämatoxilin.

Bleiglanz: Bleisulfid (PbS)

Bleiweiß: basisches Bleicarbonat ($2\ PbCO_3 \cdot Pb(OH)_2$)

Bolus rubra: roter Bolus, ein durch Bleioxid gefärbter roter Ton

Borax: Dinatriumtetraborat ($Na_2B_4O_7 \cdot 10H_2O$)

Brasilin: Der Farbstoff wird aus Brasilholz und Rotholz gewonnen.

Brillant-Doppelscharlach: Azofarbstoff aus 1,2-Diaminonaphthalin-6-sulfonsäure und α-Naphthol-4-sulfonsäure

Cadmiumgelb: Cadmiumsulfid (CdS)

Carnaubawachs: Pflanzenwachs, das von den Blättern der brasilianischen Wachspalme ausgeschieden wird. Die jungen Blätter werden an der Sonne getrocknet. Die weiße, staubartige Auflage wird abgebürstet und in heißem Wasser zusammengeschmolzen. Nach dem Abkühlen wird das Wachs abgehoben. 200 bis 300 Blätter liefern 1kg Wachs.

Carrageen: Extrakt von Perltang

Carthamin: Farbstoff der Färberdistel; dunkelrotes, grünlich schimmerndes Pulver

Ceresin: gereinigtes Erdwachs

Chromgelb: Bleichromat ($PbCrO_4$)

Chromrot: ungefähre Zusammensetzung: $PbO \cdot PbCrO_4$

Cochenille: Bezeichnung für getrocknete weibliche Nopalschildläuse. 1 kg Schildläuse liefern 50 g Karmin.

Corium: Lederhaut

Cortex: Faserstamm des Haares

Crotonsäure: $CH_3CH=CHCOOH$

Curcuma (Gelbwurz): enthält den gelben Farbstoff Curcumin

Cuticula: Schuppenschicht des Haares

Dekokte: Abkochungen

Detergentien: Waschmittel

Echtgelb: Azofarbstoff aus Sulfanilsäure und Orthanilsäure

Enfleurage: Verfahren zur Gewinnung ätherischer Öle mittels Fette

Englischrot: besonders feinpulveriges rotes Eisenoxidpigment

Eosin: 2,4,5,7-Tetrabromfluorescein

Epidermis: Oberhaut

Erythem: Hautröte

Euxyl K 400: Konservierungsmittel

Fuchsin: Triphenylmethanfarbstoff

Gelbwurz: längliche fingerdicke Rhizome der in Indien und China angebauten Curcuma longa

Helix: spiralige Molekülkette

Henna: gepulverte Blätter des Cyperstrauches Lawsonia alba, mit denen im Orient die Haare orange bis fuchsrot gefärbt werden

Indigo: wird aus Indigopflanzen (Indigofera tinctoria) gewonnen, dunkelblaue Kristalle

irritieren: hier: die Haut reizen

Jojobaöl: flüssiges Wachs aus dem Samen der Jojobapflanze

Kajal: Gemisch aus ölig oder harzig gebundenen schwarzen oder bunten Pigmenten (vorwiegend Ruß, aber auch oxid. Mineralien)

Karmin: Farbstoff aus getrockneten weiblichen Nopalschildläusen

Katechu: eingedickte Extrakte aus dem Kernholz der Gerberakazie, enthält den Farbstoff Catechin

Keratolyse: Auflösung des Keratins

Khol: siehe Kajal

Kokosfettsäure: Gemisch verschiedener in Kokosfett enthaltener Fettsäuren wie Laurinsäure, Myristinsäure, Palmitinsäure, Caprylsäure, Caprinsäure, Ölsäure, Stearinsäure, Linolsäure und Capronsäure

konditionierend wirken: Das Präparat verbessert Griff, Glanz und Kämmbarkeit des Haares.

Kupfersilicat: smaragdgrünes bis bläulich grünes gelartiges Kupfermineral ($CuSiO_3 \cdot H_2O$)

Lackmus: blauer Farbstoff, der aus Flechten gewonnen wird

Lamecreme ZEM: nichtionogener Emulgator, auch für Lebensmittel zugelassen

Lapislazuli: kleine feinkörnige dunkelblaue Kristalle ($(Na,Ca)_8[(SO_4,S,Cl)/(Al,SiO_4)_6]$, auch als $3\ NaAlSiO_4 \cdot Na_2S$ angegeben)

Lawson: 2-Hydroxy-1,4-naphthochinon

letale Dosis: Substanzmenge, die zum Tod des Tieres führt

Malachit: grünes Kupfercarbonat (Mineral) ($CuCO_3 \cdot Cu(OH)_2$)

Mamma: weibliche Brust

Mastix: eingetrockneter Harzsaft von Pistacia lenticus, Geruch aromatisch, Geschmack terpentinartig

Mazeration: Gewinnung ätherischer Öle mittels Fette

Medulla: Haarmark

Menthol-Paraffin-Lösung: Menthol wird in etwas Paraffinöl aufgelöst, kühlender Zusatz zu After-Shave-Cremes

Minimum: rote Farbe, Mennige (Pb_3O_4)

Moschus: Sekret aus der Drüse des männlichen Moschushirsches

Myrrhe: Gummiharz einiger Commiphoraarten, rundliche Körner von aromatischem Geruch

Natriumsesquicarbonat: $Na_2CO_3 \cdot NaHCO_3 \cdot 2\ H_2O$

Östrogene: weibliche Keimdrüsenhormone

Orseille: Flechtenstoff, braunrotes Pulver

Ovarium: Eierstock

Ozokerit: natürlich vorkommendes gelblich braunes bis schwarzes Erdwachs. Es besteht vorwiegend aus hochmolekularen, gesättigten Kohlenwasserstoffen von $C_{18}H_{38}$ an aufwärts.

Panthenol: besitzt heilende und die Haut feucht haltende Wirkung

perkutan: durch die Haut hindurch

Phloxin: Natriumsalz des Tetraiodfluorescein

Plazenta: Mutterkuchen, Nachgeburt

Rastik: Färbegemisch aus Henna- und Galläpfelpulver, Eisensulfid, Kupfer- und Cobaltsalzen

Ratanhiawurzel: holzige Wurzeläste der wild wachsenden Krameria triandra

Rhodamine: Phthaleinfarbstoff, hergestellt aus Phthalsäureanhydrid und Alkyl-m-aminophenol

Sachet: kleines, mit Kräutern gefülltes Säckchen

Safran: Narbenschenkel von Crocus sativus

Safranin: Azinfarbstoff

Salpeter: Kaliumnitrat (KNO_3)

Sandarac: Harz von Callitris quadrivalvis, balsamischer Geruch

Sandelholz: Kernholz von Sandalum album, das bis zu 6 % ätherisches Öl enthält

Schulp: verkalkte Schale des Tintenfisches

Skazifizieren: die Haut anritzen

Smalte: gepulvertes Kalium-Cobalt-Silicat

Subcutis: Bindegewebe

Sublimat: Quecksilberchlorid

substantiv: auf die Haut aufziehend

Sumach: Blätter des Strauches Rhus coriaria. Die gepulverten Blätter oder Extrakte dienen in Mischung mit Henna, Reng und dergleichen zur Färbung der Haare.

Syndet: synthetische Detergentien

Tegomuls 90 S: Lebensmittelemulgator, Monoglycerid der Stearinsäure

Tenside: grenzflächenaktive Verbindungen

Testis: Hoden

thixotrop: durch mechanische Einwirkung vom festen in den flüssigen Zustand übergehend

Thymus: hinter dem Brustbein gelegenes drüsenartiges Gebilde, das sich nach dem Kindesalter zurückbildet

Tonus: Spannungszustand der elastischen Fasern

Traganth: Stammrindengummi der Papilionacee

Tuchrot B: Azofarbstoff aus Aminoazotoluol und α-Naphthol-4-sulfonsäure

Turgor: Spannungszustand, der durch den Flüssigkeitsgehalt der Gewebszellen und Kollagenfasern verursacht wird

Türkischrotöl: Gemenge aus Rizinusöl, Rizinolsäure, Dihydroxystearinsäure und deren Schwefelsäureestern sowie aus Anhydriden, Lactonen und Polymeren der Rizinolsäure; wichtigster Vertreter der „sulfatierten Öle", deren Natriumsalze Seifencharakter haben

Ultramarin: schwefelhaltiges Natriumaluminiumsilicat ($Na_4(Al_3Si_3O_{12})S_3$)

Vaseline: Vaseline sind Gemische gereinigter, vorwiegend gesättigter und flüssiger Kohlenwasserstoffe. Sie bestehen aus verzweigten und cyclischen Kohlenwasserstoffen und enthalten ungesättigte, nicht jedoch aromatische Verbindungen.

Vinylacetat: $CH_2=CHOOCCH_3$

Walratersatz: Cetylpalmitat

Weihrauch: Milchsaft des Weihrauchbaumes. Das duftende Harz kommt in gelblich bis rötlich weißen rundlichen Körnern in den Handel.

Zinnober: Quecksilbersulfid (HgS)

Lösungen zu den Arbeitsblättern

Seite 25

Arbeitsblatt: Wirkung von Emulgatoren

Aufgabe 1:

	O/W-Emulsion	W/O-Emulsion
äußere Phase	Wasser	Öl
innere Phase	Öl	Wasser

Aufgabe 2:

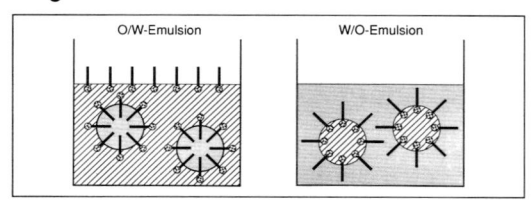

Aufgabe 3:
Die Bildung einer bestimmten Emulsionsart ist von der Art des Emulgators abhängig.

Seite 27

Arbeitsblatt: Lichtschutzfaktor und Hauttyp

Aufgabe 1:

Zeit bis zur Hautrötung bei geschützter Haut = **Lichtschutzfaktor** · Zeit bis zur Hautrötung bei **ungeschützter** Haut

Aufgabe 2,3:
Beispiel: Hauttyp germanisch; Sonnenbrandschwelle 10 bis 20 Minuten
LSF 12: 10 min · 12 = 120 min; 20 min · 12 = 240 min
LSF 8: 10 min · 8 = 80 min; 20 min · 8 = 160 min
LSF 6: 10 min · 6 = 60 min; 20 min · 6 = 120 min

Seite 28

Arbeitsblatt: Selbstbräunende Mittel

Aufgabe 1:
- Haut vor dem Auftragen der Creme sorgfältig reinigen
- Hände nach dem Auftragen waschen
- Ist die Creme auf Augenbrauen oder Haaransatz gelangt, Augenbrauen mit einem feuchten Wattestäbchen, Haaransatz mit einem feuchten Waschlappen abtupfen.
- Während der Einwirkung der Creme (4 bis 8 Stunden) Baumwollsachen tragen.

Aufgabe 2:
natürliche Sonnenbräune:
- kurze Sonnenbäder sind gesund (Produktion von Vitamin D, Einbau von Calcium in die Knochen),
- übermäßige Sonnenbäder bewirken Austrocknung der Haut,
- kann Hautkrebs erzeugen,
- starke Verbrennungen sind möglich

Selbstbräunungsmittel:
- Talgreste in den Poren können dunkel gefärbt werden,
- Haut trocknet etwas aus,
- Bräune schützt nicht vor Sonnenbrand,
- Haare und Kleidung (Leder, Wolle, Seide) können mitgefärbt werden

Seite 29

Arbeitsblatt: Sind Selbstbräunungsmittel für die Haut schädlich?

Aufgabe 1:
In der Haut dieser Menschen liegen die Aminosäuren, die zur Reaktion benötigt werden, nicht vor.

Aufgabe 2:
Die Braunfärbung der Haut kommt durch die Reaktion von Dihydroxyaceton mit freien Aminosäuren zustande.

Aufgabe 3:
Die Färbung der Haut verhindert den Sonnenbrand nicht. Die Selbstschutzmechanismen der Haut (Verdickung der Hornschicht, Melaninproduktion) werden nicht angeregt.

Seite 34

Arbeitsblatt: Inhaltsstoffe von Lippenstiften

glänzend: Candelillawachs, Siliconöle
pflegend: Cetylalkohol, Lanolin, Kamillenöl, Panthenol, Vitamin E
nicht schmierend: Rizinusöl
temperaturbeständig: Candelillawachs, Paraffine
färbend: Farbstoffe, Pigmente
gut schmeckend: Parfüme, Kirscharoma
haltbar: Konservierungsmittel, Vitamin E, Antioxidans

Seite 42

Arbeitsblatt: Schadet Schminken der Haut?

Aufgabe 1:
- Porenvergrößerung
- Austrocknung der Haut
- Faltenbildung
- Erzeugung künstlicher Komedonen
- Reizung der Haut

Seite 43

Arbeitsblatt: Inhaltsstoffe von Pudern und ihre Eigenschaften

Aufgabe 1:
siehe Tabelle *Inhaltsstoffe von Pudern* auf Seite 40

Seite 57

Arbeitsblatt: Tenside setzen die Oberflächenspannung herab

Aufgabe 1:
Wassermoleküle sind polar und bilden Wasserstoffbrücken aus. Sie ziehen sich daher untereinander stark an.

Aufgabe 2:
An der Wasseroberfläche lagern sich die Tenside zwischen die Wassermoleküle. Dadurch wird die Anziehungskraft zwischen den Wassermolekülen verringert.

Aufgabe 3:
Tensidmoleküle besitzen einen hydrophilen und einen lipophilen Molekülteil. Der lipophile Teil dringt in das Fett ein, der hydrophile Teil ragt in das Wasser hinein. Das Tensid bildet eine Hülle um den Fetttropfen und löst ihn vom Haar ab.

Aufgabe 4:
Tensidmoleküle lagern sich auch am Haarschaft an. Trägt der hydrophile Teil des Tensidmoleküls eine elektrische Ladung, so sind Haar und emulgierter Fetttropfen gleichsinnig geladen und stoßen sich ab.

Seite 58

Arbeitsblatt: Aufbau eines Tensidmoleküls und Tensidklassen

Aufgabe 1:

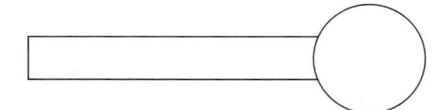

hydrophob	hydrophil
lipophil	lipophob
fettfreundlich	wasserfreundlich
unpolar	polar
für die Löslichkeit in	
unpolaren	polaren
Stoffen verantwortlich	

Aufgabe 2,3,4:

Tensidklasse	Beispiele	Modell
anionisches Tensid	Texapon	⊂−⟩ (−)
kationisches Tensid	Cetyltrimethyl-ammoniumchlorid	⊂−⟩ (+)
amphoteres Tensid	Tego-Betain	⊂−⟩ (+)(−)
nichtionisches Tensid	Polyethylen-400-monostearat	⊂−○○○○

Seite 59

Arbeitsblatt: Wirkung von Konditionierungsmitteln

Aufgabe 1:
Das kationische Polymer ist wie das Haar aus Aminosäuren aufgebaut. Durch Wasserstoffbrückenbindungen wird das Polymer an das Haar gebunden.

Aufgabe 2:
Beim Waschvorgang verbinden sich die kationischen Polymere mit den anionischen Tensidmolekülen und bilden ein hautfreundliches Produkt.

Seite 60

Arbeitsblatt: Zusammensetzung eines Shampoos

Aufgabe 1:

Funktion	Inhaltsstoff
waschaktive Substanzen	Natriumlaurylethersulfat, Natriumsalz des Polyethylenglykol(300)-amidethercarboxylats, Polyethylenglykol(11)-laurylether-natriumcarboxylat
Lösungsmittel	Wasser
Konditionierhilfsmittel	Kokosfettsäurepolyethylenglykolester, Cocamidopropylbetain, Lauryldimonium Hydroxypropyl Hydrolized Collagen
Verdickungsmittel	Natriumchlorid
Konservierungsstoffe	Natriumsalicylat
Feuchthaltemittel	Sodium PCA, Glucose
Duftstoffe	Parfüm
Trübungsmittel	Glycoldistearat, Styrene, Acrylate Copolymer

Seite 68

Arbeitsblatt: Welche Bindungen halten die Polypeptidketten zusammen?

Aufgabe 1:
a) Peptidbindung
b) Disulfidbrücke
c) Wasserstoffbrückenbindung
d) Ionenbindung

Aufgabe 2:
Durch Wasser gelöst werden können Wasserstoffbrückenbindung und Ionenbindungen.

Aufgabe 3:
Die Thioglykolsäure greift Disulfidbrücken an.

Aufgabe 4:
Da die Peptidbindung Aminosäuren verbindet, würde eine Trennung der Bindung die Auflösung des Keratins zur Folge haben.

Aufgabe 5:
Natriumhydroxid bricht die Peptidbindungen auf und löst damit die Haare auf.

Seite 69

Arbeitsblatt: Vereinfachte Darstellung des Dauerwellvorgangs

Aufgabe 1:
Thioglykolsäure lagert an die Dilsulfidbrücken Wasserstoff-Atome an. Dabei entsteht Dithioglykolsäure.

Aufgabe 2:
Wasserstoffperoxid entzieht den Thiol-Gruppen die Wasserstoff-Atome. Dabei bildet sich die Disulfidbrücke wieder aus und es entstehen zwei Moleküle Wasser.

Aufgabe 3:
Es können sich nur die Schwefelatome miteinander verbinden, die sich direkt gegenüberstehen. Da dies nicht bei allen Schwefelatomen der Fall ist, bleiben nach der Dauerwelle einige Schwefelbrücken geöffnet. Dies bedeutet eine Schädigung der Haarstruktur.

Aufgabe 4:
Im nassen Haar sind die Wasserstoffbrücken und die Ionenbindungen gelöst.
Die Haare werden auf Lockenwickler gedreht, die Partner, die vorher miteinander verbunden waren, stehen sich nun nicht mehr gegenüber. Beim Trocknen der Haare werden neue Wasserstoffbrücken und Ionenbindungen ausgebildet.

Aufgabe 5:
Hohe Luftfeuchtigkeit (Wasser) ist in der Lage, die neu gebildeten Wasserstoffbrücken und Ionenbindungen zu trennen. Die Haare hängen sich aus, da Disulfid- und Peptidbrücken das Haar in die „alte Form" zurückziehen.

Seite 70

Arbeitsblatt: Inhaltsstoffe von Dauerwellmitteln und Fixierungen

Aufgabe 1:

Inhaltsstoffe von Dauerwellpräparaten
Reduktionsmittel: Ammoniumthioglykolat, Thioglykolsäureglycerinester
Mittel zur pH-Wert-Regulierung: Ammoniumcarbonat, Ammoniumhydrogencarbonat
Pflegestoffe: Fettalkohole
Tenside
Duft- bzw. Riechstoffe
Farbstoffe
Antioxidantien
Lösungsmittel

Inhaltsstoffe von Fixiermitteln
Oxidationsmittel: Wasserstoffperoxid, Natriumbromat
Säuren: verdünnte Phosphorsäure, schwache organische Säuren wie Citronensäure und Weinsäure
Verdickungsmittel
Tenside
Duft- und Riechstoffe
Farbstoffe
Pflegestoffe
Lösungsmittel

Seite 71

Arbeitsblatt: Die Vorgänge bei einer Dauerwelle

Arbeitsschritt	Vorgang	Wirkung durch
Haare werden gewaschen.	Wasserstoffbrücken werden geöffnet. Ionenverbindungen werden teilweise geöffnet.	Wasser
Haare werden aufgewickelt.	Polypeptidketten werden gedehnt. Es entstehen Spannungen im Haar.	Wickler
Haare werden mit Dauerwellmittel benetzt.	a) Ionenverbindungen werden geöffnet, Haare quellen auf. b) Disulfidbrücken werden geöffnet.	a) Ammoniak b) Thioglykolsäure
Haare werden unter der Haube erwärmt.	Beschleunigung des Vorgangs	Wärme
Haare werden abgespült (mit Wicklern im Haar).	Dauerwellmittel wird entfernt.	Wasser
Haare werden mit Fixiermittel benetzt.	a) Disulfidbrücken werden geschlossen. b) Neutralisation	a) Wasserstoffperoxid b) Citronensäure/Weinsäure
Wickler werden entfernt, Fixierung wird vorsichtig im Haar verteilt.	Fixierung dringt bis in die Haarspitzen.	
Haare werden abgespült.	Fixierung wird entfernt.	Wasser
Haarspülung wird aufgetragen.	Neutralisation, Konditionierung	Säure, Tenside
Haare werden getrocknet.	Wasserstoffbrücken und Ionenbindungen werden geschlossen.	Wärme, Entfernung des Wassers

Seite 76

Arbeitsblatt: Haarspray in Pumpflaschen oder Treibgasdosen?

Aufgabe 1:
Auch Propan und Butan sind für den Treibhauseffekt mitverantwortlich.

Aufgabe 2:
31,25 ml Wirkstoff

Aufgabe 3:
In Pumpsprays ist nur der Wirkstoff enthalten. Treibgassprays können dagegen große Mengen Treibgas und nur wenig Wirkstoff enthalten.

Seite 77

Arbeitsblatt: Polymere für Haarfestigungsmittel

Aufgabe 1:
siehe Seite 74

Aufgabe 81

Arbeitsblatt: Blondierpräparate

Aufgabe 1:
a) Blondierpulver: Sie enthalten Puderstoffe, die das Blondiergemisch andicken.
b) Blondieremulsionen: Sie sind cremige oder dünnflüssige O/W-Emulsionen.
c) Blondiergele: Sie haben als Grundlage gelbildende Substanzen.

Aufgabe 2:
siehe Seite 78: Inhaltsstoffe von Blondierpräparaten

Seite 82

Arbeitsblatt: Blondierung

Aufgabe 1:
Unbehandeltes Haar: Im unbehandelten Haar liegen die Haarfarbstoffe unzerstört vor.
Quellung: Das im Oxidationsmittel enthaltene Ammoniak lässt die Haare quellen und macht sie aufnahmebereiter für das Oxidationsmittel.
Oxidation: Wasserstoffperoxid und Persalze, die die Oxidationswirkung erhöhen, dringen in das Haar ein und zerstören die Haarpigmente.
Blondiertes Haar: Das Haar ist blondiert. Zur Neutralisation ist eine Sauerspülung notwendig.

Seite 90

Arbeitsblatt: Haartönungsmittel und Haarfärbemittel

Aufgabe 1:

Haartönungsmittel
Tönungsfestiger
Tonspülungen
Tönungsshampoos
Tönungsemulsionen

Inhaltsstoffe von Haarfärbemitteln
Farbstoffbildner
Kupplungskomponenten
Fertigfarbstoffe
Alkalisierungsmittel
Trägermasse
Netzmittel
Tenside
Duftstoffe

Seite 91

Arbeitsblatt: Der Färbevorgang im Haar

Aufgabe 1:
Quellung: Durch Einwirkung von Wasser und Lauge wird das Haarkeratin aufgelockert.
Eindringen: Die Moleküle des Farbstoffbildners und der Kupplungskomponente dringen in den Haarschaft ein. p-Toluylendiamin wird zunächst durch Oxidation in ein Chinondiimid übergeführt.
Kupplung: Das Chinondiimid kuppelt mit zwei weiteren Molekülen.
gefärbtes Haar: Durch weitere Oxidationsreaktionen entsteht ein Farbstoffmolekül, das große Affinität zum Haarkeratin aufweist.

Seite 99

Arbeitsblatt: Die Gewinnung ätherischer Öle

Aufgabe 1:
Wasserdampfdestillation: siehe Seite 92
Extraktion: Das Pflanzenmaterial befindet sich zerkleinert in den runden Behältern. Durch Rotation wird es in das Extraktionsmittel getaucht.
Enfleurage: siehe Seite 93 f.

Stichwortverzeichnis

A

absolutes Öl 94
Acrylamid 74
Acrylsäure 74
alkalische Dauerwellpräparate 64
Alloxan 20
Aminosäure 16
amphotere Tenside 47
anionische Tenside 46
Antioxidantien 12, 31
Antischuppen-Shampoo 53
Apigenin 83
ätherische Öle 92
Aufbau 14
Augenreizung 103

B

Babyseife 48
Babyshampoo 53
Badeemulsion 50
Badeessenz 51
Badepräparat 49
Badesalz 50
Balsam 54
Basalzellenschicht 14
Benzcatechin 88
Bienenwachs 31
Bindegewebe 14
Blondieremulsion 78
Blondiergel 78
Blondierpulver 78

C

Calciumcarbonat 36
Candelillawachs 31
Carnaubawachs 31
Ceresin 31
Cortex 62
Cremehaarfarbe 88
Creme-Parfum 97
Cremeseife 48
Crotonsäure 74
Cuticula 62

D

Dauerwelle 63
Deklaration 105 f
Deoseife 48
Dextrin 72
2,4-Diaminoanisol 88
2,4-Diaminophenol 87

Direktfarben 83
Direktpigmentierung 18
Dispersionsfarbstoffe 84
Disulfidbrücken 62
Draize-Test 104
Duft- und Erfrischungsstifte 97
Duschgel 51

E

Eau de Cologne 97
Eau de Parfum 97
Eau de Toilette 97
Emulgatoren 7
Emulgierhilfsmittel 8
Emulsionen 7
Enfleurage 92 f
Enzymdauerwelle 65
Eosinfarbstoffe 30
Erfrischungstücher 97
Extraktion 92

F

Farbbase 85
Farblacke 30
Fettalkohole 12
Fette 10
feucht haltende Zusätze 8
Filmbildner 72
Fixiermittel 66, 94
Föhnfestiger 72
Föhnlotion 72
Frisiercreme 74

G

Grenzflächenspannung 47
Gurkensaft 18

H

Haarbleichmittel 78
Haarfärbemittel 83
Haarfestiger 72
Haargel 74
Haarkur 54
Haarnachbehandlungsmittel 54
Haarspray 72, 74
Haarwachs 74
Haarwurzel 62
Hamameliswasser 18
Haut 14
Hautschutzseife 48

Hautverträglichkeit 103
α-Helices 62
Henna 83
Herstellung von Lippenstiften 32
Herstellung von Puder 39
HLB-Wert 8
Hormone 16
Hornschicht 14
Hydrochinon 88
Hydrogele 22

I

INCI 55, 105 f
indirekte Pigmentierung 18
Ionenbindung 62

J

Juglon 22

K

Kalkseife 48
Kamillenblütenwasser 18
Kaolin 36
kationische Tenside 46
Kernseife 48
Kollagen 15
Kölnisch Wasser 97
Kompaktpuder 38
Konditionierer 54
konkretes Öl 92
Konservierungsmittel 12
Kräuterbad 49

L

Lamepon S 52
Lanolin 11
Laurate 37
Lawson 86
Lebensmittel- und
Bedarfsgegenständegesetz 7
Lederhaut 14
letale Dosis 102
Lichtschutzfaktor 21
Lichtschutzmittel 18
Lidschattenpuder 36
Lipidfilm 14
Liposome 16
Lippenstift 30
loser Puder 38
Luxusseife 48

M

Magnesiumcarbonat 37
m-Aminophenol 87
Mazeration 92 f
Melaninbildung 19
Metallkomplexfarbstoff 84
Metallsalzhaarfarbe 89
Metanilgelb 84
Methylenblau 84
Methylviolett 84
Mikrofibrillen 62
mild alkalische Dauerwellpräparate 65
Modifiziermittel 88
Moisturizing Agent 31
Moisturizing Creams 15

N

Naphtholgelb 84
neutrale Dauerwellpräparate 65
nichtionische Tenside 47
NMF (Natural Moisturizing Factor) 15
Nutrilan 52

O

o-Aminophenol 87
Oberflächenspannung 47
Oberhaut 14
Ocker 37
Oleogele 22
ölfreie Gele 22
Öl-in-Wasser-Emulsion (O/W-Emulsion) 7
o-Phenylendiamin 87
Orange II 84
Organ- und Gewebeextrakte 16
O/W-Emulgatoren 8
Oxidationshaarfarbe 85

P

p-Aminophenol 87
Paraffinkohlenwasserstoffe 11
Parfüm 92, 97
Patch-Test 105
Peptidbrücken 62
Pflanzenextrakte 18
pflanzliche Haarfarben 83
Photoallergie 104
Pigmente 20
Plazentaextrakte 16
Pomade 93
p,p'-Diaminodiphenylamin 87
p-Phenyldiamin 85

Pressung 94
primäre Hautreiztests 103
Protofibrillen 62
p-Toluylendiamin 85
p-Toluylendiamin 85
Pudercreme (Make-up) 39
Pudergrundstoffe 36
Pyrogallol 88

R

Rein'sche Barriere 14
Reng 83
Resinoide, absolute 94
Resinoide, konkrete 94
Resorcin 88
Rinse 54
Rizinusöl 31
Rosenwasser 18
Roter Bolus 38
Rouge 36

S

saure Dauerwellpräparate 65
Schaumfestiger 72
Schminkpuder 36
Schwimmseife 48
selbstbräunende Mittel 20
Sensibilisierung 104
Shampoo 51, 53
– für angegriffenes Haar 53
– für fettiges Haar 53
– für trockenes Haar 53
Shampoohaarfarbe 88
Shelanski-Test 105
Siliconöle 12
Sonnenbrand 18
Sonnencremes 20
Spitzengeruch 94
Spülung 54
Stachelzellenschicht 14
Stärke 37
Stearate 37
Styling-Gel 74
Syndet 48

T

Talkum 36
Tego-Betain L 10, 52
Terra di Siena 37
Texapon LS 52
Texapon M 52
Thiazinfarbstoff 84
Tierversuche 102
Titandioxid 37
Toilettenseife 48

Toluylen-2,5-diamin 87
Toluylen-2,5-diaminsulfat 87
Tönungsfestiger 84
Tönungsshampoo 84
Tönungsspülung 84
Toxizität 103
Transparentseife 48
Triglyceride 10
Triphenylmethanfarbstoff 84
Trockenshampoo 54
Typengeruch 94

U

Umbra 37
Undecanate 38

V

Vinylacetate 74
Vinylpyrrolidon 74
Vitamincremes 17
Vitamine 17

W

Wache 11
Wasserdampfdestillation 92
Wasser-in-Öl-Emulsion (W/O-Emulsion) 7
Wasserstoffbrückenbindung 62
Wasserwelle 63
Weichmacher 73
Wet-Gel 74
Wimpern- und Augenbrauenfärbung 88
Wirkstoff 10, 13
W/O-Emulgatoren 8

Z

Zinkoxid 37
Zwei-Phasen-Präparate 66